新闻写作与案例分析

主编 刘 斌

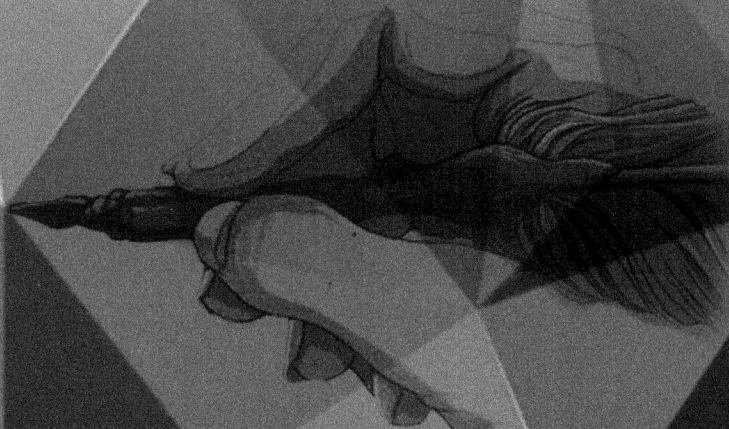

西安交通大学出版社
XI'AN JIAOTONG UNIVERSITY PRESS

图书在版编目(CIP)数据

新闻写作与案例分析/刘斌主编. —西安:西安交通大学
出版社,2017.10
ISBN 978 - 7 - 5693 - 0223 - 3

Ⅰ.①新… Ⅱ.①刘… Ⅲ.①新闻写作 Ⅳ.①G212.2

中国版本图书馆 CIP 数据核字(2017)第 258630 号

书　　名	新闻写作与案例分析	
主　　编	刘　斌	
责任编辑	柳　晨　屈　婷	

出版发行　西安交通大学出版社
　　　　　(西安市兴庆南路 10 号　邮政编码 710049)
网　　址　http://www.xjtupress.com
电　　话　(029)82668357　82667874(发行中心)
　　　　　(029)82668315(总编办)
传　　真　(029)82668280
印　　刷　虎彩印艺股份有限公司

开　　本　787 mm×1092 mm　1/16　印张 14　字数 339 千字
版次印次　2017 年 12 月第 1 版　2017 年 12 月第 1 次印刷
书　　号　ISBN 978 - 7 - 5693 - 0223 - 3
定　　价　33.00 元

读者购书、书店添货、如发现印装质量问题,请与本社发行中心联系、调换。
订购热线:(029)82665248　(029)82665249
投稿热线:(029)82668526
读者信箱:xjtu_hotreading@sina.com

前　言

记得一篇采访札记的开头有一段话非常新颖,它是这样说的——

知晓成都宝光寺,实因两句话。一是冯玉祥将军的一首打油诗:"宝光寺,在新都,庙子大,柱子粗。"一是大雄宝殿外的楹联:"世间人,法无定法,然后知非法法也;天下事,了犹未了,何妨以不了了之。"

札记后面的内容我都忘记了,却牢牢地记住了这位记者引用的冯玉祥将军的打油诗和宝光寺的楹联,它们如同电闪雷光,让我意识到这里面其实蕴含着新闻写作的要义。

换成新闻写作的专业语言,在冯玉祥的打油诗中,新闻的主体是"成都宝光寺"。他的语言朴素实在,突出新闻要素中地点要素即"在新都",又用白描手法描述出最典型的新闻事实是"庙子大,柱子粗"。这恰好是新闻采写里的"用事实说话"手法的运用啊!

整首诗短短 12 个字,却可以表达出记者在采写新闻时所要掌握的必备技能,它们分别是:

一要"捞'干货',抓典型",抓取新闻中的重要或主要事实;

二要交待新闻要素"五 W",必要时可以突出某个要素;

三要语言朴素、简洁、通俗易懂;

四要学会用事实说话,这是记者的"尚方宝剑",是新闻写作的指导原则;

五要尽可能用白描手法写稿件。

这就是我从冯玉祥将军的打油诗中体会的新闻写作常识。

而大雄宝殿上的那副楹联,则从形而上的角度为新闻写作概括出宗旨所在,那就是——"法无定法"。

新闻写作是"无定法"的。即不用遵循固定的、死板的格式。新闻写作可以灵活多样,只要一切从新闻事实出发,一切从新闻记者采访实际内容出发,并且不失真,不造假,一切格式皆可使用。

当然,在新闻写作的常识之中,还有新闻时效性、消息来源、现场感、运用引语和背景材料等其他方面,没有涵盖在冯玉祥将军的打油诗中。

在我十四年的高校新闻专业教学生涯中,我就是这么领悟新闻写作的,也是这么教给我的学生们的——

掌握最基本的写作常识,领会法无定法之真意,在新闻实践中真枪实弹地练习,自然学会采写新闻,而且自成一体。

以此抛砖引玉。本书若有不当之处,烦请不吝赐教!

2017 年夏

目 录

第一章 新闻写作常识 ……………………………………………………… (1)
 第一节 采访决定写作 ………………………………………………… (1)
 第二节 交代新闻出处即消息来源 …………………………………… (8)
 第三节 使用引语 ……………………………………………………… (11)
 第四节 现场感与现场描述 …………………………………………… (16)
 第五节 背景材料 ……………………………………………………… (18)
 第六节 要回叙不要合理想象 ………………………………………… (21)

第二章 从读报评报学写新闻 …………………………………………… (26)
 第一节 什么是读报评报 ……………………………………………… (26)
 第二节 读报评报案例分析与问答 …………………………………… (31)

第三章 采访与写作的五大要害 ………………………………………… (40)
 第一节 采写都要抓典型 ……………………………………………… (40)
 第二节 采写都要抓故事 ……………………………………………… (45)
 第三节 采写都要抓细节 ……………………………………………… (52)
 第四节 采写都要抓数字 ……………………………………………… (57)
 第五节 采写都抓角度 ………………………………………………… (64)

第四章 用事实说话和新闻写作基本要求 ……………………………… (74)
 第一节 什么是用事实说话 …………………………………………… (74)
 第二节 用事实说话的表现方法 ……………………………………… (77)
 第三节 新闻写作的基本要求 ………………………………………… (85)

第五章 新闻语言 ………………………………………………………… (95)
 第一节 新闻语言要准确 ……………………………………………… (95)
 第二节 新闻语言要具体 ……………………………………………… (99)
 第三节 新闻语言要简洁 ……………………………………………… (101)
 第四节 新闻语言要朴实 ……………………………………………… (103)
 第五节 新闻语言要通俗 ……………………………………………… (106)
 第六节 慎用新生语言 ………………………………………………… (113)

第六章　白描、跳笔和段裂行文 ……………………………………………（116）

　　第一节　白描 …………………………………………………………………（116）

　　第二节　跳笔 …………………………………………………………………（119）

　　第三节　段裂行文 ……………………………………………………………（121）

第七章　消息类文体写作 ………………………………………………………（128）

　　第一节　消息特征和分类 ……………………………………………………（128）

　　第二节　消息结构 ……………………………………………………………（138）

　　第三节　消息导语 ……………………………………………………………（146）

　　第四节　新闻主体和结尾 ……………………………………………………（150）

第八章　通讯类文体写作 ………………………………………………………（156）

　　第一节　新闻通讯 ……………………………………………………………（156）

　　第二节　新闻特写 ……………………………………………………………（172）

　　第三节　人物专访 ……………………………………………………………（175）

第九章　新闻调查、采访札记和会议新闻 ……………………………………（188）

　　第一节　新闻调查 ……………………………………………………………（188）

　　第二节　采访札记 ……………………………………………………………（205）

　　第三节　会议新闻 ……………………………………………………………（209）

主要参考书目 ……………………………………………………………………（217）

第一章

新闻写作常识

众所周知我们身处网络时代,新闻信息的阅读出处层出不穷,不一而足。目前,我们既有报纸、广播、电视、通讯社等大众传播媒体的新闻报道,也有大众传播媒体自身在网络平台上开设的网页新闻报道、新闻客户端新闻报道、微信公众号新闻报道等。同时,还有许多社交媒体、自媒体等新媒体运营商或运营平台在提供新闻信息。

不论新媒体有多"新",也不论多媒体有多么"多"面手,报纸、广播、电视、通讯社等大众传媒是不会消亡的,新闻记者这一行业也不会消亡。因为社会大众、小众都有获取新闻的需求。新闻采访活动会一直活跃,新闻写作依然为人们所需。变化的只是传播技术、手段,以及在新的技术手段支撑下的采写方式。

我们只需牢记最核心的新闻专业、记者职业或是新闻传播职业所必备的东西,以不变应万变即可。这正是本书的观点,即掌握基本的新闻写作常识,了解新闻前线动态,踏实对待新闻事业,及时充电、更新思维,就是对新闻事业的尽心尽力、尽职尽责。

掌握新闻写作的前提条件是采访决定写作。

在此基础之上,新闻写作必备的一些常识是交代新闻出处(学会使用消息来源)、直接引语和间接引语的运用、要有现场感(一定的现场描述)、要穿插一定的背景材料、连续报道需要回叙、写作绝不能合理想象,等等。

第一节　采访决定写作

1921 年 7 月 19 日,北京《晨报》有一则招聘专任访员的启事,其中有这样一条描述:

熟悉北京城乡各种社会情形,耳目灵通,采访新闻能说出原委。笔下好不好不论。

(注:访员就是当时社会对记者的称呼。)

仔细阅读这则记者招聘,可以发现其首要条件是采访能力,而"笔下好不好不论"。这句"笔下好不好不论"指的就是写作,写得好不好不论。

这则启事直观地告诉我们,新闻记者的采访能力是最关键的,其新闻写作依赖于新闻采访,即采访决定写作。新闻界的记者们对此感同身受,长期以来一直流行着这样一句话:"七分采,三分写"。

一、新闻采访决定写作

　　尽管当前的信息传送手段越来越发达,许多记者依靠网络、电话、微博、微信等方式就能获得新闻线索和完成新闻事实的采集,他们甚至不出门就可知天下事,一把"剪刀",能剪集同行或各部门上报的材料,鼠标一点链接、贴粘,就完成了对新闻事件的资料准备、报道。但是,真正的记者是离不开鲜活的新闻采访活动的。

　　所谓百闻不如一见,一见不如一问,一问加上一访,胜过资料万千。

　　新闻采访决定写作,这是任何一位新闻记者都不能否认的真理。

　　世界是物质的,物质是运动的。马克思主义认识论认为,认识是对客观事物的反映。新闻是对新近发生或正在发生的事实的报道。其起点始终是客观事实。对于预测性的新闻报道,也是从现在的事实出发来报道即将到来的事实的。"事实第一,新闻第二"这已被新闻事业的历史和实践所证实。科学的新闻观,严格遵守从物质到感觉再到认识的唯物主义认识路线,始终坚持物质第一性和认识第二性、事实第一性和新闻第二性的唯物主义原则,承认事实是新闻的本源。

　　这就从理论上决定了,采集访问获得的客观事实,是记者报道写作之本,即新闻采访决定了新闻写作。离开了新闻采访,写作就成为了无本之木,无源之水,记者绝不能凭主观想象编造出新闻。

　　当然,新闻采访决定写作也意味着采写的有机结合,一脉相承,互为一体。

案例评析

　　2015 年 1 月 15 日,为期两个月的"中央党校第一期县委书记研修班"结业。此前,2015 年 1 月 12 日上午,习近平总书记在人民大会堂主持召开座谈会,同研修班 200 余位学员畅谈交流,如何当好县委书记。

　　习总书记首次与县委书记座谈,中央党校首次举办县委书记研修班,我国县委书记首次全覆盖轮训……诸多新闻亮点,瞬间吸引了众多媒体。

　　2015 年 1 月 12 日到 15 日,人民日报记者倪光辉连续作战三天,在采访中不仅抓到硬新闻的"大鱼",还做到了"一鱼多吃",发表了一系列报道。

　　2015 年 1 月 12 日,在习主席与县委书记座谈会现场,倪光辉记者向中办和中宣部联络人索取材料。"等新华社通稿吧!"他们委婉地回绝了。那第二天稿子该怎么发,发几篇?后来他打听到,除了通稿外,新华社两名常备记者还专门写了篇座谈会速写。为了及早获取信息,倪光辉向新华社记者借阅了 6 位县委书记的发言稿,并拍了照。倪光辉的这个举动,是记者新闻敏感的具体表现。

　　在事后的采访札记中,倪光辉这样回忆——

　　在新媒体和传统媒体的融合时代,能不能做点突破?报社领导提倡的融合意识,让我脑子里绷紧了弦。能否为这条新闻活鱼挖掘些背景,为新媒体写点东西?依据当时听会的记录,下午为"人民日报政文"微信公号整理出《为什么要轮训县委书记》。

　　……原本以为,这次时政任务到此结束了。谁知当晚 11 点多,接到采访的电话,需要 6 位发言的县委书记学员结合自身经历谈反响。等领取完任务,已经 12 点。由于没有联系方式,找到那发言的 6 个县委书记堪比大海捞针……

13 日上午,记者匆匆赶到中央党校。门厅一角的通告栏,用粉笔清晰地写着三天的工作安排。学员们正在举行团队活动。因为是临时任务,中办、中宣部和中央党校之间的沟通并不顺畅,我在校园 2 号楼和 18 号楼之间徘徊了近两个小时。等到书记学员的下课时间,随机采访学员,因纪律要求,他们拒绝了采访。好不容易通过中宣部的联络员协调到中央党校研修部的工作人员帮助联系,此时已是中午,不少学员已经午休或者外出,还是找不到人。再次求助党校工作人员,才终于找到了 4 位座谈会发言人和其他 2 位学员。采访并不顺利,采访对象有的洋洋洒洒,经常跑题;有的怕说错话,小心谨慎;有的则不愿意媒体再度提到名字。反反复复沟通,采访完回到报社已近晚上 7 点。

整理采访笔记、凝练主题、形成文稿……那晚,在温主任的细心修改下,题为《为党分忧　为国干事　为民谋利》的县委书记研修班学员反响稿在头版报眼顺利推出。

从办公室回到家,依旧失眠,总觉得新闻还没有用完。在与总编室要闻四版主编沟通后,我将其他没有用到的"干货"整理出来。

这是一期什么样的研修班?县委书记学员到底学了什么?

1 月 15 日要闻四版头条《探访首期县委书记研修班》应运而生。这篇后续的独家报道,突出了新闻性,增强了背景性,强化了解释性。而当天,研修班刚好结业。[1]

倪光辉记者的此次报道任务,采访扎实到位,掌握了大量的相关内容,这让记者除了完成指令报道之外,还同时采写了人民日报政文微信公号和后续两篇报道。当时记者拍照的发言稿,也成为评论版《如何当好县委书记》的稿源;在党校采访的信息,也成为政治版《微观·努力做"四有"县委书记》的素材。

这一系列新闻报道的得来,完全得益于记者灵活、机智、扎实、辛劳、细致的采访。

记者采访好比是拿筐子去菜市场选购,如果筐中资源丰富,记者写作时必然会言之有物。没有采访,即使记者有生花妙笔,也不可运用,因为那是造假,是臆造,是虚构,是职业犯罪。由于有这样具体扎实的采访在前,倪光辉记者出色地完成了这次系列报道。该系列报道既有"规定动作",又有"自选动作";既突出了新闻性,又做出了深度报道,同时还引领了舆论导向。

倪光辉记者的这次采访是在新华社发通稿的压力下,巧妙转身,突破采访障碍获得的。

很多记者在采访过程中都会遇到各种采访障碍,如果停止放弃,没了采访,自然就没了对此事件报道的新闻稿件。遇到采访的拦路虎时,更能凸显采访对写作的重要性。

二、采访决定写作的表现

采访决定写作的具体表现主要有以下三个方面:

1. 认识事实,才能反映事实

认识事实的最初和最关键的过程,集中在记者对事实的采访中。新闻记者对此新闻事实的认识,决定着他在写作时对此新闻事实的反映。

2. 抓新闻就是抓事实,写新闻就是写事实

新闻写作依赖于对事实的采访。采访的深度和广度,直接关系到写作的深度和广度。记者认识事实的最初和最关键的过程集中在对事实的采访中。因此,记者在新闻事实的收集与

---

[1]　倪光辉.常备记者的采访也能"一鱼多吃".人民日报社业务研讨,2015.

访问中所形成的关于新闻事实的认识,决定着他在写作时对新闻事实的反映。这是新闻写作的"门槛"。

记者在采访中抓到的事实信息,比如有些分量重、有些分量轻,有些是需要重点突出的、有些是可以轻描淡写甚至是忽略不计的,直接关系到他在新闻写作时对于事实的抓取选择与使用。

如果记者对于此新闻事实的采访,力度不够,散漫而无细节,无消息来源,无直接引语或间接引语,无故事,无细节或无事情产生的原因、发生的过程和现在的结果等这些充足的事实材料,哪怕记者的笔下功夫再好,在不能任意想象创造事实的前提下,其新闻写作也是空虚无力的。

3. 内容决定形式,形式服务内容

用什么样的文体写作,写长写短,如何表达为好,都要根据采访所获得的事实内容来量体裁衣。

案例评析

2010年1月12日和18日,以揭露山西省临汾市尧都区阳泉沟煤矿特重大矿难瞒报死亡人数为内容的《焦点访谈》——《追踪矿难瞒报真相》和《新闻调查》——《死亡名单》两期节目播出后,震动了山西省、临汾市和国家安全生产监督管理局。发表这些报道的央视记者曲长缨一行在采访中碰到煤矿与有关部门勾结,提前采取了大量消灭证据、统一口径的行动,使采访屡陷绝境。记者和摄像决定到遇难现场转转,没想到下雪在山中迷路。问路时恰好遇到了一位知情的矿工透露出一些情况,说有人在现场捡到了身份证。记者备受鼓舞,果断前往现场,捡到了个笔记本恰好是一位被瞒报的死难矿工遗物,以此开启了采访路程。

记者曲长缨事后回忆道:"初到临汾时,没线人,没线索,两眼一抹黑,只好早出晚归,四处打探。根本不知道和市调查组住在同一个饭店,而且是对门。很快市里有人知道我们到了,四处寻找,也没想到我们和他们脸对脸,就在同一饭店。双方彼此相安无事,见了面还笑笑,住了几天想着老住一个地方容易暴露,就挪到了民政局招待所,结果这一挪就露馅了,当天晚上市里就来人把我们堵住了,心里很奇怪,他们是怎么知道我们住在这里的。原来,除了前一个饭店没查,他们把市里的大小宾馆都问遍了。后来他们带我们到市调查组,我们恍然大悟,哦,对门就是啊。"①

我们从这个小插曲中可以作管中窥,一探记者采访之难。下面再听听曲长缨讲的这个采访故事则更有深义——

听说遇难矿工中有一个叫康雷的,在河南商水县元老镇。跑了几十公里到了元老镇,派出所说,全镇没有一个姓康的,可能在图强镇。又赶到图强,在派出所一查,果然如此。我们当即认定,就是此人。赶到了村里,找到了康雷的嫂子。

问:康雷是在临汾尧都区挖煤吗?

答:是。

问:是阳泉沟矿吗?

答:可能是,记不大清楚了。

问:康雷是有两个孩子吗?

---

① 曲长缨. 艰难的临汾矿难曝光,2010-04-01.

答:是。

问:一儿一女?

答:对。

问:康雷的父母是不是都去世了?

答:是的。

问:你们多长时间没和他联系了?

答:好久没来电话了。

至此一切情况都对,有戏!

又问:康雷在矿上出事了吗?

又答:没有。前天还托人送毛衣过来了。

这……可能吗?

不一会儿,一个小伙儿跑过来了说:"我就是和康雷一块干活的,毛衣就是他托我带回来的,他活得好好的。"

我们没辙了,只好接着在下一个乡镇寻找。最终在胡吉乡康老村找到了另一个康雷,情况与上一康雷基本一致,但他已经在矿难中死了。这,才是我们要找的遇难矿工康雷。看来,同名同姓同情况的还大有人在,马虎不得。①

曲长缨记者的回忆显示出其艰难的矿难采访过程。排查这名叫康雷的遇难矿工的采访过程则告诉我们,没有这样细致入微、"接地气"的采访,其新闻写作很有可能出现同名同姓的人物失实。

三、新闻采访的重要性

记者采访的目的就是抓新闻,收集有价值的新闻事实,并迅速地报道出去。新闻采访的另一个目的,就是要争得记者所在媒体的独家新闻,在与同行的竞争中立于不败之地。一旦离开鲜活的采访活动,大众传媒的生命力就会枯竭,记者的新闻生命力也会枯竭。

新闻采访的重要性主要体现在以下四个方面:

1.获得原始第一手材料

充满原始信息的第一手材料来自新闻工作者的亲身采访,是其所见、所闻、所感、所悟。新闻材料有一手和二手之分,或也称直接材料和间接材料之分。

根据艾丰在《新闻采访方法论》一书的定义,第一手材料即为记者不经过任何中转环节,直接从他要报道的新闻现场那里得来的材料,包括记者的直接观察和物证材料。而凡是在记者和事实之间,经过中间环节得来的材料都是二手材料。

新闻采访的目的就是采集鲜活的第一手材料。这些第一手材料是新闻的新鲜细胞,富有生命力,符合新闻之"新"的含义。同时,这样的采访材料对写作报道极其重要,它能使新闻稿子"活"起来,而受众最关心的也正是这些鲜活的信息。前面讲的曲长缨采访山西矿难的故事就是如此。

---

① 曲长缨.艰难的临汾矿难曝光,2010-04-01.

第二节　交代新闻出处即消息来源

一、新闻出处的概念

新闻出处也叫消息来源,即记者获得此新闻的出处,新闻的源头。

美国《纽约时报》主编罗森托曾说:"如果一个记者不告诉我他的消息来源,我就不会登他的稿子。"这是一个主编的肺腑之言。它从一个侧面反映出明确消息源的重要性。

美国新闻学家麦尔文·曼切尔在其《新闻报道与写作》一书中这样谈到消息来源(即新闻线索),消息来源是记者生命的血液。没有消息来源得来的情况,记者就无法活动。

记者在写作新闻时,一定要交代自己的消息来源,即新闻的出处,记者是从哪里得来的消息、是哪些人告诉记者的、他们的身份是什么,等等,越具体越好。如果在整个新闻写作中,记者没有交代清楚消息来源,或者是消息来源极其模糊不清,那么,就会让读者对此报道产生不信任感,从而怀疑记者的新闻报道是不可靠的。

例如 2006 年夏天"红药水西瓜事件"就值得我们好好反思。

2006 年夏季本是西瓜的大好丰收年,海南的瓜农甚至国内其他地区的瓜农都以为,辛苦耕种的西瓜会有个好收成。偏偏在西瓜丰收之际,广州某新闻记者在一家正规报纸上刊登"红药水西瓜"的报道。香港某媒体在没有经过核实的情况下,转载了这个广州记者的文章。就这样,"红药水西瓜"的报道满天飞。

在"红药水西瓜"事件之后,海南的西瓜从 9 毛/斤大跌到 3 毛/斤都无人问津。瓜农损失约 3000 万元。

央视二套《经济半小时》栏目立即派记者去海南和广东深入调查此事。到底西瓜有没有注射红药水? 而广州某报纸的报道是否属实? 让我们摘选一下《经济半小时》记者的报道内容一探究竟——

在海南采访时,海南省西瓜专业技术协会秘书长林尤胜买来了注射器、红药水,给我们做了一个实验。我们分别在西瓜的不同地方注射了红药水和自来水。

很明显,在注射红药水和自来水的部位瓜瓤已经开始腐烂,并且它们与未注射过的瓜瓤在颜色方面有着明显的区别。而此时,林秘书长又做出了一个令记者担心不已的举动。

林尤胜,"这个吃起来是什么味道呢? 你看,就是很苦的,味道是非常苦的,而且你看,西瓜的瓤是不红的,打了红药水的,你要吃了以后,你看,满手都是红的,能一样吗? 不一样的,苦苦的。"

林秘书长也给记者算了这样一笔账,买一瓶红药水要一元钱,一瓶红药水 50 毫升,全部注射进去,需要费时三分钟,(西瓜)以产地价格 0.6 元/斤计算,50 毫升水所增加重量所增加的价值大概不到 0.1 元,很明显,若要给田里所有西瓜都注射红药水,红药水成本不说,就是时间和精力也是一笔巨大的消耗,光成本就是不合算的。

莫翠岗海南省农业厅市场与信息管理处处长,"如果是注红药水的话,注红药水的那个本钱,成本都还要比卖西瓜的高,瓜商不可能去注红药水。"

……

那么,广州某媒体报道西瓜注射"红药水"又是怎么回事呢? 我们也找到了最早报道红药水事件的记者。

"你登了一篇文章说西瓜注水是吧?"

"对、对、对。"

"是你自己采访的吗? 还是投诉,听到有人投诉的? 那注红药水的事实有吗?"

"这个也是听说的。"

"那我看你上面有一个某大学的杨女士,这个杨女士是(谁)?"

"现在没办法帮你联系了,当时给了电话,过后电话都忘记了。"

"你跟那个女士见过面了吗?"

"也是电话里面聊过,因为有一次我和几个朋友吃西瓜嘛,那个西瓜不好吃,咱们就一起聊天嘛,就聊到这个现象,现在我做的比较小,因为原来打算做大的,但找不到那个真正的普遍的现象,也不好做大嘛。"

"但是我看后来那个媒体,因为红药水事件,后来闹得挺大的。"

"香港有的报纸做了,他其实就是把我的东西移植过去了,配了图片而已,他就是没调查。"

"但是,这篇报道后来影响面挺大的。"

"因为是这样我当时也没想到,知道它影响那么大我也不会做它了。"①

可悲可叹,这样令瓜农损失惨重的新闻报道,居然完全没有明确具体又可靠权威的消息来源,仅仅是记者道听途说来的,却能在正规报纸发表,记者的职业道德与良心何在?

这个"红药水西瓜事件"暴露出记者、编辑在采稿、写稿、编稿、转载稿件时对消息来源把关意识的薄弱!

愿引起广大新闻工作者的反思!

二、新闻消息来源的功能

记者在写作时要真实、准确、具体地交代出新闻消息的来源。新闻消息的来源一般有以下两种功能:

①让读者自己判断记者所报道的新闻的含义和内容,让读者通过记者对事实的客观叙述得出相关的意见和结论。交代消息来源是用事实说话的一种表现方法。

②可以让记者和其背后的新闻媒体对报道事件保持客观公正的态度,不作媒体审判。

在新闻报道中注意标明明确的消息源,是每一个记者新闻写作的"童子功",也是应深入骨髓和血液中的新闻写作基本常识。但是在我国,一些新闻记者对交代消息来源未得到应有的重视。

三、少用或不用不确定或者匿名的消息源

现在很多报道采用不确定或是匿名的消息源,比如,经常在报道中写"据消息灵通人士透

---

① 海南红药水西瓜真相:媒体误报致瓜农损失 3000 万.经济半小时,2006 - 08 - 25.

露""业内人士认为""投资专家说""权威人士介绍""一位不愿透露姓名的男子""A 女士说"，等等。

信息源的不确定和表述的语焉不详，会使读者对报道的真实性产生质疑，也会使新闻媒体的权威性受到损害，长此以往，媒体的公信力必然会受到影响。而且，这些含糊不清的消息来源，既容易造成假新闻的产生，也会使记者偷懒，形成不良的采访作风。

四、注意事项

①在采访时，要经常探求不同的消息来源以对事实进行核对，即对同一事件要进行三个以上的消息源的核实，如果来源不清或不准，宁可求准不求快。当事实呈现出有人赞成、有人反对、有人保持沉默或有其他看法时，记者要至少采访到正方、反方、中间方等这三个方面以上的消息来源。

我们来看一篇 2016 年 10 月 20 日发表在《海峡都市报》电子版的新闻，题目是《云南大理寅街中学挂横幅"滚去学习"　校方称已撤下》。请看报道——

10 月 20 日上午，云南大理白族自治州弥渡县寅街中学校长杨智聪回应上游新闻-重庆晨报记者称，关于学校此前悬挂的"滚去学习"的宣传标语，校方已经将横幅撤下了。同时杨校长表示，"吾日三省吾身：高否？富否？帅否？否！滚去学习！"这条标语取自儒家经典《大学》，可能是网友看到学校的图片误解了。而学校撤下横幅，是怕再引起误会。

10 月 19 日，据云南大理本地微信公众号"@施××"爆料称云南的大理弥渡县寅街中学内有大红标语让很多中学生觉得"毁三观"，同时也让人觉得不妥，希望关注。随爆料还配发了现场的 4 张照片。

上游新闻-重庆晨报记者注意到，照片均拍摄于寅街中学的校园内，在一栋教学楼一楼的几扇窗户中间，一条标有"吾日三省吾身：高否？富否？帅否？否！滚去学习！"的宣传标语特别显眼。

随后，上游新闻-重庆晨报记者和"@施××"取得了联系。"@施××"认为，"高、富、帅"这些词汇，是在一个物质至上的时代新生的词汇，在物欲横流的环境之下，在只看脸和钱包的时代，"高、富、帅"不免在社会中占有一定的优势，这固然是客观存在。

"但学校将这样的标语公开悬挂在中学校园里，反而会让心智尚未成熟的中学生产生攀比、羡慕、嫉妒等心理，更不利于他们健康成长。""@施××"告诉上游新闻记者，"滚去学习"，一个"滚"字，更让以教导文明、礼貌为首要责任的教育脸上无光。

同时，"@施××"还认为教书育人，除了要教人文化知识之外，更重要的，是教人以文明道德。这是一个文明社会对教育最基本的要求，也是中央对教育屡屡提出的要求。

"所以我认为弥渡县寅街中学以大横幅的形式，爆粗口篡改千古名句，真真不妥。""@施××"称。

20 日上午，上游新闻记者和寅街中学校长杨智聪取得了联系。

"现在横幅已经拆解下来了。"杨校长告诉上游新闻-重庆晨报记者，标语是从儒家经典《大学》中摘抄的。"而且，其他学校也挂过，所以我们也挂。"

针对网上热议的情况，杨校长觉得是网友误解了这句话，因为当初挂横幅的初衷和目的就是要教育学生好好学习。对于横幅撤下后会如何处理这件事，杨校长称，撤下横幅是害怕再引起更多的误会。接下来学校会挂其他横幅，不过对于横幅的内容，杨校长强调会找一个中肯又正常的，不会用这种太有个性化的标语了。

据悉，"吾日三省吾身"这本是一句千古名句。语出儒家学派的经典著作之一《论语·学而》。原文是，曾子曰："吾日三省吾身——为人谋而不忠乎？与朋友交而不信乎？传不习乎？"

意思是，曾子说："我每天多次反省自己，为别人办事是不是尽心竭力了呢？同朋友交往是不是做到诚实可信了呢？老师传授给我的学业是不是复习了呢？"这句话后来演变为成语"三省吾身"，意思是每天多次自觉检查、反省自己，是严格要求自己的意思，无论对于学生，还是其他人，都是一个美好的品德。

分析一下这篇新闻。

通篇只有两个消息来源，一是云南大理白族自治州弥渡县寅街中学校长杨智聪，二是云南大理本地微信公众号"@施××"。记者在报道中缺失了对在校师生、当地群众两大环节或角度的采访，并且在社会大众对此事的态度和议论上也没有采访到位。很可惜，整个新闻看下来会觉得不满足，信息单调，不知真实情况具体为何。这就好比三角架倒塌了一方二方，整个新闻散了下来。这说明了记者建立三角立体新闻采访意识的重要性。记者只采访一方，而忽略另外一方或其他方的做法，是采访的大忌。采访的缺失必然会导致写作的缺失。

②在写作时，无论是单篇报道还是连续报道，每篇报道都必须交代来源，不能因为上篇交代了就不再在续篇中交代。新闻媒体播发的各类稿件如快讯、简讯、消息、新闻分析、综述、特稿、图片等，都要说明它的消息来源，受众可以根据消息源对报道的可信度进行自己的判断。

③写作时标出明确的消息来源。消息来源分直接来源与间接来源两种。凡是记者亲自采访某人得来的就是直接来源，如记者采访某企业经理，文中就提到来源为"某企业经理某某"在接受记者采访时说，等等。而间接来源则是指转引其他媒体报道，一般要在稿件前加上"据"字，如"据新华社北京8月3日电"等。

④在引用消息来源的原话时，要完整、准确。如果不是原文引用，在间接引用时，记者转述的意思要与原文表达无出入，绝不能断章取义，同时要考虑到上下文之间的语境，避免摘引突兀（具体内容见本章第三节"使用引语"）。

⑤注意消息源的平衡使用。其实任何报道，都有一定的倾向性，纯客观的新闻几乎是不存在的。但是事物的面貌和发展、事件的形成和趋向、人们对客观世界的看法都不是一向或单向的，至少有正面、反面和持中等三种态度。作为信息采集者和报道者的新闻记者，其职责应是如实地反映这些状态和意见，即使自己在进行报道选择时，加入了种种主观上的偏向，也应该适时地采用不同的意见和看法，这叫平衡使用消息来源，也叫报道平衡。

第三节　使用引语

一、使用引语是新闻写作的必需

前新华社社长、新闻老前辈穆青曾说："我们的新闻报道如果充满了群众生动活泼的语言，文章就像加了味精一样，立即透出美味来。"这话说得地道！

在新闻写作中写出像穆青所说的"充满了群众生动活泼的语言",指的就是被访者所说的话,记者引用被访者的话语叫使用引语。

哥伦比亚大学新闻学院梅尔文·门彻教授认为,"必须把直接引语写入新闻的重要部分……此外,它还是一种帮助记者做到真实报道的手段,能使读者直接感受到新闻事件是否真实。总之,如果新闻中使用了直接引语,读者就可以这样推断:既然新闻事件的参与者在直接说话,那么这件事必定真实无疑。"

美国新闻学者朱利安·哈瑞斯在《全能记者必备》中这样说道:"把直接引语插入间接引语和概括性叙述之间,可以活跃报道的气氛,打断单调的行文,让读者眼睛休息一下,同时有助于强调某些特定的内容。"

引语在新闻写作中必不可少。"李希光教授就认为中国新闻文风的癌症是没有直接引语。"[①]

1.引语的使用方法

引语一般可以分为三种使用方法,它们分别是:

①直接引语,即直接引用被访者的原话,常与冒号、引号一起使用。直接引语的使用,显示出新闻的原汁原味,避免了记者的主观色彩,既生动形象,又意味深长。

②间接引语,即记者转述被访者的话语,意思与原话一致,但不能断章取义,不能根据个人需要任意杜撰,更不能把新闻人物从未讲过的话强加在他们头上。

③混合使用,即将直接引语与记者自己的转述混合使用在一起,穿插交替。

"使用直接引语时,记者的叙述频率明显放慢,叙述集中于某个时间某个人的说话状态,引语叙述时间基本与实际事件发生时间在频率上同步,而且受众被引入新闻人物当时事件发生的语境。而到了间接引语时,由于引语经过了记者的总结,用词减少了,呈现出节俭的特点,叙述速度得到了加快,读者的心态又发生了变化。而一旦转入记者对事件的陈述时,叙述频率和语境又进入起初状态。这种变迁在文中的交替使用,可以刺激受众的阅读神经,产生新鲜感。"[②]

记者在写作时一定要重视使用引语。

西方新闻界一直非常重视引语。

《路透社采编人员手册》中规定,"引语可以使报道体现人物个性,并给报道带来直接性,在合适的情况下,尽量在每篇报道的前三段使用一段引语。"

《法新社工作人员手册》中提到,"绝对的原则是,引语内的话必须是消息来源自己发表或书写的原话,此条原则没有任何例外。"

《美联社新闻写作指南》则要求,"即便是初出茅庐的记者也会很快地认识到,引语是不可缺少的,它使新闻具有真实感,引语能在力所能及的范围内使读者同人物发生直接联系,没有引语的新闻,不论篇幅长短,都像月球的表面一样贫瘠荒芜。"

在重大的事件中,新闻人物的重要讲话,是西方媒体记者最热衷的采访内容之一。

"1995年8月在日本举行的第十八届世界大学生运动会上,美联社甚至还聘请了一位'引语收集员'专门从事直接引语的采访和收集,向社内记者提供。而在当今的很多世界性大会

---

① 丁述志.直接引语在新闻写作中的作用[J].新媒体研究,2015(10):67.

② 朱筱怜.新闻主体之新闻引语[EB/OL].(2011-02-25)http://blog.sina.com.cn/dreamwym.

上，向记者提供'可以直接引用的直接引语'已经成了大会新闻中心的一项重要服务内容。"①

2.引语的使用时机

一般情况是这样的，在采访中，当记者了解到被采访的新闻人物讲了一些关于此次事件非同寻常的话时；或者对方发表了很重要、新鲜、特殊的言论时；或者当记者听到被采访者说了很形象、生动、幽默、风趣、生活气息浓厚又别开生面的话时，应该更加关注，记录下来并核实清楚，有选择地把这些话与采访内容联系在一起，巧妙运用于自己的写作之中。

二、引语的作用

①记者在写新闻稿件时，有必要使用大量的直接引语或间接引语，来客观再现新闻事件的原貌，反映在此次采访中被采访者的原始面貌和性情特点等。有时候，运用直接引语或间接引语就是一种叙述事实的方法，它们共同构成了稿件内容。

请看 2006 年 10 月 10 日《北京青年报》A10 版上的一篇消息，其主题是《入秋白果渐熟路边银杏遭殃》；副题是《产权归属复杂所有者无处罚权》。

本报见习记者倪家宁报道　10 月以来，京城各个绿化带种植的银杏树，都渐渐开始结出黄色果实——白果。不少居民为得到有药用价值的"白果"，纷纷向绿化带里的银杏树下手。朝阳区柳芳北街与西坝河地区的近百棵银杏树都遭了殃，不但刚结出的果实被采走，不少枝叶也被采摘的人弄断。

到昨天下午，西坝河附近的大多数银杏树上都很难看见成形的白果，零星还有些果实挂在高处的树枝上。附近散步的居民表示，这两天来摘白果的人不多了，"十一"长假 7 天，能采下来或者打下来的白果基本都被采光了。

"我就住在这里，'十一'那几天，每天都能看见来采白果的。"附近散步的聂大爷介绍，"他们好多人都拿着矿泉水瓶子往树上扔，也有拿石头打的，有些身手好的年轻人还直接爬上树去捣。"聂大爷说，自己每年都能见到来采白果的，不过今年这些人采得太早。"这会儿白果还没熟透呢，好多也就是玻璃球大小，每年都是 10 月中的时候来采的人多，他们对着树干踹一脚就能掉下一地来。"

谈到采白果的用途，附近一位居民表示，大家都知道银杏能治病，全都是采来吃的。

对此，市园林绿化局绿地管理处处长杨志华提醒，绿化带的银杏树都是用于观赏，不是为食用或药用种植的，从上面摘的果实非但吃了不一定对身体有好处，还可能导致慢性中毒。

"食用或药用种植的银杏都有控制得很严格的各种指标，跟这些绿化用银杏的果实种植、养护的方式不同，绿化用银杏的果实不能吃，入口的东西可不是闹着玩的。"杨处长说，"北京市区本身的污染不说，绿化树木的维护都是要打药的，渗透到树里，结出的果实里面也会有药物残留。"他表示，私采白果的行为是违法的，而且这种粗暴的采摘方式会严重毁坏树木。但他也承认，对于这种违法行为，园林绿化部门打击起来还是存在一定难度。

一位不愿透露姓名的业内人士表示，这种私采的行为之所以持续了很多年，打击难度主要在于两方面。一方面是一个地区树木的所属权并不全部属于园林绿化部门，住宅小区、企事业单位也有相应的绿化面积，很多也种植银杏。原则上讲，谁的树木谁负责，而采摘的人并不会

① 乔剑.浅谈直接引语在新闻中的作用[N].中华新闻报,2007－08－23.

仅选择某一家的树。另一方面,绿化树木的维护和巡查工作由园林绿化部门负责,但对私采和毁坏树木行为的处罚权却在城管部门。园林绿化的工作人员发现这些行为,只能对其进行制止和警告,不能直接予以处罚。

在这篇稿件中,正在散步的附近居民聂大爷的直接引语就起到了叙述事实的作用。由聂大爷口中说出的事情原委,与记者自己叙述的事情原委,给读者的感觉是不同的。前者更有说服力,更原始,更有权威,也更直截了当。同样,市园林绿化管理处处长杨志华的话,也具有权威性。由专业管理部门的负责人说出"绿化带种植的银杏结出的白果不能随便食用,否则可能会引起慢性中毒"这样的原话掷地有声,对读者冲击力很大。

在稿件的最后一段,记者采用间接引语,转述了一名不愿透露姓名的业内人士对私采绿化带银杏果实行为难治理的看法。正是因为这名被采访者不愿透露自己的姓名,所以记者使用了间接引语,才能把情况说得较为理性,这样给读者的感觉也是一种平和理性的味道。

②在新闻事件中,往往离不开人的参与。不同的新闻事件中,人物的语言各具特色,丰富多彩。因此,新闻写作中恰当地引用人物的个性语言,不仅有利于表现新闻主题,增加新闻魅力,还能给读者留下较为深刻的人物印象,给读者带来原汁原味的阅读享受。同时,使用了直接引语的新闻更会富有人情味,行文上会更富有变化,读者读起来也会感到形象、生动,从而留下深刻印象。

"言者,心之声也"。直接引语是重要人物所说的重要的话,它们常常是新闻中的点睛之笔,会给读者留下深刻的印象。例如,在报道邓小平会见德国(前)总理科尔的消息中,记者引用了邓小平"我个子矮,天塌下来由你们这些大个子顶着"这句话。这样使用直接引语,不仅使语言显得更加真实,而且形象地表现了邓小平讲话风趣的特点。

再来看看外国记者笔下的新闻人物的特色语言——

直到最后一刻,丹尼尔·莫伊尼汉还在说,他不知道是否应该辞去美国驻联合国大使的职务。他说,"我下了三十次决心""就像马克·吐温讲的,'戒烟容易得很,我已经戒了一千次'。"

上周,莫伊尼汉最后下定了决心:辞职。

案例评析

一

1998年的抗洪救灾中,九江防洪大堤决口之前被称为"固若金汤"。灾害发生后,朱镕基来这里视察,当得知堤内无钢筋时他怒不可遏,他说:"不是说固若金汤吗?谁知堤内都是豆腐渣!这样的工程要从根本查起,对负责设计、施工、监理的人都要查。人命关天,百年大计,千秋大业,竟搞出这样的豆腐渣工程、王八蛋工程。"

"反腐败就是要先打虎后打狼,对老虎决不姑息手软!要准备好一百口棺材,也包括我的一口,无非是个同归于尽!"

以上这两段话,一字一句和盘托出,把朱镕基的秉性、人格和形象,一下子凸现在读者面前。

二

2015年8月11日,《人民日报》头版头条刊登了一篇人物通讯,题目是《中国梦的追梦人——马云和阿里巴巴的故事》。稿件中有很多具有"马云特色"的直接引语,让读者过目难忘。

这位互联网时代的大腕自豪地告诉记者,他在中国出生,没有海外留学经历,至今拿着杭州户口,他说:"我是百分之百纯'中国制造'。"在马云看来,"全世界把那么多的钱给你,是要让你做更好、更有效率的事情。有人称我'首富'。我说首富是负责任的负,首富是首先要负起责任的那个人。"马云有个梦想,就是"让天下没有难做的生意"。"阿里巴巴的中国梦,就是为全球服务。"

这些鲜活的话语来自记者面对面与马云的交流沟通。没有第一手的采访,写作里就没有原汁原味个性十足的引语。

③用直接引语可以借口说话,表达立场。一般来说,新闻写作遵守"用事实说话"的原则,记者的舌头是卷着的,说不出抒情的评论。但是,纯粹客观的新闻是不存在的,任何报道都离不开倾向性。

"直接引语可利用新闻人物之口说出新闻媒体希望表达但又不便直接表达的立场和观点。"[1]

三、正确使用直接引语的方法

《太原日报》记者王勇曾撰文认为引语有几种使用方法,本书十分赞同,特援引如下:

直接引语引述的文字必须准确无误,不可有违原文,更不可违背原意。为此,记者采访时必须倍加小心,对重要意见一定要核实清楚。

不能无中生有,也不能断章取义;切不可为了使自己的报道显得完美无瑕而修改采访记录。

不能杜撰新闻来源,也不宜反复引述"一位不愿透露姓名的人士"之类的消息来源。提供新闻来源时,应该同时提供受访者的姓名和职务。

如引述的内容较多,则用引号引起来的应该是最为关键的部分。

最好能将直接引语和间接引语交替使用,以增加文字的变化,令文章显得错落有致。[2]

四、切忌编凑、删减引语

前几年,笔者曾在北京某高校任新闻专业老师。一位做了记者的毕业生回到母校,我问她在忙什么。她说,刚从中国人民大学采访某教授回来,现在来咱们学校采访某位著名的经济学教授。我们闲聊起来,她说了一段话让我大惊失色——"老师,您是教新闻的,我们单位领导非要让我把在中国人民大学采访的那位教授的话,放在咱们学校这位经济学教授的头下,说是这位经济学教授身份权威,中国人民大学的教授说法独特,两者一结合最好不过了。我跟领导解释,她不听我的,这可怎么办呢?"我说:"坚决不可以啊,这新闻采写可不能用武打小说中的乾坤挪移大法,移花接木。"她说:"是啊,我学过新闻,但领导指示我这样做,很为难。"

后来不知道她怎么报道那个稿件的,但这件事情让我震惊不已。这是非常恶劣的职业作风,愿每一位阅读此书的人都能引以为诫!

---

① 乔剑.浅谈直接引语在新闻中的作用[N].中华新闻报,2007-08-23.
② 王勇.浅谈新闻写作中直接引语的作用[N].发展导报.

新闻要求用事实说话,而巧妙地使用直接引语,便是用事实说话的主要方法之一。直接引语必须原原本本,准确无误,一字不差,并且要绝对忠实于讲话人的语言特色,不该编凑、删减,有所谓的"洁本",也不该有所谓的技术处理。

注意,不要小看引语的使用,擅自删减引语会损失媒体的公信力。群众的眼睛是雪亮的。

曾任天虹宇林国际集团董事会主席、《让世界了解你》总制片和主持人的顾宜凡,十多年前有一次在接受记者采访时,也说到了引语的话题。他说:"令人担心的是,一些颇有声望的新闻机构也变得越来越浮躁了。我在北京参加过一个公开活动,事后一个新闻机构发表有关活动的通稿,'引用'我的'讲话',可笑的是,里面没有一句是我讲的。我觉得这是一种很不好的职业作风。我进入纽约大学新闻系的第一天,就收到系里给每一位新生的一封信。信的大意是说,从这个系的大门里将走出未来的新闻工作者,公众将依赖你取得有关这个世界的真实信息,你的责任重大。从进系的第一天起,你就必须像已经担当这种责任般严格要求自己,任何剽窃、编造引语的行为都会导致你被开除。"[1]

顾宜凡对记者说的这段话,就是针对一些新闻媒体记者在报道新闻,采纳被采访者的引语时所犯的错误。虚构被采访者的话作为引语,就是失实、失真,是一种犯罪。

再看看他提到的那封纽约大学新闻系开学时致新生的信,"任何剽窃、编造引语的行为都会导致你被开除。"从中可以看出,国外的新闻学教育与新闻实践不仅相联系,而且对于失真行为的惩处是严厉的。在国外,因为剽窃、编造引语而开除,就等于在自己的记者操行上留下了污点,很难再找到新的记者岗位。

第四节　现场感与现场描述

一、新闻写作要有现场感

美国著名记者雷尔迈·莫林说过,"一篇理想的新闻报道应该把读者带到现场,使他能看到、感觉到,甚至闻到当时所发生的一切。"重视现场感和现场描述早已成为西方新闻写作的一条重要规律。

美国新闻学教授曼切尔说:"记者的第一信条也许是:要表现,不要陈述。"他认为,平铺直叙的叙述会使读者或听众处于消极的状况,表现主人公的言语和行动,会使读者(或听众)身临其境。

新闻记者在写作中要注意把握稿件的现场感。

二、广播电视写作中的现场感

广播电视记者呈现现场感比较容易些,在采访写作时要注意以屏幕画面为主,以声音、语言为辅,"声画并茂"地把新闻事件及其现场真实地展现在观众面前。可以利用广播电视传播

---

①　成思行,燕华.与传媒界名流谈心[M].北京:新世界出版社,2002:217,218.

所具备的独特优势，通过记者与新闻现场的深度融合，把电视观众带进新闻发生的现场。

正是因为记者在现场，身体器官全方位向现场开放，可以充分感受到现场的氛围、现场的声音、现场的冲击力，才能清晰地代替未能进入现场的观众看到、听到、感受到现场的魅力。对于现场感来说，画面和声音在的作用，远比文字来得更直接，更形象。

广播电视新闻现场感正是广播电视新闻真实性的体现，也是广播电视媒体的魅力所在。现场感最强的表现方式有现场直播、现场连线、记者出镜，等等。

"记者更多的是要控制情绪，寻找更恰当的方式、更贴切的语言，告诉受众发生了什么，为什么是这样。所以说，现场语言的有效组织，可以为受众带来更多信息量，也是体现现场感的关键所在。"[1]

三、纸媒新闻写作中的现场描述

尤金·罗伯茨做过费城问询报和纽约时报的编辑。他讲了他的编辑如何教会他写出"让读者看见"的报道。

那时，罗伯茨在北卡罗来纳州的戈尔兹伯勒新闻与评论报做记者，他的编辑亨利·贝尔克是一位盲人，贝尔克经常把罗伯茨叫到办公室并令其念报道给他听。贝尔克经常大叫："让我看见，你没有让我看见。"——写出能让盲人看见的稿件才是真正具有现场感的稿件。

在我国，报纸、新闻杂志等纸媒记者在新闻写作中也非常重视现场感，业内常说的一句话就是"把读者带到现场去"。

"把读者带到现场去"要求记者通过精心采写，把人物或事件中最富有特征的片断、镜头、瞬间展现给大家，使读者犹如身临其境。这就要求记者不仅要在采访过程中善于采撷丰富、生动、有现场感的新闻素材，而且要用心写作现场见闻，真实地把新闻现场"再现"给读者，使色、香、声、味呼之欲出。若要做到逼真显形，进而深刻传神，就必然要谈到"现场描述"这个话题，即用文字描写再现新闻现场。

"现场描述"要求文字记者以事实为基础，用真实事实说话，用客观冷静的白描手法和叙述口吻等，向读者描述在新闻现场看到的场面、事实、细节等，就像用镜头捕捉某个画面一样。这些有关新闻现场环境的描述、气氛的再现、新闻人物神情举止的捕捉以及细节的渲染，可以给读者带来真实感，满足读者想进入现场获得原始信息的欲望。

在新闻写作中，记者要抓住现场最壮观、最精彩、最感人的瞬间描绘出来，使读者如见其人，如临其境，这样就能产生一种强烈的视觉美，增强新闻的感染力。

《中国青年报》有一则学校门口开网吧的新闻导语是这样的：

"简简单单的砖砌围墙，屋顶靠几根木头支撑，塑料片、石棉瓦一盖，简陋的工棚摇身一变就成了网吧。4月17日中午，记者在江西省南昌市新建县赣江职业技术学院北门的马路边，找到了三家这样的网吧，几乎每个网吧都爆满。"

这篇稿件的开头十分具有现场感，仿佛记者在用镜头对现场进行扫描。记者用白描手法勾勒出网吧的环境和几乎爆满的情景，唤起读者的注意和思考。

---

① 黄蓓.论现场感在新闻报道中的重要性[EB/OL].华企商学院网,(2015-11-02).

现场感强的文字可以感染读者,传达出一种无言的精神或是意见。

新媒体层出不穷,无论是传统媒体写作,还是"两微一端"及其他公众号写作,都要求加强现场感,还原新闻事件现场的真实情况。

2015年底,纽约时报率先发布了全景新闻APP,这种通过VR技术支撑的沉浸式新闻报道模式(简称浸新闻),越来越多地被其他媒体尝试使用。这显然是在新闻现场感表现上的一次新飞跃。

"当然,这种趋势也表明,未来的媒体,只有傍上科技才能活下来,在可预见的未来,新闻、电影,与游戏的边界终究会模糊。

"诚然,VR仅仅是冰山一角。即便读者手头没有一个VR头盔,也并不妨碍他们掏出手机,通过移动视频直播观看正在发生的新闻事件。这种与新闻事件同在的'在场性',才是'浸入'真正的意义所在。"[①]

第五节　背景材料

一、背景材料概述

所谓新闻中的背景材料,就是在新闻中所运用的有关新闻事实出现的缘由、环境及其相关的主客观条件。新闻背景材料也被称为新闻背后的新闻,它是一篇新闻报道的有机组成部分,常包含新闻事实发生的历史条件、现实环境及它与周围事实的联系等情况。它还可以补充说明新闻的事实。如果能够合理引用和安排新闻背景,就能够成为记者表达观点的得力武器。

俗话说:"红花还要绿叶扶。"新闻事实这朵红花,缺少不了新闻背景这个绿叶的映衬、比照和烘托。任何一条新闻都不是孤立存在的,相关事物间总有着千丝万缕的联系,这些联系就是相关新闻的背景材料。

因此,记者在写作新闻时,要时时提醒自己不要忘记加上必要的背景材料,来烘托或是说明解释这条新闻,增加信息量。如果该写的背景没有写出来,读者就会稀里糊涂,如坠云里雾中。

美国《大众科学》杂志的记者在一篇关于等离子掘进机的报道中写道:"这种掘进机头部有个'火把'。但是,这个'火把'放射出来的不是温度特别高的火焰,而是一种叫做等离子体的电流。等离子是一种很怪的物质,它既不是固体,也不是液体,更不是气体。物理学家们认为,它是物质存在的第四种方式。"

记者在这段文字中就加入了对等离子这种特殊的掘进机的背景材料内容。

胡乔木同志曾这样对新闻工作者指出,"你得在你的新闻里供给他详细的注释,纵断面和横断面的背景。"

美国哥伦比亚大学教授麦尔文·曼切尔则说:"不使用背景材料,几乎没有什么报道是全面的。"

1988年3月19日,我国《健康报》刊登了一则消息,题目是《首例配子输卵管内移植男婴

---

① 当我们在谈论"浸媒体"时,我们在谈论什么?［EB/OL］.(2016－10－18)新华网.

在京诞生》。记者在介绍完这名男婴的出生经过及手术情况后，运用了这样一段背景材料——

刚刚为这位女士做完剖腹手术的张丽珠教授告诉记者，配子输卵管内移植的英文名称叫GIFT，是配子、输卵管内、移植这三个词的英文字头缩写。这一缩写正好是英文"礼物"的意思。用这样方法生出的婴儿，可以说是医生送给母亲的一件"礼物"。

这个背景材料巧妙地将"配子输卵管内移植"这一新方法的英文字母组成及含义加以说明和解释，读者看后会心一笑，加深了对此方法的英文缩写 GIFT 的理解。

二、牢记为读者服务原则

运用好新闻的背景材料，是一位合格的新闻记者或是新闻通讯员必备的基本功。可是，现在的新闻实践中，仍有一些人不太注重背景材料的使用，这样做的结果就是坑害了读者，枉费了读者的热诚期望。

在新闻文体中能够不用背景材料的恐怕只有简讯而已。

简讯又叫一句话新闻，常常是在一句话里把最新发生的最重要的、最新鲜的事实报道出去，文字简洁扼要即可；同时，也常常是集中几条新闻一起刊发，故可以不加背景材料。除此之外，新闻写作中离不开背景材料的运用。

新闻记者写作新闻时，常常忘记使用背景材料，造成这种现象的，主要有以下三个方面的原因：

①记者自以为对新闻事实已非常清楚，不用解释说明，推而广之，想当然地认为读者也心知肚明，从而忘记加上一些新闻的背景材料。

②从前的报道中，曾经交代过有关的背景材料，记者以为在这次的新闻报道中，就可以忽略不计了。

③记者有加新闻背景的心，但行动不足。比如，操作的难度大，或者时间紧，编辑与记者都比较难找到有关的背景材料，故而放弃。

其实，所有这些原因，都可以归纳为一条——记者的写作意识里为读者服务的观念不强。

一位合格的新闻记者或编辑，脑中时时刻刻应想着读者。对于记者而言，一方面，在采访时，要牢记记者是代表读者出面来采访的。记者在第一时间接触到某新闻，不是让自己先睹为快的，而是要通过自己的眼、耳、手、笔将此消息尽快传递给广大读者的。

所以，记者要花费较大的精力去了解事实真相，同时，透彻掌握前因后果，相关的事情、人物故事和细节，等等。记者将事实弄明白了，才可以明白地传递这个新闻。通常在采访中，就可以自然而然地充分了解新闻的背景材料。

另一方面，记者在写作时，要想到读者是否方便阅读，或者是否能够清晰无障碍地进行阅读。因此，"消化掉"的那些背景材料就要"浮出水面"，时刻为读者服务，排除读者的阅读困难。

三、背景材料的分类

一般来说，背景材料可分为以下四大类。

历史背景，指的是关于事物发展变化的史态资料，即某段新闻事实的历史由来，发展变化的过程、结果，等等。记者在报道和历史有关的新闻事实时，尤其要注意交代相应的历史资料。

人物背景，即新闻事实中相关人物的资料，如出身经历、性格、工作生活状况等材料。

地理背景，指的是新闻事实涉及的地方本身的地理环境和特点等材料。

知识背景，指的是新闻事实中涉及的术语、名词等的相关知识材料。

四、背景材料的作用

背景材料在新闻写作中的作用主要有以下四个方面：

补充新闻价值，背景是过去的新闻；是新闻中的新闻，其价值是增加的。

增强新闻报道的内容，新闻信息量加大。

巧妙说明记者的观点。

补充相关知识让读者更明白新闻事实。解释专有名词、介绍相关知识等，为的是让读者清楚明了地阅读消息。

比如，新华社有条导语是这样写的：

66年前李鸿章从外国买来的一台造纸机，现在还在生产，每天生产的纸张比它年轻的时候要多三倍半。

在这条导语中，记者就是用背景资料来说话的，说明了这台造纸机性能之好，这厂技术改造工作之好，对老机器设备的维修利用之好。"66年前李鸿章从外国买来的"这个新闻背景，交代出机器的"老"，与现在的"新情况"形成对比。这样"老"的机器，现在的生产情况是"每天生产的纸张比它年轻的时候要多三倍半"，这就是它的潜台词。读者看下去，就明白为什么会这样了。

下面请看2006年10月16日《北京青年报》上的一篇报道，题目是《霍金拍电影，自己演自己》。

科学家自拍电影的并不多，令人惊奇的是，长期困在轮椅上的著名的英国物理学家史蒂芬·霍金，就要拍电影了。这是昨日出版的英国《星期日泰晤士报》报道的。

霍金既不是改行，也不是作秀，而是要宣传他自己和其他一些科学家的宇宙起源理论。在这部名为《地平线之外》(BEYOND THE HORIZON)的影片中，他要充分发挥计算机动画技术的优越性，深入浅出地向观众讲解宇宙起源，讲解宇宙大爆炸以及宇宙可能是11维而不是通常人们习惯的4维时空的观点。

这部电影目前还没有确定具体拍摄和初映时间，剧本可能由著名的电视连续剧《宇宙之旅》(SPACE TREK)的剧作者雷奥纳多·穆罗迪诺夫编写，他正与霍金讨论这项事宜。但是影片的故事情节和主要演员都已经确定。《泰晤士报》的一个负责宗教事务的女记者，认为科学并不能解释太多事情，因而对科学很怀疑。她向霍金请教包括宇宙起源在内的物理问题，霍金就带着她返回到宇宙起源时刻，向她解释了他自己的黑洞理论、大爆炸理论以及时空理论。在电影中还要出现包括爱因斯坦在内的好多著名物理学家。霍金不仅担任影片主要角色，而且还是画面音的解说者，尽管他现在是通过计算机语音合成来说话的。

霍金决定拍摄这样的影片并不奇怪。他一直打算深入浅出地解释宇宙问题。1988年出版的《时间简史》就是为此目的而写，出版后也大受欢迎。但是，也有批评家表示，其实很少有人能读懂这本书。这也难怪，因为宇宙起源问题本身就很深奥，科学家得用很多复杂的数学公式和推演才能得出结论，但为了让读者看明白，霍金在那本书中很少使用数学公式，确实是难以解释清楚,而真的用了数学公式,一般读者也看不懂。使用电影手段,特别是利用计算机动画技术,能形象地解释深奥的问题,将会解决上述的两难尴尬,让一般人都能理解霍金的理论。

霍金现年64岁,在剑桥大学教书。他从22岁起,就患上了一种肌肉萎缩怪病,几十年被困在轮椅上,但是,科研和教学依然进行,得到世人的崇敬。

这篇报道中运用了霍金的两处背景材料,一处是文章倒数第二段"他一直打算深入浅出地解释宇宙问题。1988年出版的《时间简史》就是为此目的而写,出版后也大受欢迎",这个部分补充说明了他想解释宇宙问题这个信息的行动力;另外一处则是文章的最后一段,这部分是对他个人材料的补充说明。

五、运用新闻背景的注意事项

一篇消息,没有背景不行,但背景杂而多也是不行的。不是所有与新闻事实相关的背景都要用上去。

背景处在从属地位,不应投入过多的精力。

新闻背景很多,但不能一一道来,从中拎出最符合本件新闻事实的恰当的材料即可。

如果背景材料较多,且非用不可,那么最好不要一次性交代、一次性填塞,要把材料揉碎,学会像天女散花般把背景材料"洒"在稿件里。

运用背景的方法灵活多样,既可直接引用一句话,正面交代一段话,也可穿插在整篇消息中,几个字也可;既可放在导语中,也可在主体或结尾中。

总之,记者在新闻报道中所用的背景材料,一定要与新闻人物、新闻事件、新闻地点等方面有切实关系。同时,切记,背景材料是新闻的从属部分,绝不能使用太多,喧宾夺主。因此,记者要善于利用新闻背景,恰当使用,巧妙结合。

第六节 要回叙不要合理想象

一、回叙

回叙是指记者编辑在连续报道中对已发表的报道的简要复述。

报纸、广播、电视等新闻媒体对一个在不断发展中的重要新闻事件,往往要进行连续报道。连续报道中的每一篇报道,主要是反映事物的最新发展情况。在每一篇报道中,都要对已经报道过的重要内容有简明的交代,以便读者或是观众承上启下,对事件的整个发展过程和基本面貌有比较全面、清晰的了解。

案例评析

2006年11月8日《北京晨报》第13版上,发表了记者赵玥写的一篇报道,题目引题是:不花钱买,专门以物换物的交易方式兴起;主题是:"换客族"拿香水能换相机。请看报道——

近日,北京女孩艾晴晴以"曲别针换别墅"的新闻被媒体炒得沸沸扬扬。记者发现,最近一个名为"换客"的群体正在悄然兴起,通过以物换物的方式,需要相机不用花钱买,拿香水就能换。

"换客"不按贷品实价交易

"每个人都会有一些用不着的东西，与其闲置，不如和喜欢的东西交换。"白小姐最初成为"换客"，就是因为手上有一瓶未开封的名牌香水，本来打算作为二手贷推销出去，但因为觉得定价麻烦，就和同城网友做交换了。"原价 600 元的香水，换来一个限量版的维尼熊，我觉得很值。"

另一位资深"换客"张先生告诉记者，数码产品和服饰、化妆品，是网上最热门的资源。他进行过几十次交易，所接触的"换客"大多集中在 20 岁到 35 岁之间。

感情经历也能当交换品

"没有换不到，只有想不到"。记者登录了几个比较著名的易物网，发现"换客"交换的内容，除了常见的日用品、数码产品外，还有一些极其特殊的物品。比如，一位"换客"用细腻的文字，描述自己儿时回忆，希望和人交换。这条交换信息一经发布，点击率就迅速突破千次。

在"换客"中，实体的物品可以交换，虚拟的东西也可以交换。比如美好的记忆、成功时的喜悦、失恋后的痛苦——这些无法标价的感情也可以尽情地拿上来，其实就是一种和别人沟通的途径。

易物交易风险高于网购

在目前成交的近 2 万次换物交易中，同城交易的比例几乎在 95％以上。一帮"换客"在网上交易，首先在网页上录入并发布贷物，并找到想要交换的贷物，然后发出正式的交易请求，在对方同意后进行线下交易。由于以物易物不涉及金钱交换，交换过程必须脱离网站才能实现，因此不能受到网站提供的中介机构的保护。有关人士认为，易物网交易的风险比购物网要大，所以"换客"更需要提高警惕性。

资深互联网评论家詹宾认为，易物网应该推出一种类似"支付宝"的工具，达成线上交换协议的双方，都需要向网站支付一定金额的保证金，如果线下顺利交易，保证金会退还双方；如果有一方利益受损，那么对方的保证金将给他做出适当赔偿。

在这篇稿件里，记者就没有回叙清楚一件事，那就是文中第一句话提到的"近日，北京女孩艾睛睛以'曲别针换别墅'的新闻被媒体炒得沸沸扬扬。"读者会发问，一是这种"曲别针换别墅"新闻到底是什么时间发生的，具体内容是什么，二是这个女孩到底换成了什么，近况如何。记者在报道中缺乏了这些内容的简述，就会使读者产生阅读障碍。《北京晨报》的编辑在这篇报道之后，加上一段新闻链接，挽救了记者报道稿件中的硬伤，其内容如下：

今年 4 月，加拿大小伙子麦克唐纳成功地用一枚红色别针，在 16 次网络交换后，换来一栋两层别墅的一年居住权。"别针换房子"的奇迹迅速引发了中国物物交换网站的兴起，比如"换客"最为集中的易物网，从今年 6 月成立至今，已经吸引了 5 万网民注册，并拥有近 2 万多宗成功的换物记录。

这段编辑贴补的文字补充了记者稿件的报道内容，这叫回叙手法的运用。但是，编辑的回叙中也没有提及北京女孩艾睛睛以"曲别针换别墅"的新闻事实，不能不说这篇新闻稿件有遗憾，记者与编辑都没有做到回叙到位。

《北京晨报》2006 年 11 月 8 日第九版刊登了一则消息，主题是《走出拘留所行为诗人不悔过》；副题是《因裸体默读诗歌被拘留 10 天专家认为其行为违反了治安法》。

因在第三极书局裸体默读诗歌,诗人苏非舒被海滨警方拘留十天。在结束了拘留所的生活后,苏非舒在位于通州喇嘛庄的家中接受记者采访时,居然称"自己当时的行为是正确的,这跟大街上裸奔不一样,这是出于创作的需要。"

苏非舒:仍认为自己的行为正确

"说实话,从拘留所出来,我并没有重获自由的兴奋。"日前,在通州区宋庄镇喇嘛庄村,记者见到了租住在这里的苏非舒。回忆拘留所里的生活,苏非舒一反常态显得很兴奋,"同屋住的有小偷,还有吸毒的。"他把他们之间的关系称为难兄难弟,在海淀拘留所里,他仍然觉得自己之前的行为是正确的。

苏非舒的籍贯是重庆,1994年苏非舒带着自己的诗歌来到北京。"开始的几年,我什么都做,靠打零工来维持生存。"谈到诗歌,苏非舒认为其语言一定要"直接",女友也是他的支持者。

法律专家:违背道德也违反法律

"诗歌的美已完全被他扭曲了。""一脱成名。"该事件发生后,新华网的许多网友对苏非舒行为的目的性提出质疑。北京大学法学院教授姜明安在接受记者采访时说,苏非舒裸体默读诗歌的行为不仅违背了道德规范,也违反了我国治安管理处罚法的相关规定。所以,海淀公安机关的做法是正确的。对于业内争论的第三极书局在该事件中是否为"公共场合"的问题,姜教授说:"目前法律上对'公共场合'还无明确解释。但我认为,所谓公共场合,是指向不确定人开放的场所。虽然这是诗人小圈子的聚会,但它在书店举行,也可能有诗人以外的人进入,这里就应该被确定为公共场合。"

对于这样有争议的新闻人物,记者应该站在客观公正的角度,不动声色地报道。这篇稿件基本做到了。记者这是用事实说话,就是记者通过采访,让当事人、旁观者或社会人士对此事表态,然后用文字呈现出来。但是,在导语里,记者还是没"稳住",有些露头,用了表态的一个词——"居然"。见原文:苏非舒在位于通州喇嘛庄的家中接受记者采访时,居然称"自己当时的行为是正确的,这跟大街上裸奔不一样,这是出于创作的需要。"

在此报道后有一个"事件回放",如下所示。

今年9月30日晚9时许,第三极书局,苏非舒在这次诗歌朗诵会上最后一个出场。"上台前,我穿了16套衣服。"上台后,苏非舒又在女友的帮助下,从外到里一件件脱衣服。"大概十分钟才脱完,然后我开始拿书默读我的诗歌《仅此而已》。"苏非舒说。他大概默读了1分钟后,书局的工作人员发现事态严重,立即关了灯。10月17日中午,苏非舒因在公共场合故意裸露身体被中关村大街派出所拘留。根据相关规定,他被处以10天的拘留处罚。

苏非舒说,他裸体读诗所要表达的意思是:"现在的人们赋予诗歌许多意义,而我们倡导诗歌的语言要直接,衣服在这里代表了众多的枷锁,我们要去掉这些枷锁。"

这个事件回放就是回叙,编辑及时全面介绍了苏非舒裸体读诗事件。如果记者在写作稿件时有回叙概念,自然就会在报道里体现,就不用编辑单独列出一个小链接,专门介绍这件事了。这就特别提醒新闻记者及所有初学新闻采写的人们时刻牢记回叙意识,在对近期已报道的新闻进行再次报道时,一定要简要复述,不留遗憾。

对前面发生的新闻事件进行后续报道时,记者在写稿的过程中有必要进行一定的介绍,把事件的原委说明一下,这是为读者服务意识的体现。回叙文字一般不必太长,清晰、简明即可。

比如,1999年1月18日,《人民日报》刊登了题为《"彩虹"何以变黑——重庆綦江塌桥事故的追踪报道》，文章开篇即是回叙，"1999 年 1 月 4 日，是新年的第一个工作日。谁也不会想到，傍晚 18 时 50 分，重庆市綦江县横跨綦河、连接东西城区的虹桥（因桥形若虹，也称彩虹桥）'轰'地一声巨响，大桥整体坍塌。瞬间，天崩地裂。正列队走过的 23 名武警官兵和数十位群众落入水中……造成 40 人死亡，14 人受伤。"

这段文字简明扼要地介绍了 14 天前重庆綦江塌桥事故。无论看过前面报道的读者还是第一次看到的读者都对此事故有了大概的了解。

二、切忌合理想象

新闻与文学不一样，新闻是依据事实来报道的，不是以主观想象来勾勒描述事实的。记者的"想当然"是不可取的。"想象"即使是合理的，也是新闻失实的一个表现方式。

一个新闻记者在任何时候写报道都要牢记真实性原则，不可以展开想象的翅膀，即使在细节上也要准确无误。任何一种修饰与渲染素材的想象，在文学中是允许并鼓励的，在新闻中坚决禁止。

前些年，一个国家派出三流水平的足球队访问英国，与东道主英国足球队比赛时，一名体育记者只在现场看了几分钟就离开了。这位记者根据自己的"合理想象"，认为对方根本不是英国队的对手，向报社总社抢发了一篇消息，题目是《英国队大比分战胜对手》。

实际情况却是大反转，对方以 1 比 0 战胜了英国队。当这位记者从广播电台新闻稿中听到比赛结果时，赶紧给报社编辑部发出更正比赛结果的传真。可是编辑也同样犯了"合理想象"的错误，认为英国队不可能 0 比 1 败北。记者发回的报道中的比赛结果 0 比 1 绝对是笔误。编辑大笔一挥，在 0 之前加了个 1，成为英国队 10 比 1 大胜对手。因为编辑坚定地认为这个三流水平的足球队绝对不敌英国队，结果这家著名的大报社因此留下笑柄。

请记住，不是记者现场采访看到的，无法与当事人核对的感觉、细节、对话、心理活动等，记者都不能进行合理的想象。

前苏联有一位著名记者在采访一位老劳模时，写下了报道，其中有一个细节是：这个劳模早上起得很早，总是对着镜子梳理好自己的头发再去上班。

结果报道发表之后，有一天这位老劳模找到报社，质问记者如何为自己添加出了头发？他当着记者的面脱下帽子，原来，他是个光头。这个事情对记者的影响很大，从此他明白了绝不能想当然地进行合理想象，没经过采访核实的东西，绝不得任意添加出来。

切记：合理想象是新闻写作之大忌！

新闻记者绝对不能想当然，脑子一热，就以自己有限的知识或是推己及人的心态来报道新闻事件中的新闻人物，凭自己所谓的合理想象来描绘事实，尤其是描绘新闻人物的心理活动和在记者没有采访过新闻现场的前提下栩栩如生地描述新闻现场。这是新闻造假！记者、编辑都要时刻提醒自己，要核实事实，不能合理想象。

1984 年第 11 期的《新闻通讯》中，作者郑书田发表了一篇文章，题目是《"合理想象"要不得》。本书特别撷取其中一部分内容以飨读者，以示警惕——合理想象要不得！

通讯员、记者写稿不能弄虚作假，编辑改稿也不能"合理想象"。前些时候，我们广播站编发了一则新闻，报道的是街坊四邻救火的事。稿子是某矿工报的一位记者回家探亲写来的，由于他参与了救火，稿件的内容是属实的。令人费解的是稿件只写了亲邻救火，始终没写失火户主的言语和行动,结尾也没有户主一句感激的话,编者总觉得有点不近人情,结尾也像少了点什么。

于是,编者在稿件的末尾巧妙地加了一句:"大火扑灭了,失火这家的主人看着浑身湿透的亲邻们,感动得说不出话来。"

就在编者欣赏自己"合理想象"出的生花妙笔时,找后账的电话打来了。被报道单位指出,这家失火的主人根本没有被"感动",因为失火时主人不在家,谁知主人回家后对救火的亲邻非但不"感动",反而说了一些不文明的话。根据被报道单位的要求,查出原稿一看,作者和编者只好面面相觑。

新闻写作和文艺创作不同,新闻要用事实说话,不得有半丁点的凭空臆造或合理想象,即如上面一例,加上编者的"合理想象",不但有画蛇添足之嫌,而且直接违背了新闻必须完全真实的原则。

思考题

1. 应如何理解采访决定写作这个前提?试以自己的经历或熟知的记者的经历进行说明。
2. 新闻写作的基本常识有哪些?
3. 交代消息来源的注意事项是什么?
4. 为什么使用引语,特别是使用直接引语是用事实说话的一种表现手法?
5. 你如何理解报道中的现场感?
6. 如何交代背景材料?试找出一份新闻作品加以分析。
7. 什么是回叙?请用新闻作品来说明。
8. 为什么新闻写作不能合理想象?

第二章

从读报评报学写新闻

笔者从 2002 年起，一直在高校新闻系教授新闻专业学生大一的基础课"新闻采访与写作"。

我的体会是，仅仅是课本的东西是不够的，因为新闻采访与写作一定要与新闻实践结合起来，一定要与新闻媒体的报道活动联系起来，理论指导实践，实践运用理论，活学活用效果好。因为采访决定写作，写作表现采访。我除了讲解新闻采访与写作的基本知识外，在课堂上还安排了读报评报这一项目，几乎每堂课，都会推荐、点评、学习来自新闻前线记者的新闻报道。这样一方面可以让学生了解，新闻前线的新闻记者是如何将新闻采写的常识运用在自己的新闻报道中的；另一方面，可以让学生从新闻记者鲜活的报道中了解、掌握并巩固加深新闻采写的基本知识，铭记在心，在日后学生们自己的新闻实践中试着也这么去做，可以帮助他们迅速进入新闻记者的采写状态，适应新闻工作的需要。

截至目前，读报评报活动我已坚持十五年了，一届届学生毕业了。学生们反映说，这个读报评报环节非常接地气，他们既了解了来自新闻前线记者们的新闻报道情况，又掌握了最基本的新闻采写的知识，还开阔了他们的思维，从读报评报中学到了很多东西。

所以，我觉得有必要在本书中添加这一章内容，专门讲述从读报评报中学习新闻采写。

第一节　什么是读报评报

一、缘起

我是怎么想起读报评报的呢？这得好好感激复旦大学新闻系的老师。

1987 年 9 月 1 日开学后，我成为上海复旦大学新闻系的本科学生。应该是在大一下学期吧，我记得不是很清楚了。系里安排开设了一门读报评报的选修课，一周一次，是在下午上课。

非常惭愧，我毕业后就一直想不起这位授课老师的名字，只记得他是宁波人，上课时他的口音较重，我称之为宁波话与上海话底蕴下的普通话。我是北方人，一学期下来几乎没真正听懂完整的一堂课，又是在下午，因为听不懂，偶尔会打瞌睡。但是，就是这门选修课让我听进去的部分，在我毕业成为记者之后，对我帮助非常大！

在我不知道如何下手抓新闻线索、如何进行采访、如何完成新闻稿件时，我的脑子里会突然进出这位老师读报评报的某些画面,他点评的某个知识点就跳出来,帮助我解决问题。所以,我对这门读报评报选修课的认识是从我真正做记者之后开始的。

我很后悔自己当时在课堂上怎么就没多听、仔细听老师的点评呢?我的心中也开始对我记不起这位老师的名字倍感愧疚,同时也对这位老师心存感恩。2002年,在我做了八年记者、读完中国人民大学新闻学院传播学硕士之后,我留在高校当上新闻专业的老师。我马上就想起了"读报评报"这四个字,并尝试着在自己的课堂上增加读报评报的内容。十四年下来,收获也是蛮多的。

因为一直没有机缘回复旦大学新闻系,毕业多年也失散了与老师同学的联系,再加上我的懒惰,我一直没有去核实在复旦教给我这门课的老师情况。

十四年后,在我写这篇文章的时候,我想应该认真核实情况了。我需要准确无误的背景材料。近些年来,微信朋友圈兴起,我的大学同学几乎都在圈内了。有天,我专门向当年的同班同学打听,是不是大一的时候开设过一门读报评报课程,请问你还知道老师是谁吗?没想到,他沉吟一会儿,告诉我说,应该是徐培汀老师,当时的选修课名字就叫"读报与评报"。他这一提,我立刻忆起就是这位讲宁波话的徐老师来!我马上问:"徐老师还好吧?"

我的同学接下来说的话让我非常难过。他说:"但是,不幸的是,这位老师2013年已经过世了。"我当时听了惊讶万分,我离开复旦太长时间了,忙于自己的生活却不懂得多去亲近老师,现在空留慨叹!我很惭愧自责我为什么那么疏懒散漫,没能在老师在世的时候找机会告诉他,我从他的课上获益良多!

惭愧不肖学生谨以此文向原复旦大学新闻系徐培汀老师至诚道歉,无限感恩徐培汀老师的教诲!

我愿将这项接地气的活动坚持下去,使更多的学生能从读报评报中获益。感恩徐培汀老师!

2009年,复旦大学向教师颁发服务新闻学院奖
1980级校友屠海鸣(右)给老教师徐培汀(中间坐轮椅者)颁发服务学院50年奖牌

请允许我将徐培汀老师去世的新闻放在下面,来缅怀老师的培养教育。这条新闻是从网上下载的,发表时间是2013年10月30日15:08,消息来源是搜狐传媒。新闻如下:

搜狐传媒讯据上海媒体报道,今晨,复旦大学新闻学院徐培汀教授在上海岳阳医院去世。
徐培汀,1932年1月出生,浙江新昌人。复旦大学新闻学院教授。中共党员。毕业于复

旦大学新闻系。曾任复旦大学校学生会宣传部长、团总支书记兼系党支部委员、党总支副书记,复旦大学校报《复旦》主编。

徐培汀多年来倡导边缘新闻学与新闻传播学说史的研究,主张新闻有"学",学在规律,首倡新闻人才学与比较新闻学的研究,先后为本、专科大学生开设"读报与评报""新闻学概论""速记""新闻资料与学术情报""情报、资料、新闻边缘科学""课外阅读指导"等课程,为硕士研究生开设"广告与广告心理学""边缘新闻学""中国新闻学术发展史"等课程。

二、读报评报的具体做法

下面说说我是怎么做的,我选什么样的报道在课堂进行读报与评报。

一般来说,我的读报与评报的内容大都是随机而来的,是我自己买报纸看到某篇报道有评点价值后,我就会把它拿过来在课堂上进行点评。因此这些在课堂上读评的新闻报道,百分之百是大众传媒特别是纸质传媒新闻记者们的成品。

我的具体做法是,先把这篇报道用相机拍下来。如果能连同报名、出版时间、版面都拍下是最好的。

读报评报举例1

如果不能在同一张照片中摄全这些内容,我就先拿笔在这张报纸这个稿子旁边注明报纸的名称、出版时间和发表这篇稿件的版面,然后把这篇稿件连同版面一起拍下来,形成一个整体,做成PPT呈现在学生面前。

通过拍照这种形式,告诉学生新闻记者的新闻图片意识一定要强,提醒他们今后做记者时,要学会时刻用镜头拍照,抓取新闻事件、新闻人物、新闻场景。

我认为拍照一方面体现了新闻记者"用事实说话"的新闻理念,另一方面也反映了新闻记者的现场感,同时,也可用照片来收集资料。

我在新闻稿件旁边标出报名、发表时间及版面,为的是告诉学生这篇新闻出自何处,并借此手法来提醒学生们学会标明出处收集资料,做读书笔记。

这样一是为了方便学生查阅原文。二是这种练习和习惯的养成,可以帮助学生以后做记者时要记得交代消息来源;在做论文引用资料时,提醒自己要有当前页的脚注,或是在论文后

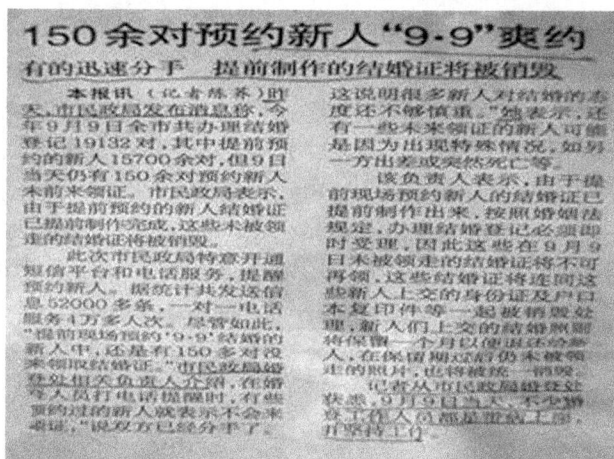

读报评报举例 2

写有参考资料,这都是在交代出处。

有时候,我自己在看报纸时,会随手写在稿件四周,补充一下相关的内容,或是在稿件上点点划划,圈出有关想讲给学生听的重点,因此就没法标明报名、出版日期和版面了。但我会立刻在课件 PPT 上写好备忘。

例如下面这篇报道,是发表在 2007 年 2 月 25 日北京的《信报》国内新闻版中。标题是《正月初七称"人日" 民俗学家说这与先民对数字"七"的崇拜有关》。

读报评报举例 3

我在报纸上用红笔圈了些文字,也在旁边标写了一首诗,当时就没写报名、出版日期和版面。我拍照后,立即制成 PPT,把这些内容列入 PPT 中,也将这篇新闻稿件的文字抄录下来,在课堂上进行读报与评报。

我的读报评报内容最初几年,大约是 2002 到 2005 年左右,主要集中在报纸上的新闻报道。后来,我也会从一些新闻媒体的网页上下载新闻稿件、新闻视频和新闻图片在课堂上讲评,比如人民网、新华网、央视网、凤凰网,等等。稿件内容也不仅仅局限于报纸上的文字报道了。

如果我看到比较有特色的电视新闻报道,我也会推荐给学生观看并进行点评。这些一般都集中在"新闻采访与写作"第二个学期的课堂上,那个时间段的教学内容里会有消息写作、新闻专访等,我就结合电视新闻或是人物专访节目进行读"报"评"报"。此时的"报"就是广义的新闻报道了。

本书选取的新闻报道,仍然主要是报纸版面上发表的新闻文字稿或是从新闻媒体网站上下载的文字稿。

笔者认为,报纸上已经发表的新闻稿件,白纸黑字地呈现在学生眼里,给学生的感觉会更直观些。学生读这篇新闻稿件,停留的时间会较长些,可以锻炼学生的耐心,使他们从中一点点地找到新闻报道的感觉和味道,时间长了就会将常用的采写要点牢记在心。

我的具体做法是——

在课堂上刚开始读报评报时,我会让学生一字一字地把文字稿件读下来,主要是由我来进行相关的采写知识点评;时间长了,学生们从中体会、学到了这些知识点,我就叫学生自己读、自己点评。一般大约是半个学期课上下来,大家就会做得都不错了。我觉得这样虽费时,但比较扎实。

三、对学生的要求

第一,买什么报?

我没有指定必须看哪一种报纸。我说,只要是报摊上能买得到的、有正规出版刊号的报纸,在其中找你最愿意和最喜欢看的报纸就行。

第二,花最少的钱获最大的效益。

我并不强迫每位学生都天天买报,可以一周一次或是两周一次,半个月一次,但至少一个月一次。可以自己买,也可以一个宿舍合买一份,大家互相传阅即可。

第三,如何自己开展读报评报。

学生们自己在课外时间的读报评报内容一般可分成两个内容:一是读报,二是评报。读报里面分广义的读报和狭义的读报两个方面。广义的读报就是鼓励学生多看报纸,丰富知识,增加阅历,开阔眼界。广义的读报评报就是让学生们在看报纸的过程中,找出自己的兴趣爱好点,加以深化,储存自己的信息量,扩大视野。因为,当学生成为一名新闻记者的时候,他的知识面如果很宽大,他对相关的采访选题就熟悉,与被采访对象沟通交流时就会心中有底,相关的采访准备就会从容一些,采访任务完成起来也会得心应手。

我非常同意上海复旦新闻学院已故恩师徐培汀老师关于新闻"有学"的观点。而且我个人认为,新闻是杂学,大百科全书式的内容。因此,当学生拿到一张报纸读的时候,首先是作为一名读者,按自己的兴趣爱好来看报纸的内容;其次是作为新闻专业的学生,选定新闻版上的新闻稿件来进行自己专业阅读,即狭义的读报——新闻专业读报。

我的要求是鼓励学生自己多读新闻版的稿件,不爱看也要强迫自己看下去,一回生,二回熟,让学生对新闻版上的各种新闻文体"混个脸熟"。然后选定一篇新闻报道进行细致品读。这时候就到了评报阶段。评报主要集中在专业点评上。

我一般要求学生在课外进行。首先是练习,用一分钟来复述新闻报道内容。这并不容易,学生读过新闻报道之后能明白、简单、准确地复述出来,这是练习学生抓取新闻要素的能力,练习学生口头表达新闻的能力。其次是按新闻专业学习的要求,由学生自己点评他从所选新闻报道中学到了什么;评出他认为好的报道具体的好体现在哪里;评出他认为不好的报道,具体的不好又体现在哪里。

我在专业课堂上进行的读报评报也分成两大块,一是广义的读报评报,二是狭义的读报评报。

广义的读报评报，即分享信息，开阔视野，增加知识储备。在课堂上进行广义读报评报的次数不是很多。只有遇到报纸上有非常新颖又对学生有益的合适内容时，我会拍下来，与学生们分享，主要提醒这些内容可以扩充知识面，可以弥补自己的资料库储备，甚至可以作为未来新闻的选题或是新闻线索。

读报评报举例 4

上图文章是我在 2015 年 3 月 18 日《参考消息》12 版副刊天地《试出新语》栏目中看到的《INFOBESITY 信息肥胖症》。读后，我觉得非常好，就马上拍下来制成 PPT，在课堂上作为广义的读报内容推荐给大家。

"INFOBESITY 即信息肥胖症"，这是个新名词，也是一种新闻现象，提醒学生减少阅读手机和电脑的海量信息，不使自己成为信息肥胖症患者。同时，告诉学生可以试着用这篇文中提到的另一个新名词——"INFODIETING 信息节食"进行自己的信息节食活动。

我让学生们关注这两个新词汇，把它纳入资料库中，作为日后自己当记者时与人沟通的谈资或是新闻采访的话题。

我认为的狭义的读报评报即专业的读报评报，纯粹从新闻专业的角度来分析选中的报道的选题、采访、写作和编辑、评论，甚至是版面风格、图片处理等，指出这篇稿件中哪些时效性强或是弱，哪些是新闻要素，哪些是消息来源，哪些是直接引语和间接引语的运用，哪些是背景材料，哪些是现场描述，哪些是运用了倒金字塔式结构，哪些是段裂行文，哪些是用事实说话，等等。

我会指出这篇稿件突出的优点是什么，我们学了以后在自己做记者时要会运用；这篇报道存在的不足是什么，我们学了以后在自己作记者时，一定要避免发生同样的问题。一般来说，课堂上这样的专业读报评报大约占 5 到 10 分钟左右，效果较好。

第二节　读报评报案例分析与问答

一、读报评报案例分析

读报评报案例分析之一。

《报到新鲜事　北京理科第一名未报到》刊载于《北京青年报》2006 年 9 月 4 日星期一 A5

版上,是一篇综合报道中的一个小单篇。新闻内容如下:

"何旋和杨惠心现在也没来报到。"昨天下午 5 点,北京大学光华管理学院本科生接待点的一位同学,查阅了报名登记册后告诉记者,今年北京市文科第一名何旋、理科第一名杨惠心虽然都收到了北京光华管理学院的录取通知书,但她们都没来报到。据悉,学校也没有为她们准备宿舍。每年都有不少学生录取不报到。北大一位教务老师称,这样浪费了入学名额十分可惜,但学校也没有办法。

读报评报举例 5

评报:

①这篇新闻稿子抓的新闻点是非常不错的。在 2006 年秋季大学新生入学的报道中,这个新闻点应该说很引人注目。可以说记者的新闻敏感性很强,北京市高考文科、理科状元都收到北大光华管理学院录取通知书,但双双未来报到,这件事本身是出乎人们意料的,非常态的,自然是新闻价值所在。值得让记者采访报道出来,读者很想知道其中原由,应该有很强的阅读需求。

②这篇新闻稿子时效性也不错。"昨天下午 5 点"记者采访得知的这个新闻事实,第二天随着报纸的印刷出版呈现在读者面前,速度是很快的。这对于报纸来说,新闻的时效性就是非常强的了。因为报纸是避免不了排版、印刷、发行等这些必要的程序的。我教学生观察报纸新闻稿件时效性的第一关,就是找时间,看看新闻稿件是不是昨天的新闻——昨天采集、写作、编辑,今天发表出来。

新闻姓"新"不姓旧。新闻稿件的时效性直接关系到新闻稿件的传播效果。任何读者都是"喜新厌旧"的,尤其是现在网络时代,新媒体层出不穷,网页新闻、手机客户端新闻、微博、微信朋友圈等,信息来源比较多,获取新闻的渠道比过去增加了。作为大众传播媒体之一的报纸的读者希望能在报纸上看到时效性强的新闻稿件是最正常不过的了。

所以,我提醒学生们假如以后去报社做记者,一定得要求自己稿件的时效性,不能相差电视、电台、通讯社、网络等媒体报道太远。力争做到昨天的新闻,昨天采访、写作,昨天在交稿之前已然交付编辑,今天报纸印出来新闻也就发表出来了。

③这个稿件没有标明准确、具体的消息源。

不是说这篇稿件没有消息来源,有,但一不具体,二不权威。

比如,消息开头写的是接待点的一位同学,查阅了报名登记册后告诉记者,北京文理科状元都没来北大光华管理学院报到。这件事情,由一位不知名的同学告知出来,是新闻的消息来源,但权威性略差;即使是同学告知记者,这位同学的身份和姓名也应该公布清楚才更具真实性,因为这件新闻事实并不需要保密,完全可以不用匿名消息来源。

另外,稿件最后"北大一位教务老师称",这句话也是模糊的消息来源。何不把这位教务老师的姓名、职务写得更为清楚明白些?

再有,稿件所说,"据悉,学校方面也没有为她们准备宿舍",这句话给读者的印象是学校方面早就知道了两位状元不来报道的事实,这样的事实到底是什么时间发生的,详细情况是什么,记者应该交代清楚。仅用这样的一句话一带而过,是不妥的,读者没读懂,没搞明白,留下阅读过程中的信息残缺。

在这里,我会建议学生,以后当记者时,在自己的新闻报道中最好少用或不用"据悉"这种概略化的抽象的消息来源。消息来源力争明确、准确、具体、详细、权威,这样的报道会更真实可信。

然后,我会就"学校方面也没有为她们准备宿舍"这个问题引导学生们进行换位思考:假如你是这名记者,你需要采访这个稿件,在现有的资料之下,还需要补充哪些内容?

有的学生说,再采访学校有关人员补充信息;有的学生会谈到新闻事件中的新闻主角是高考的文科状元、理科状元。

对,应该对这两位新闻人物进行采访,即使他们本人不当面接受采访,也可以从校方资料里,找到他们的电话或是家庭信息,进行一下电话采访,而且采访他们本人或是他们的家人也应是必须的。如果对这块内容进行了详细的采访,那么将了解的情况补充进稿件中,相信读者读下来,信息量就多了,不明白的地方自然就没了。

归根到底,这篇稿件的遗憾是记者的采访不扎实所致。所以借此稿件告诉学生们:采访决定写作。写作会暴露出你的采访,采访到位了,情况了解透彻了,写作成稿件出来自然得心应手,稿件内容自然清晰明白,不会让读者心生疑惑。

④不知道是记者粗心,还是编辑也粗心,总而言之,我会提醒学生多看几次新闻的题目!

结果大家会发现,《报到新鲜事 北京理科第一名未报到》与新闻内容不一致,新闻稿件中第一句就是"何旋和杨惠心现在也没来报到。"这是两个人名。文中继续介绍,"北京大学光华管理学院本科生接待点的一位同学,查阅了报名登记册后告诉记者,今年北京市文科第一名何旋、理科第一名杨惠心虽然都收到了北京光华管理学院的录取通知书,但她们都没来报到。"说的是北京文理两科状元都未来北大报道,而题目中只标出一个人,即北京理科第一名未报到,这和新闻内容相冲突。这其实就是新闻失实。

另外,这也是报纸编辑学里的一个大忌!题文不一致。

题文一致是报纸编辑学的重要名词概念,它指的是标题与内容是一样的。题文一致是新闻真实性原则在采访、写作与编辑方面首要的要求。一个是北京市理科状元未来北京大学光华管理学院报到,一个是北京市文科状元和理科状元两位都没来北京大学光华管理学院报到,这是两个不同的新闻事实。

所以,我会提醒学生,今后做记者时,写完稿件一定要学会仔细看新闻标题和新闻内容是否一致,如果一致就是正常、正确的,在编辑学的名词术语就叫"题文一致",如果不一致就是题文不一致,就是新闻报道失实了。

读报评报案例分析之二。

稿件标题是《"天体大十字"预言宣告破产》,新华社记者姜岩、南振中发表于 1999 年 8 月 18 日,稿件来源:新华网。

新华社北京 8 月 18 日电　各地的天文学家证实,8 月 18 日没有发生特殊的天文现象,更没有发生地球毁灭这样的大劫难。世界各地的人们像往常那样度过了平静的一天,"天体大十字"这一"末世论"预言宣告破产。

400 多年前,法国的诺查丹玛斯写了一本名叫《大预言》的书,其中提到 1999 年地球将出现大劫难。到了本世纪 70 年代,日本人五岛勉对这本书进行了解释,说在 1999 年 8 月 18 日太阳、月亮和九大行星将组成一个十字架的形状,并称这种"恐怖大十字"将给地球带来毁灭性灾难。

法国里昂天文台专家鲁特利对本社记者说,他不知道有 8 月 18 日"天体大十字"一说。在与里昂天文台的其他专家共同核对过行星位置排列后,他说 8 月 18 日太阳系行星位置排列不但没有组成所谓的"大十字",而且根本没有出现任何特殊的排列。

在五岛勉的家乡日本,18 日是一个极其平凡的日子,没有重大的天灾人祸。当地新闻界和老百姓根本没有把五岛勉的预言当回事儿。日本国立天文台宣传部部长渡边润一副教授在接受本社记者采访时说:"18 日这一天,九大行星的排列并没有构成十字架的形状。即使九大行星排列成十字架形,也不会对地球产生什么影响。它们对地球的引力远不及月球对地球的引力。'天体大十字'预言没有任何科学根据。"

英国阿马天文台台长、著名天文学家马克·贝利教授在接受本社记者采访时说,18 日是普普通通的一天,"天体大十字"预言不攻自破,这再次证明该预言纯属无稽之谈。他指出:"行星的位置排列与地球上所发生的日常事件之间是毫不相关的。"英国拉瑟福德·阿普尔顿实验室的行星研究专家艾伦·彭尼博士指出,由于行星对地球的引力作用比月球对地球的作用小得多,行星的排列从科学上来说对地球根本构不成什么影响。

美国世界观察研究所的新闻官玛丽·科伦接受本社记者采访时说:"美国人不相信这些邪说,人们像往常一样工作和生活。"在美国俄勒冈医科大学从事研究的旅美研究人员杨爱玲博士说,我们应当相信科学,不要相信那些毫无根据的异端邪说。

北京天文台副台长赵刚说:"从科学家的观点来看,18 日的天象没有什么特别之处。"南京紫金山天文台副台长严俊指出,每到世纪末都有一些人为了达到某种目的而散布一些耸人听闻的言论,19 世纪末也有类似"世界末日"的说法,事实证明这种预言非常荒谬。

评报:

①这篇稿件的新闻价值很强。1999 年 8 月 18 日"天体大十字"会给地球带来劫难的预言在这一天破产了。这篇消息在不足一千字中,集中了国内外许多专家的访谈,让专家说话,让事实说话,使谎言不攻自破。因为这个预言是当年最令人心慌乱的末日说,社会影响面广大,负面信息强。新华社的这篇稿件在 1999 年 8 月 8 日当天发表,信息量大,第一手采访材料多,结构紧凑,材料取舍得当,是当代新闻作品中的名篇。我会借此名篇告诉学生这叫新闻价值的显著性和重要性。

②学好采写新闻的六个要素。

在这篇新闻稿件中,记者交代了时间、地点、人物、事情等新闻要素。明确新闻要素是记者采访写作的常识。

新闻作为一种以叙事为主的文体,它的基本要素和常用的记叙文的六要素是一致的,可以概括为"5W"和"1H",即谁(Who)、何时(When)、何地(Where)、何事(What)为何(Why)、结果如何(How),换一种说法就是,人物、时间、地点、起因、经过、结果。如果把这六要素串起来,概括成一句话,就是一句通俗易懂的句子,"某人某时在某地做了某事出现了某种结果"。这篇稿件的新闻要素串成一句话就是,"世界各地天文学家证实,8月18日没有发生特殊的天文现象,更没有发生地球毁灭这样的大劫难。"

一篇新闻报道,无论是消息,还是通讯、特写,一般都包含这些因素。通过对这六要素的把握,当我们面对一篇新闻时,就可以迅速地把握其主要内容。对于日后从事新闻记者工作的新闻专业学生来说,明确新闻要素对新闻工作的作用相当重要。

我借这篇稿件提醒学生,要学会在自己的采访和写作中交代新闻要素。我教给学生一个小招数就是把这六要素写在本子上,在进行采访时一一对照,有助于采访时迅速弄清新闻事实必不可少的要点,防止遗漏,保证新闻的真实性。同样,在新闻写作中,这六要素是绝对不可缺少的,我也要求学生把它们写在一边,对应看自己的稿件是否把新闻事实发生的时间、地点,人物的经历、行为或事件的发生、发展、变化、结果表述出来。写好新闻要素是记者稿件的基本要求。

③学会将采访中观察到的新闻现场再现在报道中,这叫记者的现场感,或者说这是指新闻稿件的现场描述。

比如,文中写到,"在五岛勉的家乡日本,18日是一个极其平凡的日子,没有重大的天灾人祸。当地新闻界和老百姓根本没有把五岛勉的预言当回事。"这叫记者的现场描述。

我会借此提醒学生,日后做记者时一定要学会此招,因为再现新闻现场很重要。

④学会立体多元采访相关人士。

在这篇稿件里,署名的是两名记者,其实是新华社驻巴黎、东京、伦敦、华盛顿的科技记者都在同一天采访同样一件事。与此同时,新华社国际部科技编辑室的记者也在采访我国权威人士,包括北京天文台、紫金山天文台的天文学家和中科院院士何祚庥。这叫重大新闻事件的立体多元采访法。新闻来源可谓国内外兼顾,权威全面,信息丰富。借此,我会给学生介绍立体多元采访法。它有两层含义,第一层含义,当一件新闻事件发生时,对此事件发生不同的人有不同的意见和看法,如果我们去进行调查采访,则最好从赞成、反对、中立或持其他不同意见等立体三个方面确定采访对象,有这三个不同的消息来源获得的信息会相对客观、公正。第二层含义是立体三点构建成一个三角,支撑起一个立体的形象。这里的三不单单是指具体的三个,意思应是多个。我们采访时从多个不同的年龄、身份、职业等尽可能多的角度来选择采访对象,获取的新闻事实也会相对客观公正。或者多从不同地方采访同一个问题,获取不同的答案。当然,也会有很多时候,记者只能面对单一的消息来源。

在进行单一的消息来源采访时,可根据情况进行立体多元采访,比如除采访这个具体的消息来源之外,还可采访他身边不同的人对这个人或新闻事实的看法、意见等,尽可能多地占有原始资料。

当然,并不是每一次采访都能做到立体多元。有时,会时间紧,任务急,或只限定在单一的消息来源之中,记者必须立即采访发稿,那就只能因事而异了。

⑤学会在采写中运用引语。

引语即记者采访中被采访对象所说的主要或精彩的话,在报道中常用两种方式表现出来。一是直接引语,即采访对象所说的原话。我告诉学生,当你看到某某说,后面有冒号(:)或逗号(,)再加上双引号("")时,里面引用的话就是直接引语。二是间接引语。记者把采访对象的话转述出来,常用的是某某说,后面是",",不加双引号(""),这是很容易区分开来的。

一篇好的新闻报道,直接引语与间接引语会交替使用。这篇稿件也是如此。比如,美国世界观察研究所的新闻官玛丽·科伦接受本报记者采访时说:"美国人不相信这些邪说,人们像往常一样工作和生活。"这是直接引语。接下来的文字用的是间接引语。"在美国俄勒冈医科大学从事研究的旅美研究人员杨爱玲博士说,"我们应当相信科学,不要相信那些毫无根据的异端邪说。"

⑥学会背景资料的运用。

几乎任何一篇新闻稿件都有一定的新闻背景资料。除非是一句话新闻或简明新闻,或是一组信息整体播报。

比如稿件的第二段文字,就是关于 1999 年 8 月 18 日地球劫难的两种预言内容,分别是400 多年前法国诺亚丹玛斯预言和日本五岛勉关于天体大十字的预言。

⑦学会像写这篇稿件的新华社记者一样有新闻敏感,提前打招呼布置世界各地、国内各地相关人员的采访,在 8 月 18 日当天汇总所有的现场采访,发出新闻报道,这叫新闻同行之间的联合采访。

因此,我会提醒学生从现在开始,就要以记者身份提醒自己注意,不久的某日就是某个重要新闻事件,要提前做好相关采写准备,不能贻误时机。

受本书篇幅所限,此处仅举两个案例。

我在课堂上进行的读报评报内容远远超出本章所写,我的读报评报内容有时还会增加写作部分的导语、倒金字塔式结构、段裂行文、跳笔、新闻语言等相关方面的常识。

二、关于读报评报的问答

①学生提问:一篇好的新闻报道是否包含了所有的新闻采写常识?

老师回答:每篇读报评报的稿件所呈现的采写常识都有相同之处,也有不同之处。并不是每篇报道都能涵盖全部知识。一般的共同之处有以下六点:

第一,新闻要素明白清楚。

第二,新闻的时效性强。

第三,一般都有明确、权威、准确、具体的消息来源,消息来源最好是多方位的(有的报道只能是单一的消息源)。

第四,涉及引语的运用。无论是单一的消息来源还是多方位的消息来源,都要在报道中呈现出一两句采访对象的精彩或重要的原话,或是转述原话成间接引语。

第五,再现新闻现场,要求在报道中有一定的现场描述。除文字描述外,可以拍照片,作为现场的一个瞬间保留下来,配在文字报道中,作好图片说明。

第六,必不可少的背景材料,哪怕是一两个定语,一两句话的交代,补充新闻的历史、现状、原因等相关资料。

②学生问：您说最好在采写时交代好明确、权威、准确、具体的消息来源，可为什么在很多记者的稿件里，我们常看见的是模糊的消息来源呢？比如，2009年9月9日《京华时报》A10发表的《150余对预约新人"9·9"爽约》一文中，记者的消息来源都是市民政局相关负责人介绍，等等。

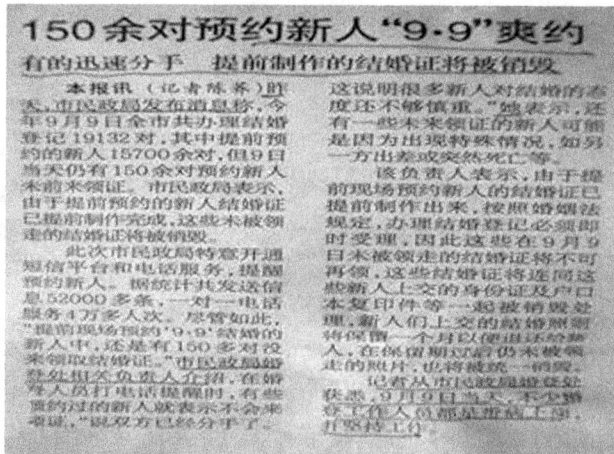

学生提问举例

老师回答：对，这就是为什么老师让大家记住消息来源一定要力争做到明确、权威、准确、具体的意义，这是采写的常识，但记者们经常做不到。有时是确实有这样或那样的原因，不方便透露消息来源的更多细节，没办法只能模糊过去；有时的确也存在着采访不扎实的现象，有些偷懒，懒得详细追问、调查了，这种情况也是有的。我并不清楚这篇稿件是什么原因。我也无意去批评这种现象。作为专业老师，我给大家讲的是常识，因此只好寄希望于你们做记者时，常常做到就行了。我们知道就行，自己不这么去做就行。

③学生提问：2007年2月25日北京的《信报》国内新闻版中，你让我们读报评报的一篇稿子标题是《正月初七称"人日"　民俗学家说这与先民对数字"七"的崇拜有关》。这稿件开头怎么是据新华社电？请您仔细讲讲。

附相关的报道如下：

据新华社电　正月初七被称为"人日"，源于女娲创世时第七天造人的传说，又被称为"人庆""七元"。民俗专家说，这与中华民族先民对数字"七"的崇拜有关。

中国民间艺术家协会副主席郑一民说，"七"在古代先民心目中是一个富于神秘力量的数字，甚至形成了神秘的"数字七文化"。"七"字几乎无处不在：古人将日月与金木水火土五大行星统称为"七曜"；天上最重要的星座是"北斗七星"；人死后要每七天烧一次纸，直到满七七四十九天，谓之"烧七"；古代科学家将七用于数学，发明了以"七"为每列珠数的计算工具算盘，开创了人类计算器的先河。如此看来，先人将人的生日选在新年的第七日也就不足为奇了。据介绍，中国历代"人日"的习俗主要有：将五色的绸缎剪成人形，用于祈求人丁兴旺，这种习俗后来被剪纸所代替；吃"七菜羹"，这七种蔬菜主要是芹菜、菠菜、芥菜、香葱、大蒜、白萝卜和芥蓝，民间传说吃这种菜羹可以祛病避邪。

老师回答：我点评这篇稿件时主要集中在采访方面，主要提醒大家要有新闻敏感，对一些特殊的日子的新闻敏感。比如正月初七是"人日"，相信记者的这篇稿件大多数读者不知道，看了才知道。这是其价值所在。

"据新华社电"这是交代这篇稿件的来源是新华社，不是《信报》自己的记者采写而成的。所以大家学了以后，只要看到新闻报道第一个字是"据"，就可判断这篇稿件是外来稿。"据"字后面的文字表示了它的出处，这篇是新华社的稿子。加一个"据"字有两层含义，一是交代出处，二是文责不自负。这样的稿件如果有问题，责任出在原发稿地，比如新华社，而不是现在刊登这篇稿件的《信报》。

再说说"新华社电"，这是通讯社电讯稿常用的格式，叫电头。一般要求在电头中加入地点、时间、要素，比如，最常用的是新华社某地某月某日电，这样消息的时间、地点、要素就一目了然，在导语里就可以不再交代时间、地点了。这里的电头是简化了的，省略了地点、时间。

④学生提问：我们看了您拍下的这篇《信报》的稿子，您在上面补充了一首诗，是什么意思？

老师回答：我刚才仅仅点评了这篇稿件的新闻敏感问题，提醒大家对特殊日子的关注。推荐这篇稿件还有一个目的，就是为了扩大大家的知识面，进行有关的知识储备。因为我恰好知道正月初七是人日，所以看到报纸上这篇报道我立刻去认真阅读，弥补我的不足。借此也告诉同学们，我们每个人的知识储备时时刻刻都在发挥作用。它让我关注了这篇报道，又更新了我的数据，比如"七菜羹"我以前就不知道。

我怎么知道正月初七是人日的呢，是有一次无意之中，看了一首诗，叫《人日思归》，是南北朝诗人薛道衡的诗。作者用平实自然的语言道出度日如年的心情，表现出对家乡的思念却人在异国身不由己的苦恼。在诗的介绍中，我知道了古代相传农历正月初一为鸡日，初二为狗日，初三为猪日，初四为羊日，初五为牛日，初六为马日，初七为人日。所以我记了下来。

我现在还记得这首诗的内容：

> 入春才七日，
> 离家已二年。
> 人归落雁后，
> 思发在花前。

我对这首诗背后的故事更是记忆犹新。顺便也讲给大家听听，听完之后，想想这跟新闻采访有没有什么联系。

这首诗是南北朝时期北方诗人薛道衡有一年年末，出访南方。南方的大臣们都想考考这位北方的才子。于是在他上朝时，当场给他出了一个难题——让他赋诗一首，那天正好是正月初七。

薛道衡沉吟片刻，先开口说了前两句诗，"入春才七日，离家已二年。"

这时，满朝文武面露不屑神色，甚至议论开来，说什么北朝大诗人不过如此，我们南朝小孩子都会说这样的话，等等。

薛道衡不动声色，又走了几步之后，缓缓说出下面的两句诗，"人归落雁后，思发在花前。"

南朝文武忽然不说话了，服了他了！

故事说完了，对咱们学新闻作记者又哪些启发呢？我想到了记者在采访时倾听的重要性。

假如我们是记者，在现场如同南朝文武百官一样地沉不住气，没听完对方讲话，就思想开小差,发表议论了。那么,我们也会在听到诗人最后说出,"人归落雁后,思发在花前"之后难为情极了。因为自己太轻浮了,太着急地用自己的想法判断对方意图了,这可以引申到我们采访过程中,记者不要轻易发言。借这个故事提醒大家做记者时,要学会听完对方的话再发问、再总结。愿能引以为诫。

思考题

试着多找出几份文字报道,用所学的写作常识进行读报评报。

第三章

采访与写作的五大要害

在记者的新闻生涯中,采访与写作都要抓住五大要害,即都要抓典型、抓故事、抓细节、抓数字以及抓角度。一般而言,只要抓住这五点,采写就比较到位了,写新闻稿件也不会发怵了。

第一节　采写都要抓典型

典型是指概括化与个性化统一的程度。按字义分析,"典"是典范的意思,而"型"的原意是指用泥土制的模子。

东汉著名文字学家许慎所撰《说文·土部》对"型"的解释是:"型,铸器之法也。"

清代文字学家段玉裁在《说文解字注》中注解说:"以木为之曰模,以土曰范,引申之为典型。"所以,模范也是典型。

在新闻采访和写作中,记者要时刻注意抓典型,主要指以下四方面内容,它们分别是抓典型的事实、抓典型的人物、抓典型的语言和抓典型的故事。原人民日报社副总编梁衡同志说过:"一张报纸如果没有典型,就像一块平板玻璃。"

《人民日报》四川分社记者刘裕国深有体会地说,多写典型人物,"让典型人物多样化,多写一些不加糖、不加防腐剂、不贴标签、原汁原味的普通人物典型"。[①] 他认为,新闻报道还要拓展典型的传播功能。处在信息时代的受众,需求已经多样化,他们有信息需求,想要广知天下事;有理性需求,需要接受新思想;还有审美需求,希望你提供的文字能够好看,有点文化范儿、艺术味儿。而一篇好的典型人物报道,恰恰能够满足这三种需求。

一、抓典型的事实

将抓典型运用在新闻采访上的一个重要环节就是,选择最典型的新闻事实。

一个新闻事件或人物,不可能像小说那样从容地叙述和表现。新闻写作规律要求在尽可能短的篇幅内,表达尽可能多的信息,表现尽可能丰富生动的形象。由于采访决定写作,这就要求新闻采访过程中记者要善于选取典型,这样写作稿件时也能做到突出典型事实,以少胜

---

① 刘裕国. 从"不起眼"到"抢眼". 人民日报业务研讨,2016.

多。这个道理正如王安石《咏石榴》中的诗句所说："万绿丛中红一点,动人春色不须多。"

著名记者穆青在《关于新闻改革的一点设想》中谈道："即使是经济、经验的报道,也要用比较形象的东西,一针见血地抓住事物的本质特征,而不是一二三四,面面俱到。一篇新闻只需要抓住一个问题,一个侧面,用形象的东西加以表现,把最精彩的东西抓住并突出就行了。"

穆青所提到的"一篇新闻只需要抓住一个问题,一个侧面,用形象的东西加以表现,把最精彩的东西抓住并突出就行了。"其实就是抓出典型。典型可称为代表事件,也可称为最精彩的东西。

穆青自己在新闻实践中也是这么做的。

穆青在通讯《县委书记的榜样——焦裕禄》中,选择了最具代表性的几件事:风雪天送粮、树立抗灾样板、追洪水、查风口、探流沙,和病魔作斗争,住院、探病等,通过对不同侧面典型事例的选择,一个催人泪下的干部形象呼之欲出,他的精神品质也同样深入人心,广为传颂。

典型事实可长,可短,一切因记者报道需要而宜。

2002年1月18日,美联社记者乔纳森·尤因写了这样的一则消息:《人畜不宜——寒流袭击美国东北部》。

我们看一下他的导语是怎么选取关于天气寒冷的典型事实的。

人们鼻涕稀拉。汽车不能发动。狗狂叫着不肯出门。在纽约州的一个地方,天冷得简直连冰都冻不成。

在这里,记者选取了"人们流鼻涕""汽车不能发动""狗狂叫着不肯出门"等三个典型事实,短短几十字,让人顿觉寒冷刺骨,把人、动物、汽车等在瑟瑟寒风中的不同表现,展示在读者面前,堪称是一则让人冷得发抖的导语。这是记者撷取典型事实的一个范例。

下面这篇稿件正好相反,记者抓住了2014年巴西世界杯足球赛天气炎热中的典型事实,堪称一则让人热得冒烟的新闻。

稿件题目是《巴西热浪来袭看球遭罪:志愿者辛苦 热浪吓退记者》,刊登时间为2014年7月1日,稿件来自《扬子晚报》。记者:汤敏、钱旭;责任编辑:姜贞宇。

请看报道——

39℃的气温,没有一丝风,福塔莱萨给人的感觉就像一个大蒸笼……

温水煮青蛙,坐在福塔莱萨卡斯特朗体育场内,记者只有这一种感觉。接近40℃的气温,别说场上的队员踢球,就是记者坐在看台的记者席上,汗水也不停往下流。

福塔莱萨,本次巴西世界杯所有举办城市中最靠近赤道的两个,也是气候最炎热的两个。荷兰与墨西哥的八分之一淘汰赛就在这里举行。如此炎热的天气下比赛,比赛难言精彩,不过在比赛中却出现了世界杯历史上首次暂停的情况。

扬子晚报特派记者 汤敏 钱旭(巴西专电)

脚下路发烫 热浪吓退记者

从里约到福塔莱萨,如果里约是天堂,那福塔莱萨便是地狱。

记者到巴西采访世界杯,前后也跑了6、7个城市,由于巴西目前是冬天,气温最高的城市差不多也就30℃左右,而且多数城市都在海边,这样的气温非常适合足球比赛。

荷兰与墨西哥队的比赛早早确定在福塔莱萨,由于之前并不太了解福塔莱萨的情况,记者在急忙向国际足联媒体通道申请该场淘汰赛后,便立即启程从里约赶往福塔莱萨。

记者抵达福塔莱萨正值当地时间中午,由于福塔莱萨机场冷气开得非常充足,记者并没有意识到外面火炉般的天气。走出机场到达大厅，随着自动门打开，一股热浪迎面扑来，脚下路发烫，这是福塔莱萨送给记者印象最深刻的见面礼，面对这样的礼物，记者不由自主往后退了一步。"太热了"记者下意识对同行的重庆同行说。而这位同行却有些满不在乎，直到他走出大门，在室外待了1分钟，然后又回到了大厅内。"真的很热，感觉比重庆的夏天还热。"即便是来自中国四大火炉之一的重庆，对于福塔莱萨的气温，显然这位重庆同行也被福塔莱萨的气温吓了一跳。

志愿者很辛苦 现场看球"出油"

来到宾馆，记者随即查了一下福塔莱萨的情况，原来这是本届世界杯最靠近赤道的城市之一，也是气候最炎热的城市。难怪福塔莱萨给人的感觉就是一个字：热。当天中午，记者手机上的温度显示，福塔莱萨41℃。

荷兰与墨西哥比赛的时间在当地时间中午一点进行，这几乎也是一天中最热的时候。上午10点记者从酒店来到球场时，沿路就已经感受到了闷热的天气。尽管福塔莱萨也是属于海边城市，但这里感觉不到一丝风。早早来到球场，记者几乎是等待比赛开始前最后一分钟才来到媒体看台。刚找到记者席坐下，志愿者就主动递上一瓶冰镇矿泉水。即使是比赛即将开赛，似乎球迷的上座率并不太高，看台上到处都是空位子，或许球迷更多是在排队购买饮料。

随着比赛的开始，看台上最忙碌的人当属志愿者，只见他们来回为记者们传递矿泉水，几乎一刻也没有停歇，来回两趟，志愿者的衣服便已经被汗水打湿。

看台空了一大片 人都去哪儿了

卡斯特朗体育场能够容纳58000多名观众，但记者在现场目测，顶多有4万人，多数空位在阳光的照射下，显得特别刺眼。这样一场比赛，难道没有球迷捧场？在现场，记者感到很纳闷。

福塔莱萨中午的阳光显得特别刺眼，对于在阴凉下的球迷来说，他们无疑是幸福的。随着比赛的开始，在阳光直射下的座席，刚开始球迷还能坚持，在座位上又跳又唱，不一会儿球迷便没了声音，几乎个个被晒蔫了。上半场比赛，双方队员节奏缓慢，比赛也显得有些沉闷，离半场比赛结束还有5分钟，看台上的球迷几乎消失了一半，补充水分，这是球迷最想做的。下半场比赛开始，球迷依然没有回来，5分钟、10分钟……现场仍空出许多的位子。难道是本场比赛上座率不高？或者是球迷受不了炎热的天气，提前退场了。正当记者感到纳闷时，终于记者在体育场下层和上层的连接处发现了秘密。原来球迷都站在看台的过道上看球，这样可以避免阳光的直射。看来如此高温的天气下比赛，遭罪的不仅仅是球员，对于球迷来说，也是很痛苦的。

在这里，记者先抓取了一下飞机，机场冷气足，外面地发烫的典型事实，让来自重庆的同行感叹，比重庆"大火炉"还热。

随后，记者呈现出在球场发现的两个典型事实——第一个典型事实是，记者发现最忙最辛苦的是志愿者，他们忙着给记者们送矿泉水，来回两趟衣服湿透一片。第二个典型事实是记者发现卡斯特朗体育场能够容纳58000多名观众，但记者在现场目测，顶多有4万人，看台上空了一大片，原因为何？球迷怕热，跑到看台的过道上看球去了。

通篇就是一个字，"热！"热得记者都不想采访了。

二、抓典型的人物

一般而言,记者采访前就确定了典型人物,所以不用考虑这个问题。抓典型的人物,在大多数情况下,是记者面对突发性事件,或面对相对复杂多维的问题、事件,无法一一呈现时,需要做出选择,过滤。抓取典型人物,既可以在报道中主要突出,也可以单独发消息。

2010年8月7日23时左右,甘肃省舟曲县发生强降雨,不久,泥石流冲进县城,并截断河流形成堰塞湖。泥石流灾害共造成人员大量伤亡,道路阻断。《人民日报》陕西分社记者报道小组一行赶到舟曲的时候,由于交通拥挤,只好停车步行,停车的地方正好是武警交通部队的宿营地。

一排整齐的军用帐篷依白龙江搭建,但帐篷里只有一名女战士。记者借机采访了这位女战士。她告诉记者,说从8月8日中午抵达这里后,300多名部队指战员就一直在现场抢险救灾,帐篷始终就没有人住过。"30多个小时了,大家还没有合个眼。饿了就吃点带的干粮。"

武警交通部队的官兵主要负责打通县城主干道,否则外面的救灾人员和物资根本就进不到现场。

女兵当然不是典型人物,武警交通部队的现场总指挥进入记者视线。

在这次舟曲泥石流采访过程中,最使记者难忘的是一个高中刚毕业的藏族小姑娘冷曼。记者深夜赶到舟曲时看见在漆黑的街道上,她就站在齐腰深的淤泥中,为一个又一个的路人拿手电照明。

她说:"你们到我们这里来,给我们带来了温暖。我也要把我们的温暖传递给你们。"后来,记者经常看到这个小姑娘,不是在搬运救灾物资,就是在分发救灾食品。

《人民日报》报道小组也抓住这个小姑娘为新闻线索,单独采访出一条典型人物小故事——《20岁的藏族姑娘冷曼和17岁的汉族姑娘杨鹏丽一家人成了好朋友》的稿子。

请看报道——

人民网甘肃舟曲8月12日电(记者王乐文 倪纲锋 雷浩)不到两天时间,20岁的藏族姑娘冷曼和17岁的汉族姑娘杨鹏丽一家人成了好朋友。

泥石流灾害让冷曼和杨鹏丽的家都进了水,所幸她们都顺利脱离险境。灾后第二天,政府把她们安排到了受灾群众安置点,两个人住到了一个帐篷。两人的父母都不在身边;但杨鹏丽有爷爷、奶奶陪伴。因为受了惊吓,两位姑娘开始什么话都不说。杨鹏丽的奶奶说:"我一直把两个孩子搂在怀里,讲一些让她们放松的话。"

慢慢地,两位姑娘有说有笑了。安置点在舟曲一中校园内,每天都有老师来,给她们带来方便面、蛋糕和矿泉水。电信部门的同志也来了,让她俩与远在外地的父母通了电话。

10日,两位姑娘报名参加了救灾志愿行动。她们说:"现在,我们的心靠得更近了!"

三、抓典型的语言

在新闻事件中,往往离不开人的参与。不同的新闻事件,人物的语言又各具特色,丰富多彩。因此,新闻写作中恰当地引用人物的个性语言,不仅有利于表现新闻主题,增加新闻魅力,而且能给读者留下别有风味的人物印象,给他们带来原汁原味的阅读享受。

中关村成功企业家廖理纯 4 年间,拿出个人上千万元的积蓄,搭建起一个公益平台,先后吸引 137 批 5000 人次志愿者参加绿化志愿者活动,并开辟了河北张北县第二个绿化基地,已育苗、植树超过 100 万株。他也由一个绿化的门外汉,变成了满手是茧、运锹如风的"锹王",变身为内蒙古浑善达克沙地,育林治沙生态修复专家。

《人民日报》记者朱竞若在新闻稿件《廖理纯:从董事长到"锹王"的绿色升华》中,引用了廖理纯这样一句话,"把余生一万多天,做成台历,每天倒撕一页,向死而生倒着过,由此思考活着的意义。"这是记者抓取到的廖理纯典型的语言,这句话恰如其分、真实自然地揭示了廖理纯从董事长变身育林治沙生态修复专家的心路历程。也正是这句话会让读者在看过报道后,产生触动,思考自己对于社会的价值。

2015 年人民日报社"新春走基层"栏目发表了浙江分社记者王慧敏写的稿件《下姜村里过除夕》。

记者事先没有和村干部联系,而是一头扎进了村里,跨进一个一个院落和农户促膝攀谈,问农民怎样调整种植业结构,烧的问题怎样解决,卖难问题如何处理,"农家乐"客源如何保证,文化生活怎样满足……在采访中,"望溪农家乐"主人姜祖海夸起村文化礼堂广场说,"多一个广场少一个赌场,多看名角少些口角",这个典型语言自然带着"地气"出来了。

四、抓典型的故事

详细内容参见本章第二节"采访写作都要抓故事"。

五、注意事项

记者采访写作抓取典型这一要害时,要注意以下四个方面内容:

①记者要保证采访层面的全面,立体。只有在充分了解整体的情况下,才能掂量出典型事实、典型人物的重要性。

②对于抓到的典型事实,要详细采集相关信息,保证无一缺漏,争取得到生动活泼的材料。

③对所抓取的典型事实可提炼写成小故事。

④抓典型的一个标准是这个典型事件或典型人物,典型语言对记者的影响非常深刻、首先打动了记者本人,这样在写作时自然有角度,有思路,有内容,读者爱看,也耐看。

我们从初学新闻时就被告知,新闻要客观陈述,忌讳把自己摆进去。但是新闻选择又无处不在,实际上纯粹客观的新闻根本不存在。衡量抓典型的标准因人而异,本书认为可以借助记者自己的主观感受,让报道增加纵深感和接近性。换句话说,什么叫典型? 就是记者采访完毕,回到家中,或坐在办公桌前,闭目沉静中,脑中挥之不去的人、事、话,把记者印象深刻的东西,报道出去。所谓念念不忘,必有回响。这叫人性相通的感应。

人民日报青海分社记者张志锋,采访青海化隆县拉面经济时,在没有任何背景资料的提前下,零距离采访一个多月时间,发出了一整版内容的记者调查。他的采访写作体会是——

"没有现成材料,只有现场采访。有人就有事,有事就'有戏'。于是有了这篇'原生态'的稿子。动笔时,一幕幕像电影一样回放,争先恐后涌出键盘、跳上屏幕。除了核对人名地名,我干脆合上采访本。那时隐隐觉得,采访本是多余的。其实,那些真正打动人心的故事根本不需要记录,假如需要'写'下来才能'记'住,只能说明故事还不够深入人心。"①

的确是这样的。事实证明,很多记者也是这样做的。

1956年12月31日下午3时,中国西部,东经104°、北纬36°交叉点,伴随震天动地一声爆轰,巨大的火球冲向400多米高空,火球与地面腾起的尘柱连成一体,形成壮观的蘑菇云翻滚升腾……

第二天,西方媒体惊呼:"中国西部爆炸了一颗原子弹!"那次西方误猜的"原子弹爆炸",就是白银露天矿山万吨级大爆破。

上面这段文字,是2014年9月16日《人民日报》刊登的稿件《白银:敢问西望谁比肩》的开头,介绍新中国有色金属工业发源地甘肃省白银市,非常新鲜,悬念丛生,激发读者继续阅读的意愿。

这篇稿件是由记者田丰执笔。为这个开头,他多次重起炉灶。第一稿,从白银历史上是丝绸之路重要渡口写起。切题,但是比较平淡。第二稿,从在博物馆看到朱镕基题词写起。切题,但是也还是比较平淡。报社领导就跟他聊天,说你静下心想想,采访中哪件事最让你印象深刻? 田丰想了想说,他感觉最震撼的,是大爆炸,是他亲眼目睹了大爆炸后经30多年开采留下的超级大坑——280多米深的露天矿采场。领导当场拍板,就从这个典型现场入手,写吧。

记者采访中印象深刻的东西,写出来才能让读者有印象或是印象深刻。这是真的。

第二节　采写都要抓故事

一、抓故事成为新闻采访写作的方向

日本新闻学者内川芳美和新井直之,很早就提出了新闻事业的方向是抓故事。在他们合著的《日本新闻事业史》中,这样写道:"现代新闻事业努力的新方向是:不仅把它们制作成少数人所必需的信息,而且将它们处理为一切人都感兴趣的具有人情味的故事。"

新闻学的本质就是故事。这是美国新闻学者提出的一个全新的新闻理念。他们认为,如果一个记者在采访中,找不到故事,回答不出故事在哪里,那么,他就写不出新闻来。

美国《哥伦比亚新闻学评论》曾组织了一次调查,将来自美国18个报社的76位30岁以下的年轻记者分成几个小组,讨论了"年轻人想读什么样的报纸及为什么读报纸"的话题。

每日新闻网站的财经记者米特拉说:"叙述性新闻学把读者带到故事中去。我们应该把中东的报道写得身临其境,就像小说一样,让你读起来欲罢不能。"

城市之页报的编辑玛丽莎说,"我们小组最喜欢的文章都详尽地描述一个地方或场景。作者与一个乐队,一位政治家,一名警察混得越熟,他对他们的描写就越真切,他们的经历越是刻骨铭心,记录下来就越是令人难忘。"②

来自美国的这项调查很有意思,它告诉我们:年轻人的阅读口味正在发生很大的变化,特别是在电视普及、智能手机与互联网络无处不在的情况下,读者希望报纸的记者把他们带到故

---

① 张志锋.逼出来的"原生态"采写.人民日报社业务研讨,2015.
② 姜圣瑜.采写新闻就是"采写故事"[J].新闻战线,2004(6).

事中去。

美联社特写新闻部主任布鲁斯·德希尔瓦认为："以说故事的方式向人们提供的信息更容易被理解和记忆。因为这种方式让人放松，让人觉得有趣。以这种方式整合过的新闻素材能更加有效地吸引读者。因为读者看到的不再是干巴巴的事实罗列，而是真实的生活。"

正像《〈华尔街日报〉是如何讲故事的》一书中说的，每个故事是一条流动的河流，河流中有许多被水坝拦起来的水库，像是采访的各类素材，是静止的。记者作为讲故事的人，应该让读者意识到他们是身处于流动的河流中，而不是平静的湖面上。让宏观内容与微观故事结合，就需要让宏观内容随故事一起顺流而下。

2014年中国新闻界有两件事引人关注，一是从12月15日开始的"行进中国·精彩故事"大型主题采访活动，二是从12月19日开始的"好记者讲好故事"全国巡讲。有味道的故事，有温度的新闻，一个个呈现在我们眼前，如一阵阵清风扑面而来。真实记录，真情撰写，真挚讲述，真诚传播，让我们感受到讲好故事的魅力。

一家媒体曾经这样要求记者，我们的注意力总是放在读者对信息的需求上，而忽视了一个所有读者最普遍的要求，一个所有要求中最基本的要求：给我讲一个故事，看在老天爷的份上，让它有趣一点！

好，让我们看一则有趣的故事吧。

2013年11月22日，《人民日报》头版头条《科技小巨人　天津新名片》的开头，就讲了一个有趣的故事：

"吃完橙子，剥下的皮能做什么？天津鎏虹科技公司总经理张刚最近在一个座谈会上给记者递过一瓶洗涤液，一打开，橙香扑鼻。倒一点擦在广告笔的黑色涂痕上，几下就抹光。"洗涤液、油漆都可以从橙皮和柑橘皮里提取。"

人民日报社地方部副主任费伟伟这样点评这个开头，"这才是讲故事，有人物，时间，地点，环境，简单情节，描写，对白，显然比第一稿吸引人。"在谈到讲故事时，他说："讲故事是手段，目的是由事及理，通过讲故事，生动阐述故事承载的那个'理'。因此，要由'理'定'事'——即根据报道主题确定故事的外在形式，是讲一个单一型故事，还是讲几个小故事集纳的复合型故事。单一故事可以稍加展开，容易讲得生动有趣。复合型则是将几件事集纳，使报道主题显得丰满、厚实。新闻事实说到底是人的活动的事实，人的实践活动产生事态性信息，人的认知活动产生认识性信息，人的情感活动产生情感性信息。因此，我们提倡报道要讲故事，也要多讲人的故事，并且'讲好'。"[①]

有句话在新闻界里常常听到，"有粉要搽脸上，有肉不该埋碗底，应在导语里就讲故事"，具体是谁先说的，已无从考究。

这句话的意思非常明显，就是提醒记者们在采访与写作中都要学会抓故事！

"粉"也好，"肉"也好，意思就是有新闻价值的好故事，典型的好故事，最能体现报道主题的好故事。

记者在采访和写作的时侯一定要多提醒下自己，我抓到好故事了么？一定确保采访"筐"中有"好菜"，才能在写作时把"粉"搽到脸上，把"肉"露在饭上。采写不分家，采访决定写作。

---

①　费伟伟.讲"故事"、讲"好故事""讲好"故事——"1＋1""前1"写作的一点思考.人民日报社业务研讨,2014.

习近平总书记在全国宣传思想工作会议上讲话指出,要多用通俗易懂、群众喜闻乐见的方式讲故事、讲道理。只有这样,才能让正面宣传跟上群众需求和时代步伐,使群众爱听爱看,产生共鸣。

二、如何在采访写作中抓故事

清华大学国际传播研究中心主任,新闻与传播学院博士生导师李希光认为,清华新闻学的目的是教会学生通过采访,把那些貌似单调乏味的普通人的经历,写成一个个充满人生味的故事。

作为新闻学教育,最大的难题就是教学生在普通的生活中和普通人的身上寻找故事、找到新闻。这也说明新闻采访在新闻学教育中的重要性。为什么要采访?因为故事需要直接引语、需要精彩的对话。直接引语是新闻作品中最有冲击力的建筑材料。从传播效果看,是要获得鲜活的、有声有色的素材,使本来乏味的、干巴巴的信息和数字充满人性。

记者通过在采访中提问、获得回答,然后在回答中选择记者认为有价值的信息,再把这些选择出来的信息根据新闻的写作原理组合成一篇新闻报道。记者的这种组合把一堆本来可能无太大意义的信息变成了有新闻性和可读性的故事,并引导读者根据记者的故事叙述视角和框架去关注某个事情或某个人物。[①]

李希光还说:"新闻学是传授寻找故事和写作故事的一门学问。新闻学的根基和核心是一门讲故事的艺术和学问。"

其实,寻找新闻事件中的故事在我国并不陌生。

在采访中,记者沿袭原来的新闻线索,不断挖一个个鲜活的故事情节,细节,抓故事,就是我们传统采写要求的"点面结合"之中的"点"。这个"点"是独立丰满的,放在"面"中,与"面"相映成辉。这个"点"就是故事,它与现在美国新闻学者提出的抓故事是相通的。

本书认为,在新闻采访与写作都抓故事时,记者首先要问自己:

(1)抓写新闻事件中哪些人的故事?

(2)抓写新闻中哪些人的故事?

(3)哪个故事新闻价值最大?

(4)所写故事的时效性、接近性、重要性是什么?

(5)读者对这个故事最大的兴趣点是什么?

(6)这个故事中最值得引用的话是什么?

(7)这个故事中的哪个细节值得放在导语中或是最前面?

(8)这个故事哪些是可以延伸下来接入其他情节的?

(9)这些故事会给读者留下印象吗?

(10)故事中,哪些地方可能引起读者的共鸣?

同时,要记住一点,好的故事是长腿的,是会发展的。就像传说中的人参娃娃那样,如果你抓不住故事的"红线",就会丢失"人参娃娃"。

新新闻学创始人,前《纽约时报》记者盖·塔里茨,在"清华阳光传媒论坛"报告会上,对清

---

① 李希光,等.找故事的艺术[M].北京:清华大学出版社,2003:8.

华新闻专业的学生们说:"每个人都是一本小说。"

其实,每位记者采访时都会有体会,什么内容没有趣味,什么内容能让人眼前一亮,可以追踪下去挖出宝来。在采访中多提醒自己几次,请被访者讲故事吧,慢慢就会形成习惯,体会到抓故事的乐趣,让人欲罢不能。下面再听听人民日报社方敏记者抓故事的故事吧

今年(2015年)4月去商洛市采访,对方就安排我去很多个扶贫点参观,果园、安置小区、厂房……看一批设施,听一堆数字,让人采访兴趣逐渐下降。后来无意中,一位镇长讲了他的扶贫故事,一听就觉得有意思。于是我就和宣传部的工作人员商量,后面参观安置小区等暂时不去,就专心听镇长讲故事!

和镇长聊了一个半小时,谈话的素材在电脑上敲了三千多字,一波三折的扶贫故事就有了雏形。采访扎实,成稿就快,最后刊发效果也不错。

写了一些这样的稿子后,对采访渐渐有了些体会。现在采访前,我一般会让对方先提供资料和调研的点,以避免一无所知地被对方牵着走。与其他媒体可能"撞车"的地点尽量不去,避免故事撞车;对地方样板点采访调研、走马观花式调研,尽量不去,避免没有好故事。

"有故事没? 拜托给讲个故事!"现在,这句话成了我外出采访时的口头禅。[①]

希望方敏记者的这句口头禅广泛流传,成为每位记者的口头禅!

三、发掘故事的能力是作风问题

故事不会自己从天上掉到你的笔尖上来,需要记者下工夫到基层,到现场,到一切可以抓到故事的地方去寻找。采访中关键的问题就是"会问",提问有没有故事性的东西,追问故事的前因、后果、现状和发展趋势,根据事实来向受众讲述这些新闻故事,更能吸引受众的眼球和注意力。

美国著名教育家,原旧金山州立大学新闻系主任贝蒂·迈斯格教授认为,新媒体应用技术越来越成为简单易学的小手艺,今天的新闻学院培养出来的仍然应是发掘和讲述故事的能力。

《新华日报》经济一部主任高级记者姜圣瑜,2004年在《新闻战线》第六期上发表文章,题目叫作《采写新闻就是"采写故事"》。他认为,不同记者采访同一个对象,有的满载而归,有的则一无所获。这关键是一个"问"字,要问得有学问,有技巧。

下面,摘述一则姜圣瑜的采访故事——

我们到昆山去采访,听说昆山长出了哈密瓜。哈密瓜是长在新疆的,江苏昆山怎么会长出哈密瓜来? 周围的人说是引进的品种。为了探个究竟,我们赶了几十里的路来到了石浦镇新勤村,这时已经快到傍晚了,村干部带我们来到了田头,看看哈密瓜到底是什么样子? 在大棚里,我们一边看哈密瓜,一边问农民:"新疆的哈密瓜怎么种到这里来的?"大家七嘴八舌讲了这样的一个故事:

冬天的一个深夜,一辆轿车在昆山通往上海的机场路上出了车祸,撞坏了新勤村路边的水管,翻到了沟里。车主,上海一家公司的老总爬出车门,奇迹地发现自己一点也没有受伤。可是车子怎么也起不来了。闻讯赶来的朱凤英连夜组织村民求助,事后车主非常感谢,提出要给他们报酬。朱凤英坚持不要,从此交上了朋友。一来二往,上海那家公司来新勤村投资农业,

---

① 李希光,等.找故事的艺术[M].北京:清华大学出版社,2003.

引来了哈密瓜栽培专家,夏去秋来,种子发芽,生藤开花结出了甜蜜的瓜。瓜销何处?朱凤英他们在瓜棚合计的结果是主攻上海。为了"讨好"上海,他们给昆山的哈密瓜取名为"阿拉密"。国庆节过后,"阿拉密"走进了大上海的超市、水果店,"阿拉"吃"阿拉密"在上海传为美谈。

这个事实很有故事性,当天晚上,我们在村里吃了便饭后,就立刻写出了一篇现场新闻《一场车祸引出一项甜蜜的事业——"阿拉密"的传奇故事》,很快就在《新华日报》显著位置刊登了,并被评为当年的江苏省现场好新闻二等奖。

2014年1月23日,《人民日报》要闻六版"新春走基层"栏目刊发一篇稿件,题目是《这里,是我家》。

记者杨彦根据中央农村工作会议精神,"农村不能成为荒芜的农村、留守的农村、记忆中的故园",拟定了一个采写方案,并经部领导完善后,决定跟着一个家在农村的大学生陈建凤回家,从她的视角反映城镇化进程中乡土社会的真实变迁。

这篇稿件本来计划早一天刊出,当时要闻六版副主编袁振喜告诉记者,"因版面紧张,要发的话,就要删活儿,我们都觉得你的稿子挺好,舍不得删,所以就想等着版面宽松时发得充分些。"

"舍不得删",这大概是作为记者听到的最令自己感到高兴的话了吧!为什么"舍不得删"?稿件如何成为编辑眼中的"好稿"?记者杨彦回答:"不到1400字的篇幅里,隐含了大量信息。写稿过程中,我牢记'讲故事,讲好故事'这句从社领导到部领导反复强调的话。事实也证明,这是新闻稿件永远的制胜法宝。"[1]

请课外查询、学习这篇佳作,《这里,是我家》。

四、讲故事让专业报道"减负"

为了使报道更专业,很多记者在报道中过度使用专业术语。这些"行话"使得报道看上去很"专业",很像回事,但读者读起来却很"累",很不知其然,其所以然。

为了避免这些很"玄"、很"专业"、让人读起来很"累"的报道,新闻采访更应选择故事化处理。现在,这种充满了故事与情节色彩的报道也在不断涌现,如对经济风云人物的专访,更像是充满了失败、挫折与成功喜悦的人生故事。一些用故事来组成的财经文章大有卖点,原因是什么?讲故事让各种专业报道"减负"了,可读了。

水从江苏宜兴市的丘陵山地流出,经周铁镇汇向太湖。这个昔日污染严重的"化工之乡",如今河水清清,白鹭蹁跹,获"中国最佳人居范例奖"。

6年前,周铁镇党委书记裴焕良在一次干部会上提出要争获"中国最佳人居范例奖",干部们哄堂大笑。全镇化工产业占比高达85%,"化工之乡"还能成为绿色发展典范?

"我永远记得那一天——2007年8月12日,周铁镇第三化工原料厂两位工人登上30多米高的烟囱顶,挥大锤敲掉了这个'污染标志物'。"裴焕良说。

紧接着,"化工之乡"实行了密集的专项整治,先后关停109家化工企业,全镇财政年收入骤减4000多万元。"再痛,我们此后也没批过一个化工项目。"存活下来的几家化工企业,则经

---

[1]　杨彦.身到心也到.人民日报社业务研讨,2014.

历了比关停更艰难的转型阵痛。

曾经独大的化工产业,已悄然淡出;取而代之的装备制造业,正成为周铁镇新的顶梁柱。目前,该镇机械装备生产企业已达190家,固定资产原值超30亿元,从业人员近万人,其中全国"单打冠军"型企业就有5家。

这篇稿件是2014年2月17日《人民日报》头版头条《无锡再唱太湖美》的前篇消息。它讲的就是一个周铁镇获"中国最佳人居范例奖"的故事。

人们的阅读天性就偏爱"故事"性。故事本身带有"轻松""娱乐"等特点,按照弗洛伊德本我"唯乐原则"的观点,故事正好迎合了人们的这种倾向。

著名学者易中天分析为什么讲文学和讲历史的电视节目会受欢迎时指出:"就是因为这两个学科关注的都是人……为什么观众会被吸引来看这些节目呢? 归根结底是关注人、关注人的生存方式。……人的本性是关注人的。在大街上看热闹也好,去法院看审案子也罢,都是这个道理。"

这句话放在新闻采写上也适用。

记者采访要抓故事就是在关注新闻事件中的新闻人物,关注他们的生存方式,读者看他们的故事亦如是。

记者赵鹏的经采写经验是这样的——

"所以我在采访时总有个习惯,一不用录音机、二不爱拍照,而是用更多的时间与受访者聊一聊他本人和他单位的变化经历,看似漫无边际,其实很多不为人知的好玩、有趣,或感人、或痛心的经历,就变成了我后来笔下的新闻故事。"[1]

针对一些重大成果报道,记者同样可以采用讲故事的方式发表新闻,比如《解放日报》一条曾获上海好新闻一等奖的新闻报道,题目是:《人类征服肝癌的一曲凯歌》。请看报道——

10年前切除了小肝癌的小潘,昨晚7时35分,在上海医科大学附属中山医院产房,剖腹产下一个重达4185克的女婴,医生检查后报告母女都健康。

当年为小潘施行小肝癌切除手术的中山医院肝癌研究室主任汤钊猷闻讯,对妇产科主任盛丹菁动情地说:"这是我们共同的产儿。"

现年31岁的小潘是上海一家工厂的车工。她面色红润,要不是她的病史和从她身上取下的肝癌至今还完好地保存在中山医院,谁都难以相信她曾生过肝癌。在10年前的一次肝癌普查中,从她的异常高的甲胎蛋白上,查出了"单纯型Ⅰ期原发性肝癌"。1975年9月8日,她的左肝上切下了一个像乒乓球那么大小的小肝癌。术后至今,她每隔三个月复查一次甲胎蛋白,随访情况正常。医生嘱咐她,这段切除小肝癌的病史已成为过去;她已没有这个病,可以和其他健康人一样地正常生活,她还相当谨慎,过了手术后的第五个年头方才谈恋爱;前年结婚前,她先向医生作"咨询";去年她怀孕后有些不放心,医生根据她良好的检查结果,俏皮地安慰她:只等吃她的"红蛋"了。

昨天中午,小潘正式临产,但胎儿的头迟迟不下来。妇产科正、副主任盛丹菁、蔡涵容决定做剖腹产。不久就出现了一个动人的时刻:小潘的孩子发出了第一声响亮的啼哭声,医生把孩子抱到小潘面前,小潘的脸上立刻绽开了欢悦的微笑。这个当年从肝癌凶神下脱险的少女,现

---

① 赵鹏.到现场中去,到历史中去——浅谈什么是"好看的新闻".人民日报社业务研讨,2015.

在当了母亲,和她的新生儿一起奏响了一曲生命的凯歌。

汤钊猷医生说,由于早诊早治,到1984年底为止,仅中山医院,生存5年以上的肝癌病人已达到43例。而在1905年到1975年的漫长岁月里,全世界才只有45例。

点评:

这则新闻所要表达的是中山医院在医治肝癌方面的成就,但新闻的绝大部分是在讲一个肝癌患者接受治疗前后的故事,只在最后一段用了不到70个字点出了中山医院的成就是什么。表面上看好像对主要内容给的篇幅不大,但传播效果却是非常好的。这就是讲故事所产生的收效。

五、注意事项

(1)要充分了解被采访者的生活经历、工作特点、个人喜好、情感兴趣,等等。

记者在开始正式采访之前,一定要充分了解被采访者的生活经历、工作特点、个人喜好、情感或思想上的想法,等等。了解这些的目的是,抓住其中最有故事性的一点顺藤摸瓜,从其个人化的生命、事业中的独特体验入手,带出对这个事件或人物的其他方面的内容。

美联社特写新闻部主任布鲁斯·德希尔瓦认为,"没有以下四点:主角、难题、过程和结局,要想成功地叙述一个事件是不可能的"。

(2)要在采访中,找到被采访者生存状态中,与读者贴近的人性共同的切入点,引出故事情节,或侧面或立体,或短或长来叙述别样的故事。

(3)故事要具备信息量和逻辑因果。

记者采写故事,字数因发稿要求可多可少,但都要有丰富的信息含量。另外,讲写故事要有因有果有冲突才好看。

"因果是变化的原因、是比较的基础;冲突是矛盾的核心、悬念的设问。'从前有座山,山里有个庙'这不是故事;'无人一座山,突然有个庙'这才是故事。一篇通讯型新闻要由多个故事组成,每个故事不是无序的摆放和任意的选取,而是依据对主题的思考,通过从各个角度的投射,构成思考的全部过程。这样的新闻,才会让人想一气呵成地看完。"①

以上举出的这些报道,记者抓住鲜活的故事,用故事来体现人性共同的地方——如何看待困境,如何从困境中跳出,如何寻找出路,如何赢得情感的归属,如何在人生的关键时刻进行抉择。其实,这是人所共遇,总会有所启示。

现在许多财经媒体的重大新闻报道,记者都做到了故事化报道,在采访中注意体会对方的生存感受,对市场竞争的感受,抓取他们面对失败与挫折时的身心小故事,既有事业故事,也有生活、家庭情感的故事,一下子拉近了与读者之间的距离。学会抓住这些敏感点挖故事,报道才会接地气、有人气,读者才会喜闻乐见。

难道不是吗?每个人身上都有一两个与众不同的故事。把它找出来吧,自然而然地,在采访与写作中,你就学会了讲故事。

---

① 赵鹏.到现场中去,到历史中去——浅谈什么是"好看的新闻".人民日报社业务研讨,2015.

第三节　采写都要抓细节

一、细节在新闻报道中的运用

细节,原是文学创作中的一个术语,指文学作品中细腻地描绘人物性格、事件变化、社会环境和自然景物最小的组成单位。

孙犁在《澹定集·与友人论传记》中谈到细节是这样的说的:"古代史家,写一个人物,并不只记述他的成败两方面的大节,也记述他日常生活的细节。"

这里的"细节"是指文学艺术作品中对细小情节的描写。至于是谁第一个把细节运用到新闻采写上,无从考究。一般说来,细节移植到新闻采访报道中,主要指新闻事实中的细小环节,包括事物的形状、色彩、线条和人物的语言、动作、神情、感受,等等。

新华社高级记者李耐因在谈到人物新闻运用细节时说:"细节,一曰细,二曰节——要节制、节约,只截取其中最能说明问题、最能表现人物精神境界的那么一小节。"[①]

请看一篇发生在1980年1月11日,法新社记者采访的葡萄牙总统救火的报道。其中记者抓取了下面这些细节——

葡萄牙总统埃亚内斯,脱去外衣,抓起一把树枝,冲入火场,与森林大火搏斗,大火威胁着葡萄牙东北群小村庄卡多伊科。

总统昨天驾车经过该地区时,因火势蔓延至公路而被迫停车。为了阻止火势迅速蔓延到公路,总统不理会下属的劝告而离开座车。

这位陆军五星上将,脱去军大衣,开始扑减火焰,跟从他的官员与新闻工作者随即也协助救火。

相信每一个读完这篇报道的人,一定记住了三个形象的细节。先是总统乘车经过公路时遇火,"不理会下属的劝告而离开座车"。然后是葡萄牙总统埃亚内斯"脱去外衣,抓起一把树枝"扑火的情形,随即记住的是在这位扑火总统的带动下,"跟从他的官员与新闻工作者随即也协助救火"。

这三个细节中,尤以葡萄牙总统埃亚内斯"脱去外衣,抓起一把树枝"扑火的细节令人难忘,读罢报道,这位身体力行,以身作则的总统形象历历在目。

1993年9月9日,《经济日报》刊登了一篇关于女子万米金牌得主王军霞的人物新闻,其中就有这样一段描述——

脸淌热汗,胸挂金牌的王军霞来了,尚未坐下就被要求签名的"老记"们团团围住。她微笑着,潇洒而不失温柔,满足了一个人又一个人,无意中碰倒了一位记者的矿泉水,立刻弯腰把瓶子扶起来,歉意地笑了笑。对记者的提问,她有问必答,只要有谁喊声"没听清",她就马上复述一遍。

在这段记者描述中,有两个很形象的动作细节,一个是王军霞无意碰倒记者的矿泉水瓶,

---

①　林永年.谈谈怎样采写人物新闻[J].新闻记者,1998(6).

她立刻弯腰扶起；一个是记者中有谁喊"没听清"，她马上复述一遍。这两个细节，发生在王军霞刚刚跑完万米长跑之后，她的脸还淌着热汗。

记者用如此细节体现了王军霞谦和、有礼、朴实、厚道的性格。在新闻报道中，那些动人的细节，往往最能打动读者，令人记忆深刻。

2014年6月20日，《人民日报》发表了上海分社记者谢卫群写的报道——《跨越海峡的"父子情"》。这篇报道讲的是一位普通的工商银行上海分行员工朱捷，照顾一位台湾老兵杨银岳十年，并为他养老送终的感人事迹。

朱捷照顾老人的故事大多是上门看望、上门服务，端茶送水、一起吃饭的普通情景。但是，把一个没有血缘关系的台湾老兵，一个普通的客户，当父亲一样看待，并接到家里养老送终就非同寻常了。记者在报道中采访到并呈现出许多朱捷照顾老人的细节。

读者记忆深刻的应该是朱捷请老人搬到自己家住时，老人一点没犹豫，立马就答应的细节——

那天，在浦东杨银岳租住的房子里，朱捷轻声但坚定地问老人："要不住我那边去吧，离得近好照顾。""好！"老人一点没犹豫："小朱，我一直都等着你说这句话，我是真的不忍心再给你添麻烦，但是，离开你我真的不知道如何生活！"说完流泪了。朱捷说："我父亲走得早，你就是我的父亲，我替你养老送终。

这个细节饱含情意。

当时已失去老伴的杨银岳老人与朱捷非亲非故，老人毫不犹豫甚至是盼着早点搬过来一起住，说明朱捷对老人一直是照顾得无微不至，日久见人心，两人关系亲密无间，相处和谐自在。

细细品味这个细节，能读出很多内容。一是体现出朱捷十年来关心老人的行动与爱心真实不虚；二是表现了老人的对朱捷的信任与依赖，老人盼着早点与不是儿子胜似儿子的朱捷生活在一起。

然后呢，还有一个文中廖廖几笔带出的细节——

上班前第一件事，下到一楼问候老爷子。"我挺好，你放心去上班！"下班后，老爷子在窗口等着他，报告一切都好，他再上楼回家。这是上海市普陀区一个普通住宅楼里曾经发生的往事。

仔细琢磨一下，这个朱捷坚持多年的上下班时向老人早晚问安的习惯，我们在日常生活中谁能做到？这可是"出必告，返必面，居有常，业无变"啊！贵在坚持！

记者将采访挖掘而来的生活细节客观地写出来，笔触自然，但正是这些诸多细节，恰恰传递出人间真情和生命中爱的温度。

谢卫群记者在日后的采写心得中这样总结——

"写出新闻人物以及新闻的真情实感和温度，需要深入，需要听取不同人，特别是普通人的意见。朱捷照顾的台湾老兵已经去世，许多记者群访朱捷后就完了，而我跟踪到老先生曾经住过的地方，去采访左右邻居，倾听他们对朱捷的评价。这些评价，可能正是读者可能产生的共鸣。因为，普通人的感受，可能正是广大读者的感受。能打动邻居的心，一定打动读者的心。"①

二、如何抓取细节？

穆青曾这样说过，"在外国记者的一些比较成功的报道中，我看有两个东西突出了，一个是评论……另一个是注意抓细节。抽象的东西用生动活泼的细节表现出来。有时，一个细节比千言万语生动得多，深刻得多，有力得多。"

一篇新闻稿件，无论是消息还是通讯，能否收到形象生动的效果，往往与细节描写密切相关。

记者要抓取细节时，要注意以下三个方面的内容：

①记者在现场采访时，要注意细心观察，一定不要让眼睛放过每一个细节，让这些现场的细节透出事实的面貌，小事见精神。记者要善于捕捉细节，并善于表现细节，正如电影特写镜头那样，抓住人物或事实的最感人之处，进行定格。

《中国青年报·冰点》栏目女记者蔡平在采访中，很重视运用眼睛，去观察和体会采访对象和采访情境。

让我们看看蔡平自己的心得体会。

她说："采访时，万万不要关掉自己感觉的雷达，即便在你匆忙地记着和问着的时候，也不要忘记这一点，每个毛孔，每个神经都应该始终处于敏感状态。在写作时，又别忘了给你最强烈感觉的场景、氛围、对话等等细节，筛选其中最能表现人物个性的，就全齐了。"②

采访下岗工人杨子时，蔡平发现杨子的孩子委屈中有虚荣、自尊里有不屑。种种复杂情绪，在蔡平和这个小孩子对话这段细节描述中都显现出来。她捕捉到了对话中的那些微妙的空白和转折。在报道中，她这样写道——

这个孩子看不起我牛仔裤的牌子，他不屑地说，400块钱以下的都没法穿；他看不上捷达牌轿车，说税太高了，白给都不要；他只被同学请吃过一次麦当劳，就说里面的东西都吃过不爱吃了，而走过麦当劳餐厅时，他又使劲儿往里面看，当我说可以在这里吃时，他立刻跑上了台阶。

以上这段文字写出了三个细节——

第一个细节是孩子看不起记者穿的牛仔裤，说她的裤子不是名牌的牛仔裤，还说400以下的裤子都没法穿，而他的妈妈是个下岗工人，经济收入微不足道，这个细节暗示他向往名牌，羡慕高收入，同时他自己也知道这二者差距甚远，所以口泄不满，把不屑撒在话中，话里有话。

第二个细节是孩子看不上捷达轿车，说白给也不要，他给出的理由是税太高了。这个细节比穿牛仔裤上升了一个档次，从温饱阶段跃升小康标准，男孩子都喜欢车，估计平时也会经常议论这个车那个车的，他不想停滞在贫穷上，总得找个理由拉近富有吧。于是孩子说捷达车税太高。

第三个细节记者描写得非常详细，把一个孩子想吃洋快餐、家里没钱满足、同学曾请吃过一次后对美味的流连和向往的复杂心理淋漓尽致地表现出来了。当记者说可以在麦当劳里采

---

① 谢卫群.写出新闻的"生命温度"——浅谈如何写出好看的新闻(二).人民日报社业务研讨,2014.

② 蔡平.在冰点写人物[M]//冰点精粹.北京:中国青年出版社,2001.

访时,孩子立刻跑上台阶,这一下子把孩子的本能心态跃然纸上。

蔡平自己感慨地说起她对细节的把握:"表现得最好的最准确的,竟是生活中最常见的、时时被我们感觉到又经常被我们忽略的最简单的方式。"

著名记者穆青说:"人身上最灵敏的器官是眼睛,记者偏偏不会用眼睛。十八般武器,眼睛是最锐利的武器,偏偏不用它。"在现场采访时,让我们学会用眼睛这个武器吧,注意关心我们自己真实的感觉。

②记者亲历现场,捕捉精彩的细节,包括现场环境、事实陈述,以及采访对象的表情、神态、动作、话语等。

2014年12月8日,中宣部召开专题会议,对在全国新闻战线开展"走转改"大型主题采访活动"行进中国·精彩故事"进行动员部署,推动新闻战线进一步深化拓展"走转改"活动、讲好中国故事,更好地弘扬中国精神、传播中国声音。

把中国故事讲精彩,记者要抓精彩的细节,精彩的细节不会从天而降,记者需要深入扎进采访现场。

2015年是世界反法西斯战争胜利70周年,中国人民解放军三军仪仗队抽组的112人方队参加了在莫斯科红场举行的俄罗斯纪念卫国战争胜利70周年的阅兵式和分列式。这是中国首次派出仪仗方队参加红场阅兵,也是中国人民解放军对外派出仪仗队人数最多的一次。由于主办方的采访限制等种种因素,采访面临着巨大困难,几乎成为"不可能完成的任务"。驻莫斯科的其他12家中国媒体和100多家俄当地媒体都直接放弃了采访。

面对这样一个具有历史意义的新闻事件,人民日报欧亚中心分社首席记者陈效卫和记者曲颂克服了采访受限、路途偏远、花粉过敏、体力透支等种种困难,凭借"掘地三尺"的韧性来采访,最终写出本报独家报道《走出国门,就是中国形象的代表》。

人民日报社同行王莉这样点评这篇报道——

该文在细节描写方面下了不少工夫:国旗手训练时旗杆里填上铁砂,即使不走正步时也手握国旗而不是图轻松将旗杆插在专用腰带中;为了训练,士兵脚上磨得掉皮,克服阅兵广场地面凹凸不平的困难;尊重当地工作人员,即使疲劳没胃口时战士们都做到决不剩饭等等,有故事,有细节,有看头。在生动的细节捕捉中,不仅充分展现出我仪仗的高标准,而且增强了文章的信息量和可读性,使文章更具感染力,读起来更有"嚼头"。恰当、独特的细节描写也增强了文章的原创性,进一步烘托出该文独家报道的鲜明特点,使文章的价值倍增。[①]

2015年,《人民日报》重庆分社记者李坚在采写分社重点稿件《重庆22件民生实事》时,去垫江县采访撤并村通公路情况。他实地看了公路、采访了村民。回来后记者们进行思路讨论,王建新社长问李坚采访中是否发现比较有情节、有起伏甚至有冲突的人或事?

李坚说有一个细节令他印象深刻:有个村民因为道路的变化,换了好几次车,这次准备将三轮车换成四轮车。大家马上说,这事可以挖一挖。李坚进行了"回锅"采访,反复挖掘细节,又发现这个村民在换三轮车之前还有个两轮摩托车,最后就有了见报稿中,村民李力买车的细节——"小路变土路基,再变水泥路;车轮2个变3个,马上就4个了。"

李坚记者对此感受深刻,他说:"'脚底板下出新闻'。写故事、写'好故事'、'写好'故事,源

---

① 陈效卫,曲颂.化"不可能"为可能在"绝望"中寻找希望——《走出国门,就是中国形象的代表》采写体会.王莉,点评.人民日报社业务研讨,2016.

头还是在采访。一次次的'实战',让我对采访有了更深切的体会:深入深入再深入。如果说近一年来我的采访能力有所提高,诀窍就在这儿。"①

1998年武汉水灾,同是"武汉市在洪水期间一派祥和,市民没有惊慌"的主题。下面我们来比较一下两篇报道。

国内的一家媒体是这样写的——

在武汉商场、武汉广场"夏日大派送"的标语下,进出着平静购物的市民,保成路夜市和往常一样,摊群齐出,人声鼎沸。

国外一家通讯社则是这样写的——

人们在屋顶做饭、打牌,并在雨停的时候晒衣服。在街上,儿童在齐腰深的水里玩耍,大人们的肩上扛着孩子或货物前行,还有一些人在捞鱼,鸭子就在水上游过。

同样的新闻,同样是水灾之后,记者选取的新闻现场不同,这两个不同场面的报道,给读者的传播效果是不同的。相比较之后,会发现记者们都是在抓细节。

第一则稿件中的细节定格在武汉商场、武汉广场"夏日大派送"的标语下,平静购物的市民和夜市的人声鼎沸,记者做出的是概括式的场景描述,这样的细节是场景细节,读者见到了场面。不能说不对、不好,只是不比不知道,一比"吓一跳"。

第二则稿件再现现场时,也注意选择了细节。这是个多层细节的重叠,场景从地面升到了屋顶,暗示洪水大背景下,"人们在屋顶做饭、打牌,并在雨停的时候晒衣服",心态从容;然后场景发生变动,从屋顶到大街上,四个有动感的画面出现——"儿童在齐腰深的水里玩耍""大人们的肩上扛着孩子或货物前行""还有一些人在捞鱼""鸭子就在水上游过",这样的细节见景,见人,见物,有了生活气息。

当然,这里涉及一个现场采访、观察方式的问题,也是一种报道思路的问题。国外的媒体一般对灾难中的"点"比较关注,我们的报道思路常是大局的"面",点与面的场景是不同的,与读者的接近性也有分差。当然最好的方式是能巧妙地将两者结合在一起。

③记者在使用背景材料报道新闻时,也要注意抓取细节,与采访事实融合在一起,稿件会有可读性。

2012年4月7日,美国CBS访谈节目《60分钟》主持人华莱士在美国一间疗养院去世,享年93岁。2012年04月11日《中国青年报》刊登了新闻报道,题目是《华莱士中南海采访邓小平:曾伸手向其要烟》。

报道开篇是这样写的——

迈克·华莱士在93岁时停止向世界发问。

过去半个世纪里,按照媒体的说法,"他的名字一度让腐败的政客、高明的骗子、不作为的官僚头疼"。他所服务的美国哥伦比亚广播公司(CBS)播出的广告称,如果有4个单词会让这些人从心里害怕,那一定是"迈克·华莱士在此!"(Mike Wallace is here)

因为这位新闻访谈类节目《60分钟》的主持人,几乎以审问的方式,撬开了他们的嘴,即使那个人是国家首脑,他也毫不留情。三十几年前,时任美国总统的约翰逊接受采访前,曾咆哮着警告他:"我不想谈越南,如果敢提越南,我就让你们这帮小子立马滚蛋。"

---

① 李坚.我离成长有多远?.人民日报社业务研讨,2014.

华莱士深吸一口气，以"一个男人对男人的架势"走了过去，"越战强暴了你，总统先生，然后，你强暴了整个美国。你该谈谈这个事情！"在自传《你我之间》里，他这样回忆。

这个曾要干到"四脚朝天"的人，4 月 7 日在美国东北部一家疗养院里停止了呼吸。患有心脏病和老年痴呆症的他，在最后的日子里再也没提起过《60 分钟》，仿佛那段辉煌的岁月被他的健康一同拐跑了。

不过，那些连他自己都遗忘了的日子，如今正被人们津津乐道。那些和尼克松、霍梅尼、邓小平、江泽民打交道的片段，成为新闻专业课上的一个个案例，也是很多电视台记者反复观摩学习的教材。

"迈克·华莱士一度是中国新闻人遥远意义上的角色榜样。"复旦大学新闻学院副教授洪兵对中国青年报记者说。（以下内容略。）

《中国青年报》记者王晶晶的这篇关于华莱士去世的新闻稿件思路巧妙，记者将华莱士生平事迹中典型的故事和细节与自己在获悉华莱士去世之后，对复旦大学新闻学院副教授洪兵、央视新闻评论部副主任、《新闻调查》原制片人耿志民等人的采访揉合在一起，行云流水，真实自然。读者读后有很多细节久久回味，很难忘怀。

自然，中国读者一定会记下华莱士在中南海专访邓小平时的那个细节——

两人面对面坐下后，邓小平从桌上的一包"熊猫"牌香烟中抽出了一根，"我抽烟可以吧？"82 岁的他说。"可以。能给我一支吗？"68 岁的采访者华莱士欠身向邓小平伸出一支手。

这个细节是华莱士与邓小平访谈前发生的。他体现出对小平同志吸烟习惯的了解与尊重，同时，也在用自己的行动拉近两者之间的距离，营造了访谈前的互动氛围，从这个细节中可以看出华莱士的确为访谈高手，功底深厚。

美联社记者休·马利根曾这样说过，生动的细节可以使纸面上的文章留在人们心灵上，渗透到人们的情感中去。

细节如此可敬可爱，愿每位记者时刻记得在采访、写作、编辑资料时抓住它的翅膀！

还要记得，写细节也必须精当！特别是在消息文体中写细节不能像通讯、特写那样展开，要惜墨，不要泼墨，从行文到选材都须下一番锤炼的工夫。

美国新闻学者肯·梅茨勒说过："写细节很容易收不住笔，细节叙述过多，会把整个报道写得使人望文生厌。"

第四节　采写都要抓数字

一、采写都要抓数字的原因

记者在采访和写作时，要有强烈的数字敏感及驾驭数字的能力；采访到重要的数字后，也要有一定的分析数字及深度报道的能力。

2005 年 1 月 24 日，《解放日报》的头版头条报道的大标题是《从 4.22 到 1.02 说明了什么》，小标题则分别是"7 与 1 之比""再降几个百分点""从 0.5 度做起"。通篇报道从大标题到小标题全部由数字构成。记者用几个看来简单的数字，说明了上海已经做的和将要做的"降低万元生产总值综合能耗，转变经济增长方式"这篇大文章。编辑用数字做标题，吸引了读者的眼球,让人们有进一步了解这些数字意味着什么的愿望;记者精选的这一连串数字,使报道变得层次分明,他只用寥寥数语,就把自己想要说明的问题讲得清清楚楚,并具有很强的说服力。

一个关键的数字、别有意味的数字,前后相比的一组数字,反映不同阶段、不同时期的一串数字,往往是事物量变和质变的尺码。

数字的作用简洁而深刻。一般认为,数字能让人一目了然,使报道"轻装上阵"。在新闻媒体的报道中,各种体裁往往都会涉及数字。一个数字的巧妙运用可以省却记者对很多事实的描述分析,同时让读者更加明了事情的状况。但是如果过多且频繁地引用数字,也会造成读者对众多数字的厌烦、头痛,成为阅读的障碍。

1993 年,我国外贸进出口额突破 1600 亿美元,比上年增长 300 亿美元,成为各大媒体报道的热点。

《中国青年报》曾在一版发了 250 个字的消息,快捷地报道这个事件。但是因其短短的250 个字中运用了 20 个数字,让读者感到头晕脑胀,不能解读,也不愿深入解读了。

2005 年,《经济观察报》记者发表了一篇报道,题目是《跛足的自由贸易主义者》,里面成功地运用了一组数字,让人记忆深刻。

它是这样表述的——"这意味着本来可以向欧美卖 1500 条裤子的现在只能卖 107 条了。"

相对其他报纸记者抽象地说,中国的裤子出口将下降多少百分比,这里的两个数字却已足够浅显而明白地说明,特保政策给中国纺织业带来的沉重打击。

同样,当谈到股市狂跌对股民的巨大影响时,"昨天还能买 5 套房子的,今天只剩下半套了。"(《中国经营报》2005 年 5 月 30 日)这句话就远比说什么股市跌了多少点有冲击力。[①]

因此,学会运用数字,同时,让它不再枯燥,成为记者的一个基本功。

前些年,中央电视台改版后的经济频道,每天中午 12 点的《全球财经资讯》中,增加了一个栏目叫"今日 10 大数字新闻"。这是一档很好的节目。这档节目就是通过数字来报道新闻的。

其实,财经报道很多都是要通过数字来说话的,例如,GDP 的增长率、国债发行的数额、资产总额、净收益等都是一串串的数字。数字能很好地反映经济的运行状况,因此作为记者,尤其是财经记者,特别要增强对数字的敏感,注意生活周围的一切数字,并要挖掘数字背后的内容来进行深入报道。

还要注意的是,记者在运用数字时,要变枯燥为生动。如果报道中只是数字的罗列,肯定是枯燥、乏味的,那么怎样才能令其生动有趣呢?

这里有一篇优秀的报道。

1995 年 8 月 5 日,《广州日报》登了一条题为《中国消费市场有多大,一天消费 30 亿》的新闻,其中的数字是这样运用的——

拥有 12 亿人口的中国消费市场有多大?

根据国家权威部门的统计,每天中国人的消费总额超过 30 亿人民币,每天存入银行有8.8亿人民币。这些数字几乎天天被刷新。

一天的概念,在中国诺大的消费市场意味着什么?

请看下面的统计数字,中国人每天要消费近 6000 万公斤猪肉,1000 多万公斤食油和 7.5亿公斤粮食,每天有 6 万台电视机,12 万只手表,200 多万米纺织品从商店进入家庭,每天有

① 蔡骐,吴楚轩.构建经济报道的多元话语场[J].新闻与写作,2006(2):43.

600多万份杂志出版……"

这篇满是数字的文章很是吸引人，它将数字用活了。把数字换个说法，让老百姓明白数字意味着什么，用人们看得见、摸得着、感觉得到的通用说法解释数字，效果甚好。

二、数字的作用

数字在新闻报道中的作用，主要有以下三个方面的内容：

（1）运用重要的数字，可增加新闻的显著性。

（2）运用人们熟悉的数字，拉近阅读的距离。

（3）运用有趣味的数字，可增加新闻的趣味性。

诺基亚公司在北京的城乡贸易中心大楼上，曾经立有一个巨幅广告，广告语是："您每眨一下眼睛，全球就卖出4部诺基亚手机。"这比单单写上，诺基亚每天卖出多少部手机要吸引人，同时也更能引起读者的阅读兴趣。新闻报道中的数字也是如此。

美联社的一条新闻中说，"如果把韩国人一年吸的烟连接起来，可以在地球和月亮之间绕8个来回。"

如果单单说韩国人一年吸的烟是多少，数字是个死的数字，而且生硬得很，和受众概念不融合，极易被受众忽略掉，但是记者用一个形象的比喻，把吸烟的数字与地球及月亮之间的距离感联系在一块，无形中增加了受众对吸烟量的形象性认识。本来地球与月亮之间的距离，在人们心中就是很遥远的概念，而一年在韩国吸烟的总量却相当于"在地球与月亮之间绕8个来回"，这会让受众一下子明白了吸烟量的巨大，对吸烟总量的认识变得直观。把枯燥的数字转化成人们易懂易明的概念或数字，这是记者的一个基本功。

只要记者下工夫琢磨，数字就会起到"一夫当关，万夫莫开"的关键作用。

有一篇报道这样写道：

目前，我国每年生产盒装衬衫8亿套。8亿套包装盒需要用纸张4万吨，如果以胸径10厘米的大树为标准计算，每7棵树可以制造一吨纸，8亿套包装盒就相当于砍伐168万棵大树。这样，我国每年仅盒装衬衫一项，就要"穿掉"一大片森林。有关人士指出，节约资源的环保替代包装应成为消费首选。

这篇报道中的数字发人深省，令人不寒而栗。"8亿包装盒就砍掉168万棵大树"，这个联想让读者一下子就明白了记者报道的主题，也清楚了节约资源、保护环境应成为当务之急。

在美国的《读者文摘》中，有一条新闻题目是《电视问题困扰美国》。记者对数字进行了相通易懂的转接，用"活"了数字。例如这样两段：

如果把你看电视的时间折合成统计数字中一般情况的话，那么你到20岁时，就起码看了2万小时的电视。

5000小时是一个典型的大学生用于获得学士学位的时间。在一万个小时内，你能学到足以成为一个天文学家或工程师的知识，你还可以学会流利地使用几种语言。

三、学会分析数字

记者除了采集有关的数字之外,还要学会分析整理这些数字,找出其中的关联和含义,把数字的文章作透、作深、作细,从而发现数字代表的一些规律或是发展趋势。

这时,这里的"数字",就成为记者采访后得到一个"工具"。它能让记者重新找到一个新闻点,展开分析,并判断出情况,把死板的数字变成"活生生"的新闻。

记者尤其要注意提炼出数字背后的发展状态,例如有哪些新的特点、哪些不同的变化等,有时候还要把这些数字通过列表、画图、分类、换算换个说法等方式,让读者感受到报道的生动与活泼。

1996年,上海解放日报记者采访上海经济运行情况,得到了大量数据,记者没有简单地罗列它们,而是通过比较分析,绘制出一条上海自1981年到1995年总共11年的经济增长率曲线。同时记者发现,在这条曲线上,有三个波峰波谷,而在1992年到1995年之间几乎是直线状况。

记者的工夫没有白下。他通过这组数字,绘成曲线,研究分析出了比单纯数字罗列更能说明问题的事实,即"上海的经济发展抗波动能力明显增强",这是记者通过数字曲线分析研究得到的一个结论,而这一"抗波动能力"的说法,则是记者率先提出的,具有独家新闻价值。

记者通常会收到许多单位发布新闻用的统发稿,其中包含着一些重要的数字。发统发稿的单位往往不会意识到这些数字背后的新闻含义,也有很多记者懒于或疏于解读这些"藏"在了长长的新闻统发稿里的数字。但是,一旦有记者抓住它们,就抓住了新闻的"新"气和"活"力。比如,每年新年钟声敲响的前后,上海市财政局会给新闻媒体送来上一年上海财政收入情况的新闻稿,因为是半夜里发的传真稿,可能各大媒体都是由编辑直接编发,而且每年此时都有这样一份传真,似乎成为例行公事了,新闻编辑也就按惯例编发稿子,报一报上一年上海的财政收入情况。但是在1999年新年上班第一天,上海人民广播电台的记者,按习惯浏览一遍市财政局传真过来的新闻统发稿时,发现长长的新闻稿中有这样一句话:"上海第三产业纳税额已经连续三年超过百分之五十",这位记者意识到这个数字中包含着一个有价值的重要新闻——上海市财政收入的主要贡献者已由第二产业变为第三产业,这意味着上海已从一个工业为主业的城市(第二产业)发展到以服务业(第三产业)为主业的城市了。

于是,这位记者找到财政局的通讯员,拿到一系列相关数据,写了一篇新闻综述,题目是《第三产业已经稳稳地占据了上海税收的半壁江山》,文章通过第三产业迅猛发展的一系列数字,展示上海金融业迅速发展给上海城市带来的变化,以及服务业快速发展给上海老百姓的生活带来的极大便利。1999年1月18日,这篇报道在上海电台990早新闻头条播出,引起了很大反响。

上海市财政局工作人员在数字的海洋里,已经三次发布"上海第三产业纳税额已经连续三年超过百分之五十"了,但是每天与数字打交道的专业人士,对数字的解读有时并不敏感。正如人们常说的那样,身在宝山不识宝。

记者应该有意识地把数字放到更高的层面上来解读,这样往往能从数字中发现新闻。像这位上海人民广播电台的记者一样,有大局意识,站在宏观的高度来看待微观的数字,那一串静态的阿拉伯数字就跳跃起来,开口报新闻了。

新闻价值的基本要素是时效性、重要性、接近性、显著性和人情味等。记者可以通过多种方法表现它们,其中一个直接、简洁、可靠的方式就是采集相关的数字,巧妙使用这些数字,用数字拉近与受众的距离,让数字具有时效性、重要性、接近性和人情味。

2014 年 10 月 8 日,《人民日报》经济版头条刊发记者谢卫群写的一篇报道,题目是《中国银联大数据告诉您这个长假,钱都花哪了?》。该报道一经发表效果出乎预料,其点击量进入当天人民网点击量前 5 位。经过总编室微信平台主编荐稿的推介,此稿在微信众多朋友圈中的传播率也非常广。银联的评价称:当天,此稿成为"微信圈红人"。

这篇稿件完全改变了以往的写作方法。

以前每个长假后,中国银联都会发布长假刷卡数据,跨境交易量,国内消费量。很多记者根据这些数据,写了多年"豆腐干"大小的新闻。因为这样的数据不能不发。但发成"豆腐干"新闻,记者、读者都不解渴。于是,记者谢卫群开始将思考的立足点定为读者需求,从接近性和人情味上下手——

我们写新闻中的这些数据要告诉读者什么呢?他们对这些数据有兴趣吗?我想,大数据时代,人们重视数据,但是,重视的数据不应是简单的一个数字,而应该是这些数据后的含义和趋势。

今年中秋,中国银联开放了他们的一些数据,可以接受记者采访。于是,我与经济版编辑商量,能不能就长假消费数据进行一系列的分析,从而判断一些新的消费热点和趋势。这一想法得到了主编的大力支持和鼓励。于是,我采访了中国银联的专家,并对数据热点进行了分析。[①]

特录此新闻如下,供大家学习参考——

中国银联大数据告诉您这个长假,钱都花哪了?

国庆长假,是消费的黄金时段。今年的这个长假,全国的钱都花到哪了?中国银联跨行交易系统和大数据平台提供的一系列数据给出了一些答案。

截至 10 月 7 日 20 时,全国通过银联刷卡交易的总金额达到 5100 亿元,同比增长 23.5%。其中,"十一"当天刷卡 7218 万笔,比日常平均水平增长了 30% 以上,这是今年的第二高峰,而今年刷卡的最高峰是 9 月 30 日,刷卡笔数达到了 7458 万笔。

数据显示,刷卡交易金额最高的前五个省市分别为:广东、浙江、江苏、河南和深圳。

从消费品类看,餐饮消费金额同比增长 4.8%。中国银联信息总中心副总经理马明分析,尽管消费的总量同比在增长,但是,单笔消费的数额同比在减少。这说明,因为单位消费的减少,大额消费正在减少,百姓餐饮消费正在成为主流。

购物消费中,超市仍是主角,金额同比增长了 40.1%,表明与百姓生活相关的日用消费品仍然消费强劲。而与此相悖的是黄金消费,金额同比减少了 15.7%。"去年全国出现了抢购黄金潮,因此黄金消费的基数很大,随着黄金价格的下跌,今年购买黄金的人大幅减少,老百姓消费回归理性。"马明说。

在消费中,有一个数据也值得关注,这就是加油金额的增长。交易金额同比增长了 26.2%。这显示,百姓自驾游的人数在增长。数据还显示,消费量增长幅度最大的地方在西北,百姓出游跑得越来越远。出境游是长假主要消费亮点之一。

---

① 谢卫群.写出新闻的"顶花戴刺"——浅谈如何写出好看的新闻(一).人民日报社业务研讨,2014.

从数据看,除了东南亚等仍是中国人出境游的热门地区外,出境游目的地日益分散。其中,消费增幅最大的是韩国、德国、阿联酋,分别增长了 111%、102%、88%。

"今年韩国增幅最大,可能与亚运会在韩国举行有关。阿联酋增长较快与其航空枢纽、购物中心的地位有关。"马明说。而境外的消费结构也在发生变化。"过去,最大的花费是团费和购物,而现在,游玩的消费正在增长。值得关注的是,今年,境外购物类的消费增幅在下滑,而更多的是吃住消费和休闲娱乐的消费,也显示境外个人自由行在增长。中国人出境游只为购物的态势正在改变,境外游正逐步回归休闲与体验。"马明分析。

数据显示,境外吃住、游玩的增幅分别达到了 52.2%、56.6%,而购物增长只有 30.4%。他还谈到,出境游目的地的日益多元,与越来越多的国家增加银联卡支付方式密不可分,银联卡的国际支付环境正在日益改善,为老百姓境外刷卡消费带来了极大便利。

为什么这样一篇数字分析的稿件惹人关注?

记者谢卫群自己在采访心得中分析——

带着读者关心的问题去选取数据,同时大大扩展数据的含金量,是这篇稿件吸引人的一个重要原因。

当然,发稿时间也很重要。以往,都是长假后中国银联统一发数据,而这一次,我们获得了中国银联截至 7 日晚 10 时的数据,第二天发表,做到了第一时间,突出了这一新闻的时效性。8 号一上班,人们很自然地就关注了这一新闻。[①]

可以看出,记者稿件中提取了最能体现国人度假消费观念变化的核心数据,通过这些数据,揭示了背后蕴含的经济脉动。

当天的版面编辑还配发了一张漂亮的图表,从读者阅读方便的角度,列出了餐饮消费、超市消费、黄金消费、加油金额等数据的比较,以及国内刷卡交易金额最高的前五个省市。

长假之后,中国银联统一发放的这些数据,可以说是"沉默"的,但是在能懂得数字含义的记者眼里,它们分明会说话,具有特别的味道。

日本学者新井直之很早之前就预言:"今后的报纸,解说的重要性将日益增加。"

在新闻写作中,对数字的解说更为重要,谢卫群记者为我们做出了好样子。要读懂数字,明白数字背后的含义,需要记者更新观念,转换报道角度;也需要掌握党和政府的方针政策,掌握国内外经济发展的趋势,不断积累,掌握各种知识,做到胸有大局,这样才能正确运用数字,写出与众不同的好新闻来。

四、采写数字的注意事项

记者在写作运用数字时,要注意以下三个问题:

1.数字要精选,用最能说明问题的数字说明主题

记者在稿件中的数字不要太多,太多就杂乱。进行数字选择是记者进行新闻分析、消化采访内容的过程。

2016 年 6 月 16 日《人民日报》头版上刊登的新闻题目是《多彩贵州走新路》,记者用详实

[①] 谢卫群.写出新闻的"顶花戴刺"——浅谈如何写出好看的新闻(一).人民日报社业务研讨,2014.

确凿的数据信息进行今昔对比,让读者印象深刻。请看其中一段内容:

"寒假从省城回老家,127公里盘山道,颠了10小时。如今,5100公里高速公路跃出贵州,88个县市区,个个通高速,这在西部是头一份。老钟的返乡路,现在只要50分钟。"

看似简单的5个数据,产生的传播效果却非同一般。

列宁在《给经济生活报编辑部的信》中说,"一大堆零乱的统计数字,报纸上常见的这些数字是,完全不曾消化过的,没有加工过的、一点分析的影子也没有的,完全没有比较的(跟过去和其他企业)的统计数字。"

列宁说得对,记者编辑如果用这些数字来堆砌文章,这些数字就会死气沉沉地躺在那里,没有生命力,读者很难读完这些冗长、枯燥的一大堆数字,他们的做法就会非常简单,弃之不读罢了!

记者切忌让数字躺在报道里,成为读者的阅读障碍。要善于在采访中挑出有用的数字为我所用,让这些数字背后反映出的事实简洁、生动起来,这叫抓数字写报道。让数字立体起来,有趣起来,也让自己的报道可读起来,这正是记者的功力所在。

2.使用数字要科学、准确

记者在稿件中使用数字要科学、准确,它的前提是真实。这是非常重要的。数字不是"放卫星"。数字背后是其科学性。所谓准确,就是不容许所报道的数字是大概数、估计数,更不能疏忽大意写错数字。

3.数字要形象通俗

把枯燥的数字形象化、通俗化是新闻可读性的要求。记者可采用对比、比喻、解释等方法,对数字进行解析。

4.注意数字的准确性,注意核实

采访中,要确保数字的货真价实。记者不能马虎大意,记错弄错。

有家报纸曾在头版报道广西茶叶丰收的消息,稿件中说:全年广西茶叶产量达1.3亿吨,年产值5000万元。按此计算,平均每吨茶叶只要三角八分钱。很明显,这里面的数字产生了误差,记者记错了,写错了。

河北有一家报纸,在新闻报道中公布了农产品价格,把张家口市场上芝麻价格每公斤6.00元错写成每公斤60.00元。

当时,承德一位农民看到这条"好消息"后,在当地以每公斤6.40元的价格收购了一批芝麻,赶到张家口市去卖,结果一场空欢喜,跑了远路,又赔了钱,他对记者报道中的数字失误愤愤不平。

上述两个例子,说的都是在关键的数字上,记者弄错了,报道影响不好。记者采访的态度显然是稀里糊涂的。不管是笔误也罢,记忆有失也罢,在新闻报道中,一个数字之差,会给读者带来信息和决策上的误导,造成不好的影响,对记者本人的信誉度及媒体的公信度也会带来损失。

有些关于历史年代和人物年纪的数字也容易产生失误,记者需要慎重核实。如历史上的皇帝年代与其对应的公元日期应是相符的。北京某报在报道戚继光纪念馆时,这样写道:"始建于明代洪武年间,由前殿、戏台、水池、看楼几部分组成。"

这篇报道中指出的明代洪武年间,是历史上的1368—1398年,而戚继光的生卒年月是在1528—1587年,明显地晚于洪武年,那为什么戚继光还未出生,他的纪念馆就提前一百多年建立起来呢?是当时人们的先见之明,还是戚继光的前世英灵所显?怎么会呢!全是记者搞的"鬼"。粗心的记者改变了戚继光的生辰,也改变了历史顺序。

为防止出现差错,记者应该做的只有一件事情,就是在采访中严肃对待它们,从源头把好责任关,听到这些数字,产生新闻敏感后,要当场记录下来。同时,还要当面向受访者或有关部门进行核实。

如果现场无法核实,那么采访之后要提醒自己查阅文件资料,最好备一份复印件,必要时需要查阅工具书或专业资料库。只要做到这一点就会从源头杜绝失实。

《人民日报》新疆分社记者李亚楠说了一件至今想起来仍心有余悸的事情——

6月17日,正在参加采编资格考试培训,那节课正好讲到防止失实报道。教学视频里放着一段同行前辈的讲述,这位记者平均每年发稿三百多篇,几乎一天一篇,却几乎没有失误,这都源于她职业生涯刚开始时遇到的一件事。

刚参加工作,她就遇到了 SARS,并参与了报道。她说有一次从医院拿到一个通稿,里面有三个数据,一个是收治人数,一个是死亡人数,还有一个是死亡率,她想都没想,就把数据发了出去,稿子发出来了,她突然接到医院电话说死亡率错了,但由于她所在媒体的权威性,这个数据已经在网上和其他媒体间来回转了几个圈。

"现在想想,当时要是有心,把前两个数据相除一下,就能验证第三个数据是否正确,但是丝毫没有经验的我却什么都没做。这个错误的数据在此后不断被提起,被引用,我却无能为力,从那时候起我知道,记者的一个小失误,可能会跟随你一辈子,所以在之后的工作中,我每篇稿子都要核对好几次,确保准确真实。"这是这位前辈语重心长的劝导。

就在这时,我的电话铃响了,虽然在上课,但一看是地方部的电话,就接了起来,是编辑杨彦跟我核对前一天发回去的稿子里的一个数据,"新疆全区有贫困人口 26.5 万人",编辑和稿子里提到的另一组数据"使 210 万扶贫对象得到有效扶持,174 万贫困人口解决温饱问题"相对比后,觉得这一数据不太符合常理,所以打电话核实。

一听这话,我也立马感觉这组数据肯定有问题,拿出采访时地方政府发给记者的打印材料,"26.5 万"没错,再找到随身带着的采访本,翻到采访笔记,却赫然是"260.5 万",只能给扶贫办打电话核实,发现是提供的材料写错了,而他们在采访过程中介绍情况时说的数据是正确的。赶紧回复编辑说丢了一个零,挂了电话,惊觉一身冷汗。幸亏编辑经验丰富又看得仔细,否则稿子见报后就无力回天了,"减贫力度"如此之大,一看就是失实报道,结果就是出力不讨好。

数据是比较有说服力的证据,但不加以核实的话,有时就是个圈套。[①]

敬请每一位初学者记住李亚楠记者的警示:"数据是比较有说服力的证据,但不加以核实的话,有时就是个圈套。"

一定要加倍小心啊!!

第五节　采写都要抓角度

一、什么是新闻角度

新闻角度指的是"记者在采访和新闻写作中认识和表现新闻事实的着眼点和立足点。即

---

①　李亚楠.小心!别掉进数字的"圈套".人民日报社业务研讨,2014.

记者从什么立足点、什么视角、什么突破口,去寻找、挖掘、认识、选择和表现新闻事实的新闻价值"。①

具体说来,就是记者在采访报道新闻事实时,要注意抓取时代感、群众感、生活感强的角度。

美国密苏里新闻学院写作组编著的《新闻写作教程》中指出:"纵然,约瑟夫·斯大林没有谈论过文学的写作,但是他说过,一千万人死亡只是个统计数字,一个人怎样死去,可以写忧悲剧。他总结了集中描绘整体中的一个部分能起的巨大作用。"在这里,"一个部分"即是记者采访写作的一个角度。

现在,媒体上发表了大量的会议新闻、经验报道、工作简讯,等等,很多稿件因为没有新颖独特的报道角度,读者并没有留下深刻印象。如果记者在采新闻报新闻时,注意把工作、会议、经验等的新闻角度转引到人身上,转引到讲一个故事,换一个叙述方式上,那么他的报道很可能就会给读者留下一个很好很深的印象。

让我们欣赏一篇获第六届中国新闻奖一等奖的通讯《寻找时传祥》,它发表在1995年5月17日的《工人日报》上。

这篇报道追求的是一种散文化的角度,发表后引起了较大反响,先后有十余种报刊转载,并被一些新闻院系选为必读篇目。《工人日报》总编辑张宏遵撰文评价道:"于朴素中见奇崛,于平实中显机峰。"

请欣赏它的开头与结尾。

开头

36年前,一个人与另一个人握了一次手。

26年前,另一个人连真名也不能说地去了;这一个人后来知道后,精神便有些失常,不久便也去了。

他们死于一场名叫"文化"的"革命"。

这一个人是个北京的掏粪工人,叫时传祥。

另一个人是共和国的主席,叫刘少奇。

结尾

采访时传祥老伴崔秀庭老人时是一天傍晚。

住着挺宽敞的三居室的老人指着去年春节时73岁的王光美来家看她的合影,便说起了李瑞环、倪志福等时常来看她的事,然后就一定要记者在她家吃饭。家里除了一台电视机外,再也看不出还有什么值钱的东西。这位解放前因老板不让时传祥回家,便抱着大公鸡"拜堂"的老人头脑极清楚,但也说不出什么"闪光"的话,多是看着儿女们与记者谈。可儿女们也多是一味地让菜……当听到要写时传祥时,老人挺激动,同时也有些黯然:"现在实实在在干活,本本分分做人还时兴吗? 你写劳模还有人看吗?"

记者默然。

几天前,记者与几位挺有身份的人士聊天。有人问"忙什么?""在写时传祥。"大家就笑。后来其中一位单独对记者说:"现在赚钱再多的人内心深处也都有一种感慨——大家都能像时

---

① 郑保卫.新闻学导论[M].北京:新华出版社,1990:167.

传祥那样正直、敬业、实在,该多好!"

时传祥是一名普通的掏粪工人,也是全国著名的劳动模范。他的事迹在那个年代广为流传,甚至引起一阵不小的"掏粪热"。在《寻找时传祥》一文中,记者抓住他和刘少奇之间的一段珍缘,从这个角度来报道两个人之间的关系,写得平白朴实而又十分感人,而且有散文化的写法。

记者报道这个新闻的另一个独特角度是,在结尾处让记者"我"走入稿件,在与别人的聊天中,记下了他人的一段话,并以此作结束。这种结尾的角度与众不同,增加了记者的主观感受,妙处在于又一次形成了两个人之间的关系,从第一段中刘少奇与时传祥的关系,到现在,最后一段记者与时传祥的关系,其实也延伸到现在,人们与时传祥的关系,就像结束时,记者写到的,"后来其中一位单独对记者说:'现在赚钱再多的人内心深处也都有一种感慨——大家都能像时传祥那样正直、敬业、实在,该多好!'"

可见,在这篇报道中,独特的报道角度,不仅增加了新闻的鲜活性,而且既客观真实,又立意深远。

二、不忘记读者角度

记者在采访中要有意识地提醒自己通俗化,这是一个读者服务的报道角度。

记者采访了有关专家学者、有关部门,把一件事情弄清楚之后,就要注意在新闻报道中,选取一个和读者接近的角度,把这次采访事实联系起来,甚至找到一个独特的角度,把采访中涉及的一些专用的、专业化的名词术语,转化成百姓能搞清晰,弄明白的通俗化的小故事。换句话说,记者要有读者意识,不忘读者角度。

1. 消化行业、专业术语

很多记者自己采访新闻事实,弄明白之后,却忘了从读者感兴趣、看得明白的一个角度把新闻报道出去。这就要求记者有强烈的读者意识,时刻提醒自己是读者的代表,是有了一个难得的机会,来代表不能进入现场采访的社会大众报道他们关心的事件。采访中要注意消化一些令大家头痛脑胀的阅读障碍,即行业、专业术语等。在采访写作中,这一个替读者着想、为读者服务的举动是可贵的,也是每个记者都应具备的常识。

2. 专业报道应考虑接近读者的生活

神六飞天是重大科技报道,在这一系列的报道中,记者如何找到新意,与财经挂钩、与读者生活挂钩呢?

《北京青年报》财经理财版的记者梅楚英,在 2005 年 10 月 17 日神六顺利着陆之后,发表了一篇报道,其主题是《神六上天 航天选题邮票行情升温》,副题是《具有潜在的市场价值 市场价格仍相对偏低 存在明显的建仓机会》。

在这篇报道中,记者抓住了神六飞天成功这一动因,报道的是邮票行情,可谓角度独特。报道指出,中国航天计划实施是 21 世纪高科技的重要体现,这将对航天选题的邮票市场价格起到十分重要的拉高作用。考虑到航天选题邮票和航天选题的纪念封具有一定的潜在市场投资价值,且当前其市场价格仍相对偏低,故航天系列邮品将存在投资建仓的好机会。

这篇报道抓取了科技新闻的财经角度,与百姓的财经生活联系起来。同时,在这篇报道中,详细分析了我国航天主题邮票、纪念封、明信片等多种邮品的发行年代、枚数和市场价格,可读性很强。读者看了报道一下子就会明白,没有什么阅读障碍。

2005年11月11日,北京奥运吉祥物"五福娃"面世,许多媒体的记者开展了大规模的报道,不少媒体记者抓取了这则体育新闻中的财经角度。比如《新京报》2005年11月12日推出报道《五福娃将能招财40亿元》,从五福娃的产品分析、市场分析、行情发展等诸多方面向读者进行了介绍,效果很好。

3. 从硬新闻角度转成软新闻角度

一般说来,硬新闻常指题材严肃,着重思想性、指导性和知识性的政治、经济、科技等新闻,像政治变故、战争、重大犯罪、意外事故或灾难性事件、重要的劳资纠纷,等等。硬新闻要求记者要以最快的速度,简单明了地报道新近发生的国内外重大事件及事物发展过程中的新动态,强调时间性和动感。硬新闻重在迅速传递信息,多为动态新闻和现场报道。

软新闻常指新奇的、娱乐的新闻,人情味较浓,写作风格轻松活泼,易于引起读者感官刺激及视听兴趣。

软新闻的主题不重大,但有趣,不枯燥,读者爱看,富有人情味、故事性。软新闻重在引起读者兴趣和情感呼应,常用"散文笔法",文笔生动活泼,富有情趣,风格多姿多彩。

软新闻也叫花絮新闻、小故事。

比如,报道国家领导人的国事活动,是硬新闻范畴,如果换成领导人生活情趣内容的报道,就是软新闻。

4. 从人情化角度提问

记者在提问时,除了找到正规的专业提问角度,也要换思路,多从人情化角度提问题,这样写作时就有存货在手。

2002年8月11日,霍金来中国,答记者问的时间是1小时左右。从记者提问到翻译成英文,他可以回答的问题不可能很多,而现场采访的记者却很多,因此,要争取到向科学家提问,其前提就是设计好独到的问题,超越其他媒体记者的寻常角度,同时又是读者关心的话题。

文汇报记者万润龙抓的角度,不是大家关注的霍金的科学家身份和工作业绩,而是有关霍金生活情感的一个问题,他提问说:"霍金先生,您所经历的磨难是常人难以承受的,而您对人类作出的贡献也是超越常人的,除了享受科学研究成功的快乐之外,您最大的快乐是什么?"

结果,在记者们向霍金所提的80多个问题中,它脱颖而出,被霍金选中,成为十个必答的问题;而在8月11日下午4时,在霍金面对记者准备回答问题时,他又临时决定取消其他记者的两个问题。万润龙的这个问题霍金则乐意回答,他的答案是:"我热爱生活,享受生活,我从音乐和我的家庭得到巨大的欢乐。"

三、负面新闻可转向正向角度报道

记者在采访中经常会遇到各种负面新闻,过去常称为负面报道,或是曝光报道。记者不是不能报道这些新闻。本书建议,对于负面新闻不妨换个正向角度来报道,即在指出问题的同时,重在措施的改进。这样的曝光报道既有内容,又有深度,更有社会各方可触摸的温度,也有促进问题解决的力度。

例如,一个地方花钱花力气,建设美丽乡村。结果辛辛苦苦完成的政绩,却被指为"涂脂抹粉"的形象工程,被视为不尊重农民意见,"拍脑瓜"而来的"绣花枕头",这种新闻报道算不算是负面报道？

按惯常的思维，当然算！

2014年7月21日，刊发在《人民日报》一版的微调查《农民要的不一定建 建的农民不一定要 建美丽乡村 要把准群众的脉》，就是这样的一篇"负面报道"。

然而，难能可贵的是，这篇报道在陈述时弊的同时，转变报道角度对焦点，找措施。记者叶琦、侯琳良抓取黄梅村和廖家冲村的"逆袭"当作标本，予以分析，进而提出"强村富民，才能真正美"，为美丽乡村建设点明旨归。

人民日报记者程远州分析同行的这篇报道时说："我们不能一遇到'负面'就想着变成了'刺头儿'，以侠客自视；也不能怕事躲事，当作没事儿，以歌颂为己任。正确的做法是秉着干事的态度，就事论事，以建设性为追求，那么'负面报道'也就不称其为负面了。记者的报道成为了资政所由，自然也能够得到相关方面的认可和支持。《农民要的不一定建 建的农民不一定要 建美丽乡村 要把准群众的脉》这篇报道，正是凸显了建设性，显示出了促进事情解决的诚意和善意，从而释放了正能量。这，应当是我们的追求。'负面报道'，却释放出巨大正能量。究其原因，只有一点，即抱着一颗解决问题的心去采写新闻。唯有如此，才有冷静分析、公允表述，才能切中肯綮，提供镜鉴，从复杂事实中，寻得良方，给问题提供解决之道。"[①]

本书特将此稿摘录如下，供大家学习参考。请看报道——

农民要的不一定建 建的农民不一定要 建美丽乡村 要把准群众的脉

本报记者 叶琦 侯琳良

"政府喜欢花'冤枉钱'，搞政绩工程，大家伙儿觉得没奔头。"——一位农民的牢骚

"有农民习惯'睡大觉'，等政府包办，建设美丽乡村缺劲头。"——一位官员的无奈

记者在安徽、湖南等地走访发现，在美丽乡村建设过程中存在着"政府建，农民看""政府干，农民烦"等现象。为何？原来是因为政府没能把准群众的脉，"政府建的不一定是农民要的，农民要的政府又不一定建""两张皮"问题亟待破解。

涂抹面子：

政府埋单，村民不买账

"村里的年轻人大都去了江浙打工，留下老人和小孩。村里没怎么和村民商量，就开始在墙上涂涂抹抹，对这样的形象工程，大伙儿都有意见。政府还不如把资金给我们当日常补助。"针对当地的美丽乡村建设，安徽南部某县的一位村民说。

政府埋单，村民不买账。皖南山区的一些村庄，村里人对"涂脂抹粉"的美丽乡村建设没有兴趣，也不支持。

在湖南，一些地方政府采取"穿衣戴帽"的方式，整齐划一地整治房屋，试图扮靓乡村。这让很多农民不解："好好的房子给拆了重建，好好的道路给挖了再修，乱折腾！"

地方政府也有怨言。湖南一位市委书记坦言：对于美丽乡村的各项建设，农民呼声很高、要求很高，但参与度却很低，很多村民都指望政府来"包办"。

问需于民：

因地制宜，落后村逆袭

"村民不买账，跟政府没有把准群众的需求有关。"安徽省安庆市罗岭镇黄梅村党总支书记

---

① 程远州."负面报道"也能释放正能量.人民日报社业务研讨,2014.

汪小神告诉记者。走进黄梅村,楼房白墙红瓦、错落有致,道路敞亮整洁。村民黄大哥告诉记者,一年前,这里还是一片脏乱差。

原来,黄梅村吸取其他地区的教训,在美丽乡村建设过程中,问需于民,因地制宜,各村民小组分别建立起了村民理事会,让村民自我管理、自我决策、自我监督、自我服务,破解了许多"政府管不到、干部管不了、社会无人管"的老大难问题。

实现"逆袭"的还有湖南石门县子良乡廖家冲村。以前,但凡哪家娶媳妇或者嫁女儿,成家后必然是搬出村去居住;如今,青年男女成家后,都纷纷在廖家冲建房安家。为啥?廖家冲现在是全乡人人向往的宜居村庄。原来,该村抓住建设美丽乡村的契机,在村里广纳民意,制定了一本《村规民约》,改变就慢慢开始了。

夯实里子:

强村富民,才能真正美

采访中,不少基层干部深有感触,依靠政府资金支持,村容村貌等"面子"的改善容易出成绩,但只有带动"里子"的发展,即农民增收和农村变富,才能实现美丽乡村的长效管护。

在湖南攸县网岭镇里旺村,"人人参与、人人受益、人人共享",是该县推进城乡环境同治的一把总钥匙。环境整治不仅带来了乡村新貌和宜居环境,也带来了新的工作机会和创业机会。

在安徽定远县池河镇岱山新村,73.5亩特色种植区、12.5亩景观塘、桃花岛农庄等特色农业已初具规模。该村统一金融支持引导,成立示范点土地流转合作社,扶贫开发与特色产业发展齐头并进,形成了以富民为基础的美丽乡村建设模式。

在这篇微调查中,两位记者毫不讳言地指出,安徽、湖南两地在美丽乡村建设过程中存在着"政府建,农民看""政府干,农民烦"等现象,并将之定性为"政府没能把准群众的脉",但是报道角度显然不是曝光问题。积极探求对策才是报道的重心所在。

约稿时,人民日报社一版编辑曾跟叶琦和侯琳良两位记者反复沟通,达成一致——咱们做"负面报道",不是一味逐臭,为曝光而曝光,而是切实从政府工作的角度、从百姓需求的角度考量问题,寻求解决。

正因如此,这篇稿件行文处理得巧妙,一没有回避问题,二没有一棒子打死,三给人以出路。虽是"负面报道",但充满了正能量,不失为一篇角度新颖的稿件。

这篇报道之所以值得分析借鉴,正是因为它提供了看待"负面报道"的另一种视角,即"负面报道"的正向传达,让读者从问题中读出希望。

四、在突发性事件新闻的进展中抓不同角度报新闻

单一事件新闻采写抓角度可按以上所说的方法去做,本节再说一下在突发性事件新闻中,记者如何根据不断呈现的新闻事实,抓不同的角度报新闻。

突发事件一般会涉及许多方面,记者在同一时间内抓新闻的角度不同,报道内容就会不同。一个记者无法同时分身,作出不同的采访,在选择报道角度时,一切由记者现场所掌握的新闻线索而定。

2010年3月28日,山西王家岭矿难发生。各路记者云集王家岭,本书摘出2010年4月7日一天的不同时间段、不同媒体记者或编辑在各自新闻网上发出的稿件,体会一下各自的报道角度。

稿件一：

2010年4月7日上午9点49分，人民网《人民日报海外版》发表时评，题目是《王家岭矿难"幸存"了什么？》，作者是人民日报社高级编辑李泓冰。请看报道——

矿难，又是矿难。

3月，接踵而至的数起矿难，让国人的心再一次揪紧。这些年来，随着新闻进一步的透明公开，越来越多曾经不为人们所知的矿难大白于天下，政府、媒体和公众也开始联手问责。然而，我们还是无奈地看着一群又一群的矿工消失在无情的矿难中。3月28日发生的王家岭矿难，由于违法违章操作，153条生命被困，8天8夜没有消息。我们心灰意冷地以为，这又是一个没有新意的悲怆故事。

生命的奇迹发生于这个清明节，115名工友相继获救。看着镜头前疲惫不堪却喜极而泣的救援人员，看着担架上被蒙着头的获救工友用两只露出棉被的污黑的手在轻轻鼓掌，所有人都在为他们、为生命的坚韧与顽强喝彩。

王家岭矿难的生命救援，还"幸存"了什么？

迄今为止，9天9夜，王家岭大营救始终坚持不抛弃、不放弃，众多高官奔走往来，各种救援方案层出不穷，救援人员艰苦奋战，要人要物绝不含糊，让国人目睹，什么叫"不惜一切代价"。黄金时段，电视中断其他节目，全程全天播出救人经过，国人与被困者的亲人同样牵肠挂肚。在这样的时刻，从上到下，万众一心，抱定一个信念：生命高于一切，工友的生命就是无价之宝，值得用任何代价去换。

是的，王家岭大救援的历程，是一次对生命的顶礼膜拜，不折不扣地实践了正日益成为社会共识的价值观：以人为本。

全国媒体及公众异乎寻常逐日关注着工友们的命运：抬出"生命之门"了，能喝米汤了，给亲人打电话了……获救工友的每一个细节，都让媒体和公众兴奋。这让人想起苏联影片中列宁病况的逐日播报和公众为他每一点康复细节而沸腾的情形。那是至高无上的领袖，而这是曾经卑微得被公众忽略的普通矿工。然而，在生命的天平上，他们是平等的。工友们的每一条生命和领袖一样重于泰山，足以令整个共和国为之震撼。

我们并非一向习惯于这样的情形。

在很长一段时间里，国旗只能为领袖的逝去而降。汶川大地震之后，首开共和国为平民的群体性死亡而降半旗之先河，平民生命的尊严让举国俯首，人道主义归去来兮，共和国从此对所有生命一视同仁。

而王家岭的生命救援，又是一个里程碑。在这9天9夜之中，党和国家各级决策者、全体公众与最基层的被困矿工及其家属，心意相通，心手相连。本来，共产党官员和基层百姓之间，就应该是这样一种血脉相通的感情。如今，为了矿工的生命，"不惜一切代价"的承诺，让公众温暖、安心，彼此信赖。

这一切，是王家岭矿难"幸存"下来的最弥足珍贵的情感和价值回归。甚至可以说，这是一次举国进行的生命教育，有了对生命的尊重，有了彼此生死相托的信任，有了上下一心的凝聚力，什么样的生命奇迹都可能发生。

我们同时希望，为了彻底终结矿难，我们的安全生产监察系统、行政执法系统，在平时也能以"不惜一切代价"的决心，让违规违法生产的矿山，无所遁形。唯有如此，我们才可能减少大难临头时付出的惨重的代价，特别是最可宝贵的生命代价。

稿件二：

2010 年 4 月 7 日下午 15 点 35 分 7 秒，《华商报》网络版发表特派记者陈团结从山西发回的摄影报道《八旬老翁骑车看望救援队》。请看报道——

"救援队的英雄们，辛苦了！"昨日，一位满头银发的老师傅推着自行车来到王家岭煤矿救援现场，送上了几副红对联：党中央和矿工心连心，救援队恩情比海深……

老师傅叫贺元家，今年 82 岁，山西省河津市人。贺元家老人说，自己家距离矿区有 40 公里路程，他早上 8 点多出门，由于地处山区花了 5 个多小时才到现场。

送完对联后，工作人员留老人吃个便餐时，老人说自己带有干粮和水，不给抢险救人添麻烦，说完推着自行车离开了。

（本报特派山西记者 陈团结 摄影报道）

稿件三：

2010 年 4 月 7 日 16 时 19 分，中新网发表中新社记者发回的报道《近万人坚守王家岭救援现场 一救援人员因劳累过度昏厥》。请看报道——

"累，怎么不累呀？！"老家吉林榆树的救援队员王建华说，事发时他们就过来了，至今没下过山。"看见有幸存者，浑身都充满了劲。"他说，只有待命时才感觉到浑身累。

他的同事王永红也表示，这是第一次参加大的救援活动，每天都是下井、吃饭、再下井，最长的时候一天工作 20 来个小时，"最希望的是赶紧把人救上来，好好睡一觉"。

7 日，山西王家岭煤矿透水事故进入第 11 天。当天，一名救援人员在下井前感到身体不适晕倒。

当时，他在整理准备下井用的装备，突然感到胸闷、不适。随即，他身旁的 5 名工友用担架将其运至百米外的救护车上，送往山西河津当地医院救治。工友们说，这名救援队员叫杨帆，三十来岁，此前，已连续 30 个小时在井下参与救援，由于劳累过度而出现了昏厥和身体不适。

从 3 月 28 日 13 时 40 分左右发生事故，截至 7 日中午，首批救援队员工作的时间已超过 240 小时，其劳动强度超出平时的 3 倍。目前，救援队员仍然在全力搜救 31 名被困矿工。

中新社记者中午在救援现场看到，四周环山的王家岭已不象刚开始那样喧闹，疲惫之色写满整个山坳。据了解，目前 11 支 300 多救援队员取消轮班制，全员待命。此次事故新闻发言人刘德政透露，估计目前现场的救援、安保、医护、后勤等加起来有上万人，一直在现场坚守。

稿件四：

2010 年 4 月 7 日 20 时 59 分，新华网发表记者的新闻电话稿件，题目是《"一日七餐"王家岭矿透水事故获救工人吃饭香》。请看报道——

新华网太原 4 月 7 日电 擦擦嘴巴，龚长中接过医生递过来的第三碗饭，"真香！在井下的第七天，饿得实在不行了，我和工友们都吃起煤坨儿（煤疙瘩），那可不怎么好吃。"

46 岁的龚长中来自河南，在王家岭矿透水事故中，曾通过在钻杆上绑一截铁丝向地面救援人员传递"生命信号"。5 日凌晨获救后，他和其他 59 名获救工人 6 日被运至位于太原的山西医科大学第一医院、山西医科大学第二医院和山西省人民医院接受治疗。

在山西医科大学第一医院，记者正赶上获救工人们吃饭。记者在现场看到，工人们有的自己吃，有的被医务人员喂着吃，每个人都吃得津津有味。

山西医科大学第一医院营养科副主任医师孙萍说，目前在此治疗的 20 名获救工人由于长时间没有进食,肠胃功能比较弱,尽管大部分人有饥饿感,但是由于消化功能的恢复需要一个过程,目前只能按照"少量多餐、逐步增加"的方式来进食。

孙萍表示,病人的恢复进程较快。6 日,为了促进消化,他们的食物以"汤水"等流质为主;7 日午饭时,医生就开始为部分病人喂食汤面等半流质食物。为了增加营养,加快身体恢复,医生对他们实行"一日七餐制"。

孙萍透露,截至 7 日 12 时,20 名接受治疗的获救工人中只有一名成功排便,他们身体完全康复尚需时日。

稿件五:

2010 年 4 月 7 日 21 点零 6 分,中国新闻网发表记者发回的新闻稿件,题目是《心理疏导已介入 王家岭获救矿工病情稳定》。请看报道——

中新网太原 4 月 7 日电(聂晶梅)住在山西医科大学第二医院心胸外科监护病房的王家岭获救矿工目前整体病情稳定,今天上午已能进半流食。

上午 11 时,山西医科大学第二医院召开新闻发布会,李荣山副院长和消化内科主任王琦接受媒体采访。

李荣山介绍说,从昨天中午入住到现在,山医大二院救治组已经过四次讨论。由于每位矿工体质不同,饿了八天以后,各人的生理状况也不一样,且存在不同的病史,具体情况具体治疗。既要有共同治疗方案,又要有个体治疗方案。

"昨天下午 3 点多,专家组对这 20 名矿工进行了体检,又通过了讨论,现在部分化验结果已经出来",李荣山说。

"昨天所有人进流食,今天上午已经能进半流食。但还是不能让病人吃的太多。现在他们已经摘掉了眼罩。"

"目前心理疏导已经介入,有外伤的矿工也请了专家治疗,上肢疼痛的病人,正在进行药物干预,症状已出现好转",王琦说。

据了解,为全力救治王家岭获救矿工,山医大二院成立了医疗组、护理组、后勤保障组、综合协调组等 7 个小组。医疗专家组的的 17 位成员分别为血液科、神经科、内分泌科等以内科系统为主的经验丰富的医务人员。另有营养师、心理师以及 80 名志愿者服务队为矿工伤员提供全方位服务。

点评:

以上五篇稿件,具体报道角度的确不同,但总体把握的角度都是两个字——生命!这是每一位读者都关心的永恒的角度。所以无论是评论还是消息,都突出了珍爱生命,生命至上的主题。

具体到每一篇新闻内容,报道角度又各有不同。

第一篇时评《王家岭矿难"幸存"了什么?》,作者站在全局角度,看待历年灾难总救援情况和社会各界的反应,针对这次王家岭矿难,梳理出它的里程碑性质,那就是国家政府和社会的以人为本理念和人性主义的回归——为了矿工的生命,"不惜一切代价"的诺言与行动,让公众温暖、安心,彼此信赖。

第二篇《八旬老翁骑车看望救援队》,讲了一个小故事,82 岁老人送去对救援队的感恩和支持,几副红对联虽薄,却情深意厚。文中还有一个细节是老人自己骑了五个小时的自行车,自备干粮与水不愿给救援队添麻烦。这个小事可不小,见到的是普通百姓对救援队的珍爱之情,体贴之意。可以说,这个角度报道出群众自发的对生命救援的赞歌。

第三篇《近万人坚守王家岭救援现场 一救援人员因劳累过度昏厥》中,记者眼中的 11 支 300 多救援队员取消轮班制,超负荷工作,强度是平时的 3 倍,现场的救援、安保、医护、后勤等加起来有上万人,一直在现场坚守。这个角度挖掘的万余救援人员集体的力量,他们对 31 名被困矿工生命的不舍不弃与坚持努力!

第四篇《"一日七餐"王家岭矿透水事故获救工人吃饭香》,报道角度聚集一名河南信阳籍的 46 岁矿工龚长中身上,医院对他的特别治疗,其中饮食原则是一日七餐,读者非常想看到这样的新闻,关注被救出来的矿工生命进展状态。当然,记者这篇报道中不忘记交代,其他 20 名在山西医科大学第一医的获救工人也和龚长中一样被照顾得无微不至。

第五篇《心理疏导已介入 王家岭获救矿工病情稳定》,关注的是获救矿工饥饿八天之后经住院治疗病情逐渐稳定。记者特别抓取心理疏导内容,角度新颖,读者爱看,也愿意让这些获救矿工尽快从灾难阴影中走出,身心俱健。

记者采访写作因人而异,报道角度因采访线索、采访进展而有所不同。采访写作没有定法可循,报道角度亦无定论可言,一切皆源于记者鲜活的新闻实践与经验的积累。"三贴近","走转改",尊重读者,尊重事实,尊重职业道德,自然会在记者的采访中体现出别开生面的角度。

思考题

1.记者采访和写作的五个要害是什么?

2.记者在采访写作中如何抓典型?

3.谈谈你对采访抓故事的看法和认识。

4.记者在采访写作中如何处理数字?

5.在抓取报道角度时,你有哪些不同的看法?

6.记者在采访写作中如何获取细节?

7.细节在新闻报道中有哪些作用?

8.用所学的采访与写作的这五个要害,进行一次具体的采访,谈谈你的采访写作体会。

第四章

用事实说话和新闻写作基本要求

著名生理学家巴甫洛夫曾在《给青年们的一封信》中说，"要研究事实，对比事实，积聚事实。无论鸟翼是多么完美，但如果不凭借着空气，它是永远不会飞翔高空的。事实就是科学家的空气，你们如果不凭借事实，永远也不能飞腾起来。"

这句话同样适应于新闻采访与新闻写作。

事实也是新闻记者如果不凭借"事实"这个"空气"，那么其职业生涯就难以维系。用事实说话是新闻报道的根本原则。

除此之外，新闻写作的基本要求有五点，它们分别是真实、新鲜、快捷、简明、生动。

第一节　什么是用事实说话

用事实说话即记者在采访写作时，用所选择的客观事实，来叙述描写新闻事件本身的状态及信息含义，用事实本来面貌来反映事实，不是根据希望和想象来反映现状。

新闻报道的根本手段就是用事实说话。

一、用事实说话的含义

用事实说话一般有以下两层含义：

一是记者采访写作的新闻与新闻事实本身的关系，应该是"事实第一，报道第二"。报道是对事实的反映。

虽然在采访和写作时，新闻报道不可避免地表达了记者的主观看法，但在报道形式上仍要表现出客观公正，以事实为主，记者的新闻报道主要靠的是对事实的描写、叙述，以事实为基础。

记者切忌在新闻报道中大加议论，大抒其情。这样一来，势必误导读者对此事实的理解和认识，或者说这样写新闻，读者会被记者的意见所左右，无法作出自己的判断，从而使一些敏感和聪明的读者对记者的报道产生极度的不信任感甚至是反感，继而不信任记者身后的媒体。

二是如果记者不得以发表对此新闻事实的意见和看法时，或者媒体及记者在此报道中要有所寓意时，其表现方法也应是含蓄的"用事实说话"，即通过对事实的取舍、详略和结构的安排,以及某些引语的使用来借他人之口说己之言。很明显,在记者写作新闻时,对事实的选择本身,就是一种无形的意见表达。

被称为中国历史上的第一位记者的司马迁说过,在自己关于《史记》的写作中,他遵守的是"实录"方法,即

服其善序事理,辩而不华,质而不俚,其文直,其事核,不虚美,不隐恶。

司马迁的"实录"方法同样适用于新闻写作。

"实录"就是"用事实说话",一是一,二是二,记者在采访中"不虚美,不隐恶",就能在报道中,"服其善序事理,辩而不华,质而不俚,其文直,其事核",就能真实准确地反映新闻事实。用事实说话是新闻记者采访写作的"尚方宝剑"。

二、案例分析

《中国海洋报》1999 年 8 月 3 日刊登了一则《海上对话》,请看内容:

下面是一份真实的海上无线电通讯的副本,记录了 1995 年 10 月 10 日,在加拿大纽芬兰岛附近海域,一般美国军舰和加拿大人的对话。

美方:为了避免相撞,请将你们的航向向北调整15°。完毕。

加方:为了避免相撞,我们要求你们将航向向北调整15°。完毕。

美方:这是一般美国战舰的舰长在和你们通话。我们再说一遍,请你们调整航向!

加方:重复,请你们调整航向。完毕。

美方:这里是航空母舰"林肯号",美国大西洋舰队的第二大舰只。另有 3 艘巡洋舰、3 艘驱逐舰和若干支援艇护航。请你们将航向向北调整15°,重复,是向北调整15°,否则我们将采取必要的手段,以保证"林肯号"的安全!

加方:这里是一座灯塔。完毕。

这篇报道记者采用的是"实录"的文体,将现场实际情况原汁原味地表现出来,看似不动声色,其实这也是在用事实说话——

利用一份真实的海上无线电通讯的副本,用再现场景表达了一种意见。这种意见不是记者诉说出口的定论,而是读者看完报道哑然一笑,自己要下的结论,读者怎么下都可以。

不妨仔细体会这篇海上对话字里行间的意味,其中大有深意。

一位美国军官,挟强大特遣舰队,又不对附近海域的海图做起码的研究,竟然命令加拿大的一座灯塔为"林肯号"航母让路,其霸气十足。这件事件似小却不小,《中国海洋报》在编发的时候,未加一句评论,却给读者更广阔的联想空间。这种效果正如司空图所说,"不著一字,尽得风流"。

三、注意事项

①新闻采访写作中用事实说话,说的是"实话""真话",切勿流于空洞。

这里的"说话",首先是不讲"空话",要用事实表现事实;其次是寓理于事,通过事实的逻辑说明问题。需要特别指出,新闻要用事实说话,绝不是所谓"观点加例子",不是把事实仅仅作

为例证来阐述某一观点,而应当把观念隐藏在对事实的报道之中,使人们在接受事实的同时接受记者的意见。①

②用事实说话并不排斥议论。

有时,到位的一句两句议论,可以起到画龙点睛的作用。关键是不能夸夸其谈,用笔过多,而且要不突兀,不生硬。请看1945年9月,美国记者比加特报道的新闻《日本签字投降》。

本报9月2日电(发报地点 东京湾美国"密苏里"号战舰上) 今天上午9时零5分,日本外相重光葵在无条件投降书上签字。日本终于为它在珍珠港投下的赌注付出了代价,失去了其世界强国的地位。

重光葵步履蹒跚,拖着木质假腿来到铺着粗呢台布的桌子旁,桌上放着投降文件,等着他签字。如果人们不是对日军战俘营中的暴行记忆犹新的话,也许会不由自主地同情重光葵。

他把全身重量都压在手杖上,好不容易才坐下来。他把手杖靠在桌子旁,然而,在他签字的时候,这手杖倒在甲板上。

道格拉斯·麦克阿瑟将军致词后,作了一个手势要重光葵签字,他们两人没有说一句话。

麦克阿瑟代表对日作战的国家签字受降,乔纳森·温赖特中将和珀西瓦尔中将在他两旁肃立。温赖特中将在科雷吉多尔岛失守后被俘,长时期的战俘生活,把他折磨得憔悴不堪。珀西瓦尔中将在大战中另一个不幸的日子里放弃了新加坡,向日军投降。

两位中将在场,使人们不由得想起,1942年上半年,我国处于几乎无可挽回的失败的边缘。

日本代表团由11人组成,他们衣着整洁,表情悲哀。重光葵身穿早礼服大衣和带条纹的裤子,头戴丝织高帽,双手戴着黄色手套。在"密苏里"号军舰上,参加整个仪式的任何一方都没有同日本人打招呼,唯一的例外是日本外相的助手,有人同他打招呼,是因为要告诉他在哪里放日本请求无条件投降的文件。

当重光葵爬到右舷梯顶端,登上"密苏里"号甲板时,脱掉了他的高帽子。

这篇报道不足600字,生动地记录下日本投降签字这一重大新闻事件。整个报道运用的就是用事实说话的方法,抓取现场的场景及细节,给读者留下深刻的印象。其中,有两段议论并没有喧宾夺主,而是相得益彰,读者并不排斥这样的议论。比如,在第二段导语的末处,记者有一段议论,"日本终于为它在珍珠港投下的赌注付出了代价,失去了其世界强国的地位。"这是美国记者比加特的主观议论,但是却引起广大读者的共鸣,"珍珠港"事件是美国的耻辱,日本投降终于让这个耻辱有了洗刷。这个议论恰如其分。

在第二段中,记者描写日本外相重光葵走到桌子前的情景。他步履蹒跚,拖着木质的假腿,如果他不是日本外相,真想上前帮他一把。相信读者也有这样的念头,这时,记者发出了感叹,"如果人们不是对日军战俘营中的暴行记忆犹新的话,也许会不由自主地同情重光葵"。这个感叹是人之常情,合情合理,能够与读者引起共鸣。

由此可见,用事实说话并不排斥记者适当的议论。

③注意报道平衡。

记者运用"用事实说话"的前提是新闻报道的客观、公正、全面。这就涉及报道平衡问题。

---

① 张默.新闻采访写作[M].武汉:武汉大学出版社,2000:277.

事物有正、反、中立等多个方面,多种情形,对于这种事实的报道不能畸轻畸重,要力争做到让各方都说话。记者应客观报道,让读者自己下结论。记者只是事件的记录者,绝不是事件的裁判员。

④要明确注明消息来源。

写明消息来源,是用事实说话的一条重要经验。

特别是对那些阐明事件的原因、预示事件发展趋势、提示事实之间内幕联系的事实,一般要注明消息来源。对于重要的事实,注明消息来源可增加新闻的分量,消息来源本身也是重要事实。对于有争议的、容易引起怀疑的事实,注明消息来源可增强新闻的可信性,同时也利于读者对这些事实进行分析、判断。对于那些一时得不到官方证实、又十分重要的新闻事实,每句话都应注明消息来源。①

第二节 用事实说话的表现方法

记者在新闻写作中,要坚持用事实说话这个"法宝"。广大新闻记者在自己的新闻实践中,反复使用,屡试不爽,获得了较好的报道效果,也积累了丰富的写作经验。下面,详细介绍一下记者在写作新闻时,采用用事实说话的表现方法。

一、选择事实

我们知道,记者采访而来的新闻事实可能涉及方方面面,素材也是很多的,但不可能尽全尽美地都包含在记者写的稿子里。

这是为什么?

任何稿子都不可能包罗万象地表现新闻事实。再加上,由于时间、字数的限制和媒体编辑的版面或栏目的要求,记者采访中获得的较宽范围的事实材料,成稿后显现在读者面前的有可能只是十分之一或者更少。这里面必然经过一道筛选的工序,那就是新闻事实的选择。任何新闻都是有选择性的,绝对客观的新闻是不存在的。这是一个常识。选择新闻事实决定了写作的多样性。

毋庸置疑地,选择事实是每一位记者写作新闻时的一道关卡。选择什么样的事实,就会形成什么样内容的报道,读者也会基于记者的这篇报道提供的信息形成自己对此新闻的认识和理解,而且,对于同一个新闻事实,基本上没有两篇一模一样的报道,每个记者都有自己的报道角度和主观选择。这也是各个媒体共存的需要,也是记者竞争的需要,也是记者独特写作风格展现的不争的现实。

一般情况下,对于新闻事实的选择,记者会有一定的共性选择,其主要内容如下:

他们都会选择新闻事实中最有意义、最新鲜、最生动的事实,都会选择能够反映一定主题思想的新闻事实。

但是,在此基础上,每位记者写作此新闻时,由于个人经历不同、媒体报道思想不同、记者

---

① 杜荣进.中外新闻采写借鉴集成[M].杭州:浙江教育出版社,1990:86,87.

现场的观察不同、感受能力不同、节目或栏目定位不同、稿件长短不同等因素的限制,记者最后形成的新闻作品就会各有特色,其用意也各不相同。

二、再现记者中立的采访过程

①具体地说,就是在新闻报道中经常用"记者看到""记者了解到""记者注意到""记者发现""记者通过电话采访"等字眼,来传递作为中间立场上的记者通过采访获得的新闻事实。

比如,《中国青年报》2003 年有关中秋节当天月饼销售的一篇报道,题目是《百姓抢购降价月饼 卖不出去的将进养猪场》——

本报北京 9 月 28 日电(记者王亦君) "大杀价,大甩卖吧,买一赠三,原价 100 元一盒的月饼现价 100 元四盒啦!"今天晚上 6 时 30 分,在北京一家超市的台阶上,一溜排开着五六米长的桌子,上面摆满了大小不一的月饼盒,销售小组扯着嗓子,拼命吆喝着。

北京爱巢食品有限公司生产的每盒 6 个装的月饼,原价 100 元一盒,现价 25 元一盒;原价 168 元带刀叉的 8 个装月饼,现价 69 元。北京金凤城工贸有限责任公司生产的原价 368 元带一瓶红葡萄酒的 4 个装月饼,最低价 138 元。

记者注意到,几乎每一个路过的行人都会停下来看看。

在机关工作的冯先生下班后路过,买了两盒原价 100 元现价 25 元的月饼。"每年都这样,中秋节当天价格降得最厉害,昨天也降了,每盒 40 元。买回去自己吃,今天买更划算。上个星期买了几盒 200 多元的,都是送人的,自己吃不看包装,质量好就行。"

很多给自己家里买月饼的人,都特意等到今天才买。商家把盒月饼去了盒子,用普通塑料袋包装,10 元 4 块,是记者目睹卖得最"火"的月饼。

销售人员袁先生告诉记者,每年中秋节当天,公司都会把卖不出去的月饼降价销售,"最好卖的是价位在 60 元到 100 元的月饼,送人、留着自己吃都合适,团体购买这种月饼的也最多"。他们公司今年也制作了一种标价 1000 多元的盒装月饼,搭配派克金笔等礼品,也卖出去了几十盒。

今晚一过,明天就不会有人买月饼了。"剩下的这些,每年我们的处理方法是销毁或者卖给养猪场。"销售人员透露。

这篇关于中秋节当天卖月饼落价很低的新闻,采用的是记者观察、记者采访的角度来呈现事实。报道中有形象的售卖现场,有记者对售卖人员和行人的采访,有直接引语的运用,基本再现了新闻事实和记者采访的过程。

②记者通常用第三人称来写新闻。

第三人称即叙述的口吻、角度等,是第三人称的"他""她""他们",或者直接点到姓名,来进行叙述;在报道事件中有单位姓名的交代清楚之后,常用"这个地方""该单位"等来指代。记者抽离在事实之外,居于旁观者的地位,从而不给读者以压力,不是强加灌输给读者的。这样,记者的写作状况是清醒的、旁观的,给读者的报道也是如此。绝大多数的记者写消息时都是采用这种方式。

请看下面两则消息。

2006 年 10 月 18 日《新京报》发的一则社会新闻,主标题是《遛狗开玩笑"发小儿"挨 3 刀》;副标题是《笑称"狗是你侄子"激怒对方,行凶者已被批捕》。

消息是这样写的：

本报讯（记者 钟亿军 通讯员 杨轩 王红梅）因遛狗时的一句玩笑话，余某就将自己的"发小儿"李某扎成重伤。昨日，余某因涉嫌故意伤人，被石景山检察院批捕。

据了解，余某和李某是从小一起长大的邻居。检方指控称，今年5月29日晚9时左右，余某到马路边遛狗，遇到了"发小儿"李某也正在此处遛狗。期间，李某的狗大声冲余某叫，余某便对李某说："你家的狗怎么冲我叫啊？"李某开玩笑说："这是你侄子叫你呢。"余某听到这句话后，随手从裤兜里掏出一把折叠水果刀，冲过去向李某的肚子连捅两下，接着又向李某的大腿扎了1刀。事后，李某的爱人过来见丈夫浑身是血后立即报警。10月9日，余某被警方控制。

这篇消息就是记者采用第三人称写成的。记者用第三人称来叙述余某与"发小儿"李某因为遛狗时开的一句玩笑伤人事件。

③提倡用第三人称，并不否定第一、第二人称的运用。在特写、个人经历报道等文体中，记者使用第一、第二人称有时会令报道具有独特的魅力。

这些年来，直接使用第一人称"我""我们"来写作报道新闻不胜枚举，见惯不怪。这也是报道方式的一种变化，不要小看"记者看到""记者听到""记者了解到""记者发现"等报道字眼，到"我看到""我听到""我了解到""我发现"等字眼的变化。这种人称的不同，给读者的感觉是不同的。记者是中性的词汇，是抽象的概括的词，而"我""我们"则是第一人称，是生动的、个人化的用语，是独一无二的表述。

记者用"我看到""我听到""我感受到"的场面、情节、细节、故事等，来报道新闻，其感染力强，可以带着未到现场的读者进入现场，增强新闻的接近性。

现在，很多媒体记者发回的现场报道都采用的是第一人称。

有时候，新闻记者本人就是新闻事件的亲历者，或者在赶往新闻事件现场后，成为后续新闻事件中的目击者和经历者，因此，他们大多采用第一人称报道新闻。在这种被称为个人经历的报道中，记者主观感受强烈，现场观察别致，报道的冲击力就很大，具有很好的报道效果。

让我们欣赏一篇使用第一人称报道新闻的佳作《我们今天都会死去》。这是美国1974年4月4日《齐尼亚新闻报》的一篇报道，其独特的报道视角和真实感人的叙述方式，使它获得了普利策新闻奖。

我们今天都会死去

每当我思绪万千，想起这场旋风给我的城市及其居民带来的灾难的时候，我就会从现在起哭上一百年。

我比以往任何时候都更加体会到：现在，没有任何东西证明我的存在，除了世界上最宝贵的东西——我的生命，我孩子的生命，我妻子的生命！

我们今天都会死掉，就像许多人悲惨的命运一样。但是，我们活下来了，我们会重返家园并且继续活下去，连同我的城市，我们的城市和你们的城市。

这真是一场可怕的景象。将来某个时候，当我们（包括我在内）回想起今天的所作所为，就不禁会恶心，不寒而栗。

昨天，就在龙卷风刮起之前，我产生了一个奇怪的念头。这一奇怪的念头驱使我打电话给妻子，关照她就在我们唯一能挡风的地方睡觉。我们家就在阿罗里德街，距离沃纳初级中学只有75码远。

就在我挂过电话不到十分钟后，我们在无线电里听到了行政司法官代表的尖声叫唤："龙卷风穿过公路,到达第42街。"不知什么缘故,兰迪、布莱卡比和我抓起一架相机就冲到第二街他的汽车房(刚才我们还在互相说我们不会这样干)。

我们认为龙卷风就在城边。天啊,我们真是大错特错了!在五点交叉道口,我走下汽车,猛然发现几乎直立起来的龙卷风螺旋状风柱就在眼前,靠近圣布晨基德教堂。风柱四周盘旋着一些死去的飞鸟和乱七八糟的碎片,就像被一个魔鬼弄死和撕碎一样,而这个魔鬼像是等待了2000年,为了今年这场胜利。

我们又上了汽车,狂风在周围咆哮。我们设法避开龙卷风的路线。首先想到的就是,作为一个新闻记者,要尽快弄清发生的一切。想撒手不干也不行。

当我们快到辛辛那提大道时,我明白了——我们的家也遭了殃,劫数是难逃的。我们的汽车在公路上来回盘旋,想找一条到阿罗里德街的便道,但是,运气不佳。

后来,我找到了一个小男孩,他是我们报社副主编汤姆·麦凯瑟琳的儿子。他向我们指出了一条捷径,就在沃纳初级中学后面。

汽车拐弯时,我想,"不,上帝,不,不要再朝前走了,就像以往那样记住他们吧。"

房子被摧毁了。只有几堵墙还立着,其他的都塌下去了。看来,没人活下来,可是,就像一线阳光突然钻出云层,出现在齐尼亚从未有过的恐怖的上空,我突然听到了妻子的声音——她和我的一个半月的儿子,五岁的女儿,居然安然无恙。我从来没想到,我是多么深深地爱着她们!

我们家唯一的损失是一条德国种的短毛猎犬。它很温顺,名叫巴伦。我想,它是逃掉了而已。但愿有人会把它送还我们。

我赶快将妻子和孩子送到威尔明顿我父母那儿,又回来和成百上千人一道,通宵达旦地投入了救灾工作。

以下是一些自我牺牲、动人心弦的实例:

——人们不顾个人安危,竭尽全力将倒塌下来的木头搬开,以便抢救那些压在下边还可能有口气的人。

——齐尼亚市市长鲍勃·斯图尔特在全市有一半被毁的情况下,指挥了一次大规模抢救和清理,直到第二天早晨,还不知全家的生死如何。

——吉恩敞开店门向需要的人们供应热咖啡和面包。

当太阳升起时,这场龙卷风所带来的灾难在人们眼前一一呈现出来了。我十分憎恨这一切,但是我们还活着。而且大多数人都活着。虽然我们许多人都无家可归,但都想在废墟中挖出一点家中的东西,如家庭相册一类的纪念品。

我们要挖!我们要生存下去!该死的。

点评:

在这篇报道里,记者用第一人称行文,感情炽烈、饱满,充满了个人色彩的抒怀。起笔就是这样的口吻和情绪,"每当我思绪万千,想起这场旋风给我的城市及其居民带来的灾难的时候,我就会从现在起哭上一百年。我比以住任何时候都更加体会到:现在,没有任何东西证明我的存在,除了世界上最宝贵的东西——我的生命,我孩子的生命,我妻子的生命!"这带给读者的冲击力是非常强大的,记者亲身经历了这次龙卷风的袭击,受到了巨大的刺激,有感而发,这个时候,即使是作为客观报道立场的记者也顾得那么多了,只是真实地反映自己同时又是目击者和亲历者的过程和感受,因此,读者阅读这样的报道时,受到的感染远比记者站在第三方客观立场上的中性报道多得多。

我们看到文章结尾部分,依然是强烈的个人色彩,"我们要挖!我们要生存下去!该死的。"

对,这样的声音是难忘的,是有力量的。它包含着记者本人对待灾害的态度,既有强烈的憎恨,又有不甘心被灾害摧毁的决心,要重建家园的信心。

2015年12月22日《人民日报》第16版上,破天荒发表了一篇题为《雨入花心自成甘苦——致一位扶贫办主任妻子的信》的记者调查。"文章创造性以第二人称,将人物经历通过与其妻子聊天、劝慰的方式娓娓道来,既有妻子面对丈夫不顾家的理解、责怪,也有主人公为生病妻子陪床无法兼顾工作的无奈,甚至还有他对村民为了蝇头小利贱卖扶贫种猪的恨铁不成钢。主人公面对不同场景的真实情感的宣泄,使他的形象不再是'高大全',而是立体真实,触手可及,让人在阅读中会忍不住停下来,思索自己面对同样问题如何取舍。"[1]

我们来看看这篇报道的行文口吻,在信的开头,有对新闻人物李双星的介绍——

【人物小传】

李双星,1962年生,2002年至今任河北省阜城县农业开发扶贫办主任。

13年来,他"5+2""白加黑",每年累计工作时间达400个工作日,帮助全县152个村发展起稳定增收的设施瓜菜产业,让"穷得叮当响"的贫困农民人均纯收入从600多元提高到5000余元。被评为"中国扶贫开发典型人物"。

"心在人民,原无论大事小事;利归天下,何必争多得少得。"从全县最年轻的乡镇党委书记到全县最年长的在岗正科级干部,妻子患了乳腺癌、肺癌,李双星从不曾懈怠,心心念念全是扶贫,扑下身子与百姓打成一片,有情怀、重责任,又有思路、肯实干。

记者致李双星妻子的信是这样写的,本书仅节录前面几段内容,以窥全貌——

何丽霞大姐:

从河北阜城县采访回来,一直心绪难平,总想对你说点什么。

那天,登门访问,临别时,听你吹了曲葫芦丝《知道不知道》。旋律不算婉转流畅,但你很投入,跟着旋律我们默默哼唱:"以免打扰到我们的时光,因为注定那么少……"蓦然想起电影《天下无贼》结尾里女主人公泪水涟涟、大口嚼咽烤鸭的镜头,眼泪差点流出来。

很难想象,文弱的你,是怎么从癌症的死亡线上拼争过来的。也很难想象,如果没有你第二次生命奇迹,"曲终情未了"的人生最大遗憾,李双星该如何弥补?

那一刻,我们感慨万千——

你嫁给了李双星,他却"嫁"给了大棚。

看得出,劫后余生,你更懂得热爱生活了。客厅里挂着去年补拍的婚纱照,全是单人的,李双星又"缺席"了。

在这个家,正如你说,他就像个住店的,就知道扶贫、扶贫,大棚、大棚!是啊,平常人一年约250个工作日,而他这个阜城县扶贫办主任,13年来,年年累计工作达400个工作日的时间。

不少人和他开过玩笑:你一天到晚不着家,嫂子难道没意见吗?他总是呵呵一笑,咱干的

---

① 张腾扬.增强"带入感"提升传播力.人民日报社业务研讨.

就是和农民打交道的活,这就是最基本的工作。再说了,我老婆是中学老师,每天晚上要批改学生作业,我们各忙各的,谁也不影响谁。

但我们听得出,你是有意见的。见他整天不着家,你还曾怀疑他有外遇,悄悄找司机盘问一番,"侦探"了几次,放心了,但也直接给他"定了性":指望他顾家,基本无望。我们能想象,当儿子问妈妈为何不与爸爸离婚时,你一脸错愕的表情。(以下内容略。)

三、记者一般不直接发表感想和议论

要记住一句话:记者在报道新闻时,舌头是卷着的,不要轻易出声发言,要让事实自己说话,把自己的主观东西隐藏在所报道的事实中,让读者自身通过记者传达的事实内容,来得出对此新闻的结论或是看法。特别是在消息写作里,记者是不站出来发表言论或者提出自己的想法的。记者所做的事情,就是将采访来的新闻事实如实表现出来,让读者自己去判断其中的内容带来的反映。

要记住:记者不应把自己的看法和意见甚至是自己个人对此事实的结论,强加给读者。

请看《中国青年报》2003年中秋节发表的一篇报道,题目是《200元以上月饼须上交?沈阳市纪委说没这事儿》。

本报北京9月28日电(记者万兴亚)辽宁省沈阳市纪委副书记鞠保平今天在接受本报记者电话采访时说,此前某报刊发的有关该市领导干部收受价值200元以上的月饼必须上交的消息不符合事实,沈阳市纪委并未发出类似通知。

据相关媒体报道,沈阳市纪委日前明确表态,领导干部在节日期间收受的月饼等礼品,按当地市价折合人民币200元以上的均属"贵重物品",必须一律登记上交,否则将给予惩处。该报道还称,沈阳市委副书记鞠保平说200元以上的月饼同样也算贵重礼品,对于收取高价月饼的领导干部,沈阳市纪委将视情节严重予以惩处,如果群众举报属实,纪检部门将严肃处理,绝不姑息。

本报记者在中秋当日联络采访,希望得到沈阳市纪委收到干部上交贵重月饼礼盒的进一步详实情况时,得到意外答复,对方称并无这一规定。

记者通过电话联系到了采写这一报道的记者。她拒绝证实所发新闻的真实性。

这篇报道通篇就是记者的采访经过。记者站在客观的角度上,代替读者询问事实的真实情况。主要采访了沈阳纪委副书记鞠保平,交代了明确的消息来源,同时,也采访了那位首次报道沈阳纪委发出相关通知的消息的记者。当然,如果这篇报道再交代清晰这位女记者的名字和所在的媒体就更好了。

如果记者跳出来,对此事进行议论或发表感想,就会给这则消息本身的事实戴上了"有色眼镜",影响到读者的判断分析。

只要呈现事实本真的面貌,这样就够了。老老实实地还原事实,一是一,二是二,黑是黑,白是白,记者的写作就达到了客观、真实、准确的要求。

四、交代评论出处

记者在写作新闻时,不能包含没有出处的评论。否则,读者会想当然地认为,这就是记者或是媒体的评论。无论此新闻会产生什么样的后果,都得由记者或媒体承担相关责任。

《山西晚报》2001 年 5 月 17 日刊发一则消息《毛阿敏八成不来太原》。在消息的结尾处,记者加了一句猜测性的推论:"而对山西太原歌迷来说,期待已久的 5 月 25 日省体育场'华夏之夜'大型明星演唱会上,一睹毛阿敏风采的愿望恐怕也要泡汤了。"①

这句推论没有明确的消息来源,而是记者主观推测的结论,正是这个推测的判断给日后的新闻官司打下了伏笔。

2001 年 5 月 21 日,演出主办单位太原市外国企业服务有限公司召开新闻发布会,称毛阿敏将如期来太原,并出示了毛阿敏的承诺传真件。2001 年 5 月 25 日晚 8 点多,"华夏之夜"如期召开,毛阿敏等明星登台献艺。演出结束后,主办单位认为这场演出活动没有得到一家赞助,退票达 89 万元之多,门票、广告收入仅为 5 万元,这些都是《山西晚报》的报道造成的,遂于 2001 年 8 月 30 日将《山西晚报》所属报社诉至法院。

一审法院认定,《山西晚报》未尽法定的审查核定义务,就作出错误的判断,其主观有过错,于 2002 年 1 月 30 日判报社赔偿原告方经济损失 87 万元。

这个案例告诉我们,在报道新闻时,要有明确的消息来源,告知读者详细的新闻出处,如张三说、李四说,明星可能不来太原了,而不是新闻媒体的记者妄自推论,这样就不会使记者本人及所在媒体处于被动位置。我们应时时注意,在新闻报道时,要将新闻事实与记者的观点分开,不要作主观的推测。

"直接引语拉开了记者与新闻事件和新闻当事人的距离,显示记者引语其话,并不一定赞成其观点;拉开记者与新闻事件和新闻当事人的距离,也是记者保护自己,避免新闻官司的有效手段。"②

说白了,这就是所谓"这话是他讲的,我只是照引他的原话,我并没有这个意思"。比如,2003 年 8 月 20 日《东方早报》上发表的《50 亿浙江水泥资本游走全国》,其中有一段话是这样写的:当海螺集团计划到浙江投资建厂时,浙江水泥业界人士曾向省政府进言设法阻击,因为"海螺会给浙江水泥带来灭顶之灾"。③

这句直接引语表明话是浙江水泥界人士的建议,如果记者直接说"海螺会给浙江水泥带来灭顶之灾",就是在下判断,有主观参与,有可能招来报道对象的投诉,引火上身。

五、使用引语,学会隐藏自己的观点

列夫·托尔斯泰在形容其名著《战争与和平》的"力量"时,他说:"我不讲述,我不解释,我只是展现,让我的角色替我说话。"这实际上说的就是新闻引语的妙用。

引语有直接引语,也有间接引语。特别是直接引语的使用,可显示出新闻的原汁原味,避免了记者的主观色彩,既生动形象,又意味深长。

①运用一定的引语,也是用事实说话手法的一种表现。

请看 2006 年 11 月 6 日《北京青年报》A7 版刊登的一篇报道,引题是《两位名导因破坏环

①　徐迅.怎样避免麻烦[J].中国记者,2002(5).

②　朱筱怜.新闻主体之新闻引语[EB/OL].(2011 - 02 - 25)http://blog.sina.com.cn/dreamwym.

③　徐益平,金连升.50 亿浙江水泥资本游走全国[N].东方早报,2003 - 08 - 20.

境获"绿色人物"提名》；主题是《张纪中道歉　陈凯歌沉默》。

本报讯（记者 黄建华）　"张纪中出面对破坏环境表示道歉我们很赞许，但陈凯歌先生还没有表示，希望他同样能通过这一事件，提高环保意识。"昨天，就近日成为热点的陈凯歌、张纪中被网友推荐为"2006 年度绿色人物"一事，该活动的主办方中国环境文化促进会秘书长王磐璞表示，希望年度人物的评选能使公众的环保意识提高。

昨天，记者在采访王磐璞秘书长时，他介绍，促进会已经得到消息，正在《鹿鼎记》片场的导演张纪中已经得知自己被网友提名为"2006 年度绿色人物"，对于《神雕侠侣》剧组破坏环境的问题，张纪中称："我们已经妥善处理了，但我们得承认错误。有错及时修正。"王磐璞秘书长介绍，张纪中破坏环境以后，知错就改，在拍《鹿鼎记》的时候，一到武夷山就和当地政府签了一个保护环境的协议，开机仪式上就宣读了这个声明。"正如张纪中先生自己说的，'拍一个电影是几个月的事，但保护环境是长远的。'回应说明，他的环保意识提高了。"

另据王磐璞秘书长介绍，"2006 年度绿色人物"评选中引起非议的另一个焦点人物陈凯歌目前还没有任何表示。对于外界仍存在的，陈、张二导演当选绿色人物将是对"绿色英雄"的戏谑这一说法，王磐璞秘书长介绍，提名是网友的推荐，而和任何人一样，两位导演都有被提名的权利，这也是对网友权利的尊重。但他强调，提名并不意味着当选。

"目前，'绿色英雄'的评选马上就要进入网上投票阶段，而后是民意调查和专家评选，陈凯歌、张纪中能否当选取决于公众！"

点评：

在这篇报道中，记者使用了大量的引语，既有主要采访对象王磐璞秘书长关于此事的看法和评价。如他对名导演张纪中的评价："正如张纪中先生自己说的，'拍一个电影是几个月的事，但保护环境是长远的。'回应说明，他的环保意识提高了。"也有从王磐璞秘书长口中引用的名导演张纪中的话，如对于《神雕侠侣》剧组破坏环境的问题，张纪中称："我们已经妥善处理了，但我们得承认错误。有错及时修正。"等等。

这些引语构成了消息的重要组成部分，给人真实、客观、原始的信息感。同时，这些引语的使用，也无疑是对另一位仍在沉默中的名导演陈凯歌破坏环境之事的一种评价。但这种评价不是记者自己跳出来公开而言，而是寓于被采访者的口中，这是用事实说话的一种表现手法。②记者在写作新闻时，要学会"借人的嘴巴"说话，即最好会借用被采访对象的话，来带出自己的观点，这样含而不露，读者接受起来不会产生反感。在新闻报道中，记者最好保持缄默，即使记者对此新闻事实有自己的态度和意见，也是通过他人之口反映，自己不能跳出来直接评论。就也叫作"隐藏"的技巧。

"隐藏"就是记者的意见、看法、建议等主观的东西或者是记者背后所属媒体对此新闻的报道态度、意见、评论等，都不能明显地在记者的新闻报道中直露出来，尤其是在消息写作时。

请看 2008 年 9 月 18 日刊登在《参考消息》头版上的一则消息，题目是《残奥会感动中国》。

据德国《法兰克福汇报》9 月 16 日报道，在残奥会奖牌榜上，中国队的领先地位比在此前奥运会奖牌榜上的领先地位还明显，中国队获得的奖牌相当于紧随其后的英国队和美国队获得的总数。这样的成绩让观众备受鼓舞。残奥会之前，中国媒体还提示读者如何正确对待残疾人运动员，例如"在门球比赛中不要喊加油，否则盲人运动员无法定位能发出响声的球"。但这早已成为过去。在短短几天内，许多北京人成了内行的残奥会粉丝。残奥会开幕当晚，门票销售一空，9.1 万人坐满了"鸟巢"。

运动员的胜利让北京市民感动地流泪。在饭馆和商店里,人们聚集在电视机前观看电视转播。他们难以相信自己的眼睛,像江福英这样没有手臂的人,只能靠躯干和腿的运动使自己像海豚那样在水中前行,而且还获得冠军。

司机王云(音)说,看到这样的情景忍不住就想哭:"我根本无法想象,没有腿或手的人必须经过多么艰苦的训练。我儿子几年前就不再练体育了,因为他感到太累。而他可是个健全的人。"

江福英也对同胞的"热心"感到吃惊。几年前人们还把残疾人轻蔑地称为无用的人。如今她从国家获得了奖金。这位20岁的游泳运动员说,更重要的是,她受到人们欢迎。她说:"这块金牌将激励我继续努力。我想学习新闻,想当一名广播节目主持人。"

现在,孟根吉米素也梦想过上更美好的生活。这位矮小的铁饼运动员是祖母养大的。金牌将使她忘掉记忆中不幸的事情。"作为残奥会冠军,现在我可以帮助我的家人。"她说。她的声音里充满了固执和自豪。

这篇新闻稿件,其最大的特色就是用事实说话手法的运用。记者分别采访到北京司机王云(音)、20岁的游泳运动员江福英铁、饼运动员孟根吉米素,分别呈现这三位被访者的原话。这三段原话相信读者看后会从个人角度得出各自评论。

胡乔木同志1946年9月1日发表在《解放日报》上的一篇社论《人人要学会写新闻》中这样写道:"最有力量的意见,是一种无形的意见——从文字上看去,说话的人只是客观地朴素地叙述他们所见所闻的事实,这样,人们就觉得只是从他那里接受事实而不是从那里接受意见。新闻就是这种无形的意见,愈是好的新闻,就愈善于在内容上贯彻自己的意见,也愈善于在形式上隐藏自己的意见。"

显然,新闻报道中,记者当然要说话,但说话必须尊重新闻事实。"事实"本身并不会说话,但是,任何事实都能说明一定的问题。记者就新闻事实说什么话、用什么方式说话非常重要。如果某一新闻事件,记者不能完全尊重新闻事实报道,或虽尊重了事实,却只选取片面事实,那么记者记录的新闻可能就无法准确传达新闻事件,也无法实现记者"说话"的目的。记者把发言权让位给新闻事实,"让事实说话",才能使新闻报道真正实现"用事实说话"。

第三节 新闻写作的基本要求

新闻写作的基本要求,主要体现在以下五方面,它们分别是真实、新鲜、快捷、简明、生动。

一、真实

真实性原则是新闻的生命所在,切忌采访、写作、编辑时失真失实!尤其是在第一个采访环节,采访要准确、全面、扎实到位,这样写作时才能准确运用素材。另外,不能断章取义。

写作真实主要包括两个方面:

第一方面是报道的事实、真实准确,包括人名、地名、时间、细节、数字、引语等不许虚构、夸大或缩小;

第二方面是记者对事实的说明和解释应符合事实原貌,不能因曲解或掩饰而失真。最可怕的是记者主观故意失实。

当然也存在着因为马虎或是词语运用不恰当造成的非故意失实。如前面提到的《报到新鲜事 北京理科第一名未报到》这篇报道,就是由记者或编辑的马虎,标题的事头是北京理科第一名未报到,而正文内容则是北京文理科两名状元都未来北大报到,标题与文章内容失真,题文不一致。

二、新 鲜

现在的人们生活节奏非常快,吃饭是快餐、速食,看新闻读报道的特点是时间短而仓促,阅读速度快。

改革开放至今,我国的新闻阅读可谓经历了三大时代的转变。首先是以"详细阅读＋思考"的"读报时代"向"浏览＋不动脑分析"的"看报时代"的转变,时间大约是从 20 世纪 80 年代到 20 世纪 90 年代左右;其次是从"看报时代"向以电视、互联网为代表,抓"眼球效应＋声画冲击"的"看图时代"的转变,时间是 20 世纪 90 年代至 2000 年;第三是从"看图时代"向"速读＋屏读""短信息＋碎片化"为主的网络、两微一端"多媒体、新媒体时代"的转变,时间是 2000 年至今。

不管时代怎么转变,新闻写作突出新闻的新鲜性,抓眼球,吸引读者的要求一直没有变。

因为新闻"姓"新,这是从"娘胎"里带来的特性。

让我们来看一篇 2012 月 12 月 16 日环球网刊登的一篇新闻,题目是《武汉 54 年来首次 12 月响冬雷 气象专家:冬雷稀奇但并非异象》。

本报讯(记者符樱 通讯员赵昭炘) "汉口晚上打雷了,很震撼……好怕。"前晚武汉部分地区冬雷轰轰,引来一些网友发微博议论,还有博友戏言这是"世界末日要来了",所以天生异象。气象专家说,冬天打雷虽然不常见,但并不算是"异象"。

古乐府诗中说,山无棱,江水为竭,冬雷阵阵夏雨雪,天地合,乃敢于君绝!可见"冬打雷"确实比较稀奇。新中国成立以来,武汉在 12 月响起了雷声的只有 5 天,分别是 1951 年 12 月 20 日和 1968 年 12 月里的 4 天。前夜,汉口和江夏一些地方,再度响起了 12 月雷,是近 54 来 12 月同期的第一次响雷。

气象专家说,在大陆冷气团控制下,冬天空气寒冷干燥,加上太阳辐射比较弱,空气不容易形成强对流,打雷闪电的几率因此相对较少。

但少并不等于没有,是否打雷并不取决于气温本身的高低,而是由空中上下层温度的温差大小决定。前晚,武汉高空的气温很低,使与低空气温的温差太大,造成空气不稳定,高层冷空气质量重,要下沉,低层暖空气质量轻,要上升,从而加剧对流,引发冬雷。

预计武汉今天阴天有零星小雨,最高温度 8℃,最低温度 4℃,相对湿度 75％～98％,偏北风 2 到 3 级;明天阴天转小雨,最高温度 7℃,最低温度 3℃,相对湿度 70％～98％,偏北风 2 到 3 级;后天小雨转多云,最高温度 7℃,最低温度 1℃。

这篇新闻报道的事实非常新奇,冬日打雷实属罕见,所以乐府诗里流传名句把罕见的气象放在最前面,表示地久天长爱情绵绵不绝的誓言——"山无棱,江水为竭,冬雷阵阵夏雨雪,天地合,乃敢于君绝!"诗中所说的天象今天在武汉居然发生了,这当然是新闻,而且是"新鲜"的新闻! 记者对此事件的采写非常及时。

如何做到新鲜？

①"突出新闻报道中最新鲜的内容,既是新闻作品的最主要的特点,也是写作的最主要的要求。在新闻界,对这个要求有一个通俗的说法:不要把肉埋在饭里。"

②"新闻报道在内容选取上应该采取拎起来的办法,而不应该采取兜起来的办法。"①

③一般来说,对新闻写作的新鲜要求有三个方面的内容,它们分别指的是新闻事件时间要新,内容要新,报道新闻的角度、手法要新。

实际上,近两年来,报纸、广播、电视、通讯社等大众传媒在新闻写作上涌现出多种多样的创新模式,像口语表达式、短语式、短句式、短段式等不一而足,这是新闻界"走转改"的结果。

让我们来欣赏一篇小清新的报道,题目是《一滴"南水"出安康》。

清晨的朝雾里,孕育自秦岭南麓的水珠"滴滴",从山间探出头,晶莹闪亮。

她的籍贯上写着陕西省安康市石泉县。这里是南水北调中线水源地。"滴滴"将和伙伴们先到湖北,再经丹江口北上,流向千里之外的祖国北部。

可今早不巧,杨柳社区上坝村涌出一股生活污水,染黑了"滴滴"远行前的青衣。

洗个干净澡。石泉县水土保持中心主任刘强站在人工湿地旁充满自信。"滴滴"很幸运,2010年以来,杨柳社区在12.2平方公里水保生态清洁区内,建成了20座人工湿地,给污水"洗澡",令其达到二类地表水标准。

重拾一身清爽,"滴滴"惜别故乡,汇入汉江在石泉境内最大的支流饶峰河。顺流而下,两岸高层住宅遥遥在望,县城5万多居民每天可要产生50多吨生活垃圾、6000多吨生活污水呀,"滴滴"有些紧张起来。

"滴滴"不知道,为保证水清依旧,山区小县石泉费了大劲。"建了两座垃圾污水处理厂,对流域内垃圾集中收集,生活污水集中排放,"石泉县污水处理厂副厂长朱代红说:"瞧,经过多层净化处理,都可以养金鱼了!"

"滴滴"和欢快嬉戏的鱼儿打个招呼,一铆劲儿,穿过县城,从饶峰河口跳进水清浪快的滔滔汉江。天色逐渐暗下,"滴滴"没睡,汉江流经处一路上的"河长"们也没休息,他们用关切的目光细细打量着"滴滴"的举动。

"'河长'由河流所在地的乡镇社区、区县等主要领导担任,对本辖区河段内环境情况日夜监测。如果水质出问题,即责令限期整改,整改未达标将被问责。"安康市环保局汉江水质监管科科长李纪平为"滴滴"和她的伙伴们没少操心,这些年安康市环保部门已累计关闭沿线水污染企业200多家。

"河长"们现在压力小多了,"2007年以来,安康已治理210条流域,治理水土流失面积4280平方公里,全市林草覆盖率由66.2%提高到85.5%,年增加蓄水能力1.1亿立方米,减少土壤侵蚀1734万吨。"安康市水保站副站长吴昌军说。

在安康境内340公里的汉江里,"滴滴"可以放心畅游。

无数"滴滴"不断汇聚,浩浩北上,让一江清水润泽京津。

这篇发表于2014年10月26日《人民日报》头版的新闻报道亮丽新颖。记者王乐文、姜峰在这篇特写中用拟人的手法报道"南水北调工程",可谓新鲜至极,可爱至极!

---

① 艾丰著.新闻写作方法论[M].北京:人民日报出版社,2001:29.

2011年底,《人民日报》福建分社赵鹏记者随报社领导"走转改",采访一个海岛渔村修路的故事。刚开始写了一稿,领导提出要求说能不能开头做出画面感来? 后来记者就把文章就改成了这个样子,用了四句,一句一段。

请看报道:

"海扑向山,山贴着海。山峰千余座,地无一尺平。

70°的弯道,35°的陡坡。

一旁是百米峭壁,一旁是海风割面。

绵绵冬雨,穿林打叶;一路湿滑,一路泥泞。

这如同马致远《天净沙》一样的画面感扑面而来,别致新奇,令人眼前一亮。

新闻记者始终会把心思关注在新鲜、新奇、新颖、新锐等一系列的新闻内容、报道角度和写作手法上,他们会采写消息、特写、访谈,也会灵活穿插多种轶闻趣事、风土人情,让新闻报道有声有色,趣味横生,使读者更加愿意对新闻文本进行阅读。

三、快 捷

迅速及时地报道新闻事实,在最短的时间内将新闻报道摆在受众面前,让受众获悉事实的真实情况,获取真实的新闻信息,是每一位新闻记者的基本出发点。

新闻写作上的快捷,指的是它的"急就性",就是脑子快、笔头快,所谓"倚马可待"。广播、电视的现场报道更需要"出口成章",如同行军打仗讲的兵贵神速。

新闻写作讲文贵神速,它对时间要求非常高。因此,这就要谈到时效性问题。

著名记者李峰在《主攻时效,打开新闻改革的突破口》一文中说:"世界上大概再没有别的精神产品具有新闻那样的特性,它的使命急、寿命短、影响大。有的新闻写出以后,要求在几小时甚至几分钟之内,飞向全国或世界各地的新闻市场,由众多的主顾挑选,供亿万人民收听、阅读。"[1]

几年前,马云将他的公司阿里巴巴在美国成功上市后,在中国国内引起了一阵热烈的讨论。新华社的记者以最快的速度写了一篇与此有关的文章,名为《A股陋规逼走十大网企拖累产业变革》,在第一时间点上从财经新闻这一角度快速出炉了自己最新收集采访整合到的各种内容,其新闻的快捷毋庸置疑。人们对于阿里巴巴上市这件事的讨论还处在升温或仍还没降温的时候,这篇报道开拓了人们的视野,受到读者的欢迎。

关于时效性,新闻界的说法是,现在已是"秒族"时代,报新闻以秒为单位了。因为网络、智能手机的普及,直播式写作应运而生,在新闻发生的现场,随时可以采写出稿件发布新闻。

快捷写作有了个代名词——永远在线上(ALWAYS ONLINE)。

四、简 明

邓小平在谈到简明时说:"可以不说的去掉,该说的就可更突出。"[2]这也是对新闻写作的

---

①　邝云妙.高级新闻写作(上卷)[M].广州:广东高等教育出版社,1996.

②　邓小平文选.

根本要求。

西方新闻界主张记者在新闻中只写自己非讲不可的话。

美国一通讯社提出新闻作品每篇不超过 500 字,每一句平均 19 个字,每一字平均 1.5 个音节。

我国新闻界一直提倡新闻短<u>些</u>,短<u>些</u>,再短些。很多报社要求消息写作导语最好控制在 80 字～120 字。

为什么这样要求?

这是由新闻本身的特点和受众特点决定的。

①新闻的生命力在"新",是易碎品,是活鱼。长篇大论泥沙俱下,既无法突出反映新闻事实本身最有新闻价值的方面,也无法吸引受众。

②在这个信息时代,快餐文化和生活节奏的加快,使受众选择阅读新闻的耐心和时间较小或较少。这要求新闻记者在写作报道新闻时,时刻想到简明扼要地反映新闻事实,不要如"懒婆娘的裹脚布,又臭又长"。

案例评析

例子一:

《肯尼迪遇刺》是新闻界消息写作的经典名篇,也是简明扼要报道的最好代表作。这篇消息添一字叫多,缺一字为少,它恰到好处,干净利落地把美国总统肯尼迪被刺杀身死的重大政治新闻报道出来。

路透社达拉斯 1963 年 11 月 22 日电 急电:肯尼迪总统今天在这里遭到枪击身死。

总统与夫人同乘一辆车中,刺客发三弹,命中总统头部。

总统被紧急送入医院,并经输血,但不久身死。

官方消息说,总统下午 1 时逝世。

副总统约翰逊将继任总统。

例子二:

1982 年《福建日报》上,有一天在标题《一定要严肃处理经济上和其他的重大犯罪案件》下,发表了两篇处理走私贩私案件的消息。省委书记亲自撰写了 163 字的评论。

这 163 个字的评论令人拍案叫绝,简明扼要,直切问题要害,提出的措施得当,一目了然!

今天本报报道了两个重要案件。坏人得到揭露处理,这很好。

有些问题群众看得很清楚,干部也有很多议论,问题的性质已经非常明白。但是,就是处理不下去,而且长期处理不下去。为什么?

一是自己屁股有屎;

二是派性作怪;

三是软弱无能。

还有什么呢? 也许还有其他的原因,但主要是这三条。

你这个单位的问题长期处理不下去,是什么原因,算哪一条,不妨想一想。

例子三:

1968 年美国《明星日报》有一篇报纸评论,标题为《总统约翰逊认输》。

谁也没有想到,评论的内容就一个字:"妙!"堪称史上最短评论,最明快的评论,最新颖别致的评论！

如何让报道短起来？

高尔基说："任何一个花朵都不会因为多了一个花瓣而显得美丽起来。"记者采访归来，资料和内容多多，下笔千言，形成初稿之后，一定要养成良好的修改稿件的习惯。如何让报道短起来，密诀无他，也是只有一个字——"改"，要提醒自己反复地改！

删减大段与最重要事实无关的背景材料和抒情议论；

删减语意重复的句子；

删减词意模糊的词。

一遍遍提醒自己——

抓到"干货"没有？

拎出最重要最新鲜最特别的内容没有？

新闻要素是否表达清楚？

哪些地方是同一消息源重复使用，可以换成另外的消息源？

哪些直接引语用地太长了，可以只突出最精彩的部分？

等等。

记者要学会修改稿件，凝练语言，突出重点。写作提示如下：

①要多用短句子，多用句号。

②要巧妙引用原话，既简明扼要又有特色。不能通篇不使用引号，概括语言太多，

③尽可能用口头话。

④遇到重大事件发综合报道时，每个记者多从不同角度分头采写，最后形成综合报道。每个记者所负责的部分，要做到五要素要清楚，简明突出，特色清晰，事例得当。

五、生动

新闻作品是要拿给读者看的，其内容形式的生动活泼可以吸引读者的注意力，使新闻传播效果获得较大值。新闻写作在生动方面的要求不言而喻。

近年来，国内外新闻界在摸索新闻报道生动形象吸引读者这方面收获不小。试总结一下，可从以下三个方面列出：

1.重视可读性

重视可读性，尤其是经济、科技等专业新闻的可读性。对于科学、经济、技术成果，许多记者把它作为新闻介绍给广大读者，如果生硬地搬来就说，会比较枯燥。不妨增加些可读性的语言，做到生动活泼，喜闻乐见。

1984年3月11日，联邦德国《星期日图片报》发表新闻，题目是《新的研究报告证明：哭有益于健康》。

请看报道——

俾斯麦与丘吉尔动不动就眼泪直流。尼克松不得不离开白宫时眼泪汪汪。社民党西柏林候选人利斯托克宣布退出竞选时也洒下了眼泪。

自从有了人，就有了眼泪。

目前，美国有几位科学家从事哭的研究。圣保尔斯、拉姆齐医院中心精神病研究部主任弗

顿博士指出,由于人心灵的痛苦而产生的眼泪是一种物质,它可能起到减轻痛苦的作用。她说:"切葱时流出的眼泪中不含这种物质。"

图兰学院眼泪分析实验的卡斯特尔博士认为,眼泪的成份会因为疾病而有所变化。他可以通过对泪水的化验分析确定一个人是否吸毒或服药片。

通过多次的研究终于证明,有泪却哭不出来,眼泪只好从角膜进入鼻腔,再由此进入胃中,眼泪中含有的有害物质能引起代谢病。

根据美国研究证明,经常抑制眼泪就会患心身病症,如哮喘、胃溃疡,心脏病及血液循环系统疾病。

这篇报道记者把从事哭的研究的科学家们的研究成果形象自然、生动有趣地表达出来。报道读完,令人印象深刻。尤其是第一段写得具体细致,把政治新闻人物与哭联系在一起,简捷明快。

通篇文字流畅,有明确的、权威的消息来源和直接引语的运用。

2.人情味新闻

美国新闻学家詹姆斯·阿伦森说过这样的话:"新闻是很有人情味的商品,还是让它保留这个特色吧!"

西方新闻界主张把富有人情味的东西放在消息的前头。写人物报道时,尤其注意在适当的地方增加人物的生活气息,不仅仅是工作、学习,还有生活、情感、爱好,等等。

19世纪30年代之后,美国出现了一种人情味新闻,后来纽约太阳报总编达那把它系统化、理论化。在西方特指新闻报道的对象从名流、要员扩展到普通人中间,在写法上,要求从人的角度写新闻,突出人的活动、人的思想情感和生活情趣等,使新闻具有趣味。

西方记者有句名言,"新闻应是人物的报道,而不应是整个事态进程的报道。"其实,上述的眼泪新闻除了可读性之外,写得也非常有人情味。

再看一篇很早的消息。是西德《明镜》周刊发的一则消息,题目是《科尔总理第十三次减肥》。

西德总理科尔体重238斤。不久前,他到奥地利一家疗养院接受减肥疗法。在治疗过程中,院方只给他吃被山风吹干的小面包,牛奶虽不在被禁之列,但必须一羹匙一羹匙地"吃"。他每天晚上还要喝汤药,喝的时候可以加一茶勺蜂蜜。膀大腰圆的科尔总理对此颇满意。他已习惯于挨饿了。这是他第十三次去奥地利减肥。

科尔的愿望是,等他4月17日返回波恩时,他的下巴将不再盖住衣领,两耳变得轮廓分明,黑色西装上衣的钮扣能够轻松自如地扣上。

科尔总理对自己的体重比较关心。他说出了大多数德国人的忧虑:"我太胖了!"而对策只能是减肥。四分之三的德国人或多或少地受到肥胖的困扰。巴伐利亚州总理施特劳斯也刚刚离开疗养院,体重减轻了10公斤。

这篇消息很吸引读者的眼球。因为,几乎大多数人都想过减肥。西德总理科尔也想减肥,而且是第十三次减肥,一下子拉近了与读者的距离。他也是个胖人吗。对于政治家,读者非常关注他们的饮食起居,所以这篇消息提供的科尔总理的减肥食谱和他的减肥愿望,读者都会然一笑,很感兴趣,并预祝他成功减肥。

3.视觉新闻

著名记者穆青曾指出所谓视觉新闻,无非是形象化、立体化、有典型细节、生动的画面,读来有声有色,使人能够具体地形象地看到你所报道的事实的真面貌,这样,我们的报道就可以克服枯燥和概念化的缺陷。

视觉新闻后来演变成写作的现场感,画面感或叫镜头感。

1980 年,《人民日报》的记者白夜采访著名作家艾黎,请他对写作发表自己的看法。记者选择的采访场所就在作家自己的书房。这样一来,关于艾黎的报道,就有了许多来自现场的神来之笔。

请看下面的内容:

人是人。人有头,有胳膊,但是,每一个人又不一样。这就是人的多样化。而我们有些文章只看到人的一样化。

艾黎说到这里,翻出一张美国报纸,上面登了一张美国总统卡特幼年的照片。他说:"这张照片有趣,我就愿意看。——它说明卡特的幼年时代也同所有的孩子一样,手指伸到嘴里含着,不是什么特殊的天才,这也就够了。"

"写东西,"艾黎说,"不能只给一两个积极分子看。他们说好,这篇文章就好了?这不行,要给人民看。要人民喜爱。把八股文给人民看,人民就把它放在椅子上,不拿走。"

艾黎拿出一组画片来送给我。这是小小的合页,每页上印了他照的几张照片。有一张是光屁股的小孩子。艾黎说:"我每年送人一些印有照片的贺年片。这些照片都是比较自然的。光屁股的孩子,全世界都喜欢。这不是布置的。布置的不好。"

于是,我鉴赏那个光屁股的小孩。他在向我发出天真的微笑。说也怪,我一直记住这个光屁股小孩,而许许多多画面都给它挤到后头去了,变得模糊了。

上面这篇报道通过适当的人物动作和语言,表现了现场的气氛,这得利于记者的视觉沉淀。

此时,依然要牢记少用形象词,多用动词。外国有位新闻学家迈兹勒说:"对行动的描写,比对其他方面的描写,更能考验记者的观察能力。"上面这段报道就注意到了动词的运用,呈现了画面感,尤其最后一段有关光屁股的小孩子天真的微笑,成功地占据了读者的头脑。这样的报道是成功的。

从 2014 年 1 月起,内蒙古自治区投入 800 亿元实施"十个全覆盖工程",惠及全区农牧民的住房、饮水、村道硬化、通电、通广播等,是自治区成立以来最大的民生工程,变化巨大而深刻,我们的报道该如何去表现呢?

2014 年 10 月 21 日,《人民日报》副刊刊发作家鲍尔吉·原野的《大地吹过锦缎的风》,报社李总编批示:"非常好的文章!人物、故事、情景、趣味、思想、政策、知识等等元素一应俱全,是难得的高水平文章。"

且看鲍尔吉笔下的内蒙古农村之变。下文摘自 2015 年 12 月 13 日《人民日报》地方部费伟伟所写的《值班手记》,他对鲍尔吉的文章进行了详细地专业解读,对初学新闻写作的人帮助很大。

"在开鲁县王家店村,我见到一位老太太在街灯下推着婴儿车走,不禁一愣。过去尘土飞扬的北方村庄里没见过谁推着婴儿车走,农民不是买不起婴儿车,也不是没婴儿;村庄坑坑洼洼,雨后泥泞,婴儿车往哪儿推呢?鄂伦春自治旗一位村主任说:'我们这地方没媳妇行,没靴子不行。'他在说笑话,也说人急眼了,路比媳妇还重要。如今村巷硬化,农村牧区终于完成了一件大事,老百姓都高兴。在巴林左旗一个村子,一帮妇女们坐在水泥路面上聊天,东北叫唠嗑。我问：'咋坐这儿啦?'她们说：'这多干净啊，唠嗑还能守家望院。'她们由稀罕自个儿的家，发展到稀罕整个村庄。"

"宁城县一位老乡说，他们村娶媳妇需要'一动不动'，'动'是轿车，'不动'是房产。老乡说：'轿车和新房咱都弄得起，关键路不行，车开不进来呀!'如今街巷硬化了，好多农牧民家门口停着轿车。行业数据说，从去年开始，内蒙古农村牧区购车人数明显增加，我理解新媳妇数量也应该同步增加了。"

鲍尔吉敏锐抓住村子里"街巷硬化"这个新变化，呈现给读者的是新鲜的、有陌生感的场景，一读就能粘住我们的眼球。同时，在写作上又是具体的，有现场，有对话，而且话是道道地地群众的话，"一动不动"的说法多形象，坐在电脑前的秀才怎么也憋不出来。首先，就是要善于寻找、发现新鲜的表现对象。改革开放 30 多年了，中国农村的变化就是从房子开始的，这个对象被报道太多，很难写出新意。因此，写村子里的变化，一定要去发现、寻找那些陌生的、或者很少被关注的对象。

一位近年来崭露头角的军旅作家总结他的创作经验时说：你写轻武器射击训练，别人写网上搏斗；你写一个地面火炮装甲兵，他写一个操控无人机的博士；你写一个军官进城以后抛弃了妻子的故事，他写一个异国军事学院进修的中国男军人被他国女军人爱上又不得不分开的故事，自然是后者吸引读者。"新鲜的东西太多，关键在于你找不找和能不能找到。"

其次，找到了新题材，还要表达得具体。我们经常说"一具体就生动"，这具体不仅指有场景、有对话，让那场面活灵活现地展现在我们面前，还包括生动的人物心理，可以是报道对象，也可以是报道者自己。"我见到一位老太太在街灯下推着婴儿车走，不禁一愣。""我问：'咋坐这儿啦?'她们说：'这多干净啊，唠嗑还能守家望院。'她们由稀罕自个儿的家，发展到稀罕整个村庄。"其中，"不禁一愣""她们由稀罕自个儿的家，发展到稀罕整个村庄"，都是作者的感受，十分真切，有很强的带入感，这样的心理活动同样是具体的、生动的，也使文字更多几分温度。

还有一点也很重要，就是要贴着人写、盯着人写。目前我们的报道中并非没有人，比如，《扶贫惠民全覆盖昔日穷村变福村》一稿，开头就出现了"65 岁的老村长曲祥难掩激动"，但往往报道中出现的这些人，只是一个符号，甚至一个名字，是平面化的，简单化的。见人见事更要见精神，写人要服务于文章主题，甚至深化主题。鲍尔吉笔下，上面例子中出现的人物因为有具体场景，有生动对话，虽无名姓，形象便丰满许多。有名有姓的，更是情趣倍添。

"晚上，我和朝克巴特尔睡一铺炕。他光着上身坐着，瞪着兔子般的红眼睛问我：'政府咋啦?'没等我回答，他接着说：'政府给我们村铺路打井、翻建危房，全旗和全通辽市都这么弄了。政府咋啦？他们以后会不会向我们收钱呢?'我说：'不会。全内蒙古都这么弄呢，咋收钱?'朝克巴特尔警惕地想了半天，慢慢地咧嘴乐了，倒头睡去。"

"牧民陶都告诉我，外人看上去一模一样的沙丘都有自己的名字。他用手指给我看：'那是骆驼妈妈山，那是骆驼孩子山。'这些童话般的山名，从祖辈流传至今。陶都的房子四周起伏着一样的沙漠，这里仿佛没有时代，好像也没有时间。我问他为什么不搬进城里住？他说他进城走不了路。陶都从小在柔软的沙子上走惯了，进城走路脚疼。他说喜欢沙子，我问沙子哪样好？他说：'沙子嘛，就是好!'午饭时间，一伙越野客来到陶都开的牧家乐吃饭。他们的喧哗和消费给陶都带来了时代。"向鲍尔吉学什么？技巧固然重要，学到手一时怕也不易，但至少可以从态度学起。鲍尔吉在文章开头披露，"9 月份，我从东到西穿越了故乡七个盟市，行车两千多公里，到达了原来只在地图上看到的地方"。

瞧，这位写出"难得的高水平文章"的作家，身段多低。

这篇手记非常重要。它告诉我们，记者采写新闻稿件，首先，要善于寻找、发现新鲜的表现对象；其次，找到了新题材，还要表达得具体。还有一点也很重要，就是要贴着人写、盯着人写。见人见事更要见精神，写人要服务于文章主题，甚至深化主题。

同时，学习鲍尔吉笔下的表达方法：有具体场景，有生动对话。最关键的一点是向鲍尔吉学习扎实地道的采访态度，深入一线，占有资源。毕竟，采访决定写作嘛。

总之，新闻写作基本要求：真实、准确、快捷、简明、生动。不妨套用郁达夫之语，合成一句话，方便大家记忆，叫作"快短命"。

这三个字里还有一个小故事——

郁达夫有一次应邀去演讲，他上台只写了三个字，即：快短命。大家不解。他说，"我这次演讲的题目是《文艺创作的基本概念》，这三个字就是：快——痛快，短——简明，命——不离命题。演讲和作文一样，不可以说得天花乱坠，离题万里。完了。"

他的演讲不到2分钟。

本书套用"快短命"的意思如下：

"快"，有两层含义，一是新闻时效性要强，二是快速采成稿件报道出去。

"短"，报道内容短小精悍，简明扼要。

"命"，真实准确是新闻的生命。

思考题

1. 什么是用事实说话？
2. 新闻记者常用的用事实说话的方法有哪些，试举例说明。
3. 为什么说用事实说话有时也不排斥一定的议论？
4. 你是如何理解记者借他人之口说话的？
5. 找出一两篇用事实说话的新闻报道并进行案例分析。
6. 新闻写作的基本要求有哪些，试用新闻作品来说明。

第五章

新闻语言

新闻语言的特点来源于新闻报道的时间性强、篇幅有限、读者面广等方面。一般说来,记者在新闻写作时,其新闻语言要做到准确、具体、简洁、朴实、通俗。

第一节　新闻语言要准确

一、准确的含义

新闻语言准确主要指的是记者在写作新闻报道时,对事实的描述、内容的表达要实事求是,一是一,二是二,恰如其分;同时,措词表达恰当,切合实际地反映新闻事实的本来面貌。

在很多新闻报道里经常出现措词模糊的现象,如大量使用"最""很""非常""一贯""长期以来""最近""许多""差不多"等模棱两可的词句。

比如,"她告诉记者,每周工作时间很长,但工资很低。"这句话就不准确。应改为"她告诉记者,她每周工作 70 至 80 小时,而工资却只有 120 块。"

二、如何做到语言的准确?

①少用形容词,多用动词。

形容词往往带着主观色彩,感情色彩。

杰克·伦敦在《怎样当好新闻记者》这本书中,引述了美国一位记者的经验:"要像挑选宝石和情人那样来选择形容词,形容词太多是危险的。不能因为某个形容词具有闪电般的显示力量,就以为十个形容词可以能使一条新闻增色十倍。"

英国记者格林说:"要让事实说话,而不是让形容词来拔高这个事实,要抛弃那些形容词。"①

"记得好多年前看过这样一段报道,说是 20 世纪 60 年代三年自然灾害期间,有位记者描写刚回国下飞机时的周总理,其中他用了句'一个箭步'形容,后来周总理找到这位记者很严肃

---

① 李希光.新闻的力量来自哪里?——以"两会"报道的创新为例[J].新闻记者,2002(7).

地批评说：全国都在饿着肚子，我怎么就'一个箭步'了？"①

其实，不光是形容词，用其他的词汇时也是如此。

对此，西方学者十分重视。

美国可伦比亚大学教授麦尔文·曼彻尔在他的著作《新闻报道与写作》中，主张把使用动词作为消息写作的十条规则之一。在使用动词方面，西方新闻学作了许多规定，如多使用动态动词，少使用静态动词，多用主动语态，少用被动语态，以增强新闻的动感。

因此，在我们的新闻报道和写作中，语言的使用选择应尽量多用动词。动词在语言中最生动也最活跃，最能反映事物的状态和人物的表现。

比如《纽约时报》采访布热津斯基谈到邓小平时：

几天之后他想起这件事时，他还兴奋得眼睛发亮，在谈到这件事时，他竟高兴地把手臂一甩——结果把十多张照片统统甩出去了，在他办公室的地板上抛得到处都是。

布热津斯基说："瞧，这儿是老卡（卡特的外号），这儿是我，邓小平站在我俩中间。"

他一面手忙脚乱地弯下腰去捡照片，一面得意忘形地用手指着没甩出去的那张照片，不停地高声说：

"啊，太不可思议了。10亿人的领袖——好家伙，来到美国后不到两小时就到我家吃饭！"

"嗨，说真的，太不可思议了！"

在这里，记者分别用了"想起""眼睛发亮""谈到""手臂一甩""抛""手忙脚乱""弯腰""捡""用手指""高声说"等动词来表达布热津斯基的反应、感觉、看法和评价。

不用形容词是不是就不讲究文字了呢？

恰恰相反。排比、对仗、拟人、比喻、借代……这些修辞基本要素依旧必需。关键是运用自在，能真实反映事实面貌。

②恰当引用直接引语和概括间接引语。

引语是一种注明消息来源的做法，也是使新闻报道内容真实生动可信的表现方式，引用时一定要做到真实准确，既可原句引用，也可引用最重要、最关键的词组和字眼，以节省篇幅，使报道更为紧凑。但切忌千人一面，断章取义。

恰当地引用直接引语，可以准确地反映人物的性格特点。

如上文引用布热津斯基的原话："啊，太不可思议了。10亿人的领袖——好家伙，来到美国后不到两小时就到我家吃饭！""嗨，说真的，太不可思议了！"

记者用这两句直接引语，一方面反映了布热津斯基兴奋的情绪，另一方面也反映出他开朗外向的性格，同时也反映出他对邓小平来自己家访问的事的评价和看法，即"不可思议！"。

需要注意的是，在概括转述新闻中人物说的话时，应该正确全面理解其含义，不可歪曲或夸大其词，致使意思不清或产生歧意。

2016年10月29日，中国日报网上刊登出一条报道，题目是《爱将电脑里被搜出逾千封新电邮 希拉里"邮件门"丑闻再起波澜》。这篇报道里面大量运用了引语。请看报道——

中国日报网10月29日电　11天之后，美国民众将投票选出新一任总统，民主党候选人希拉里·克林顿却在此时又被联邦调查局（FBI）盯上了。因在一起案件的调查过程中新发现

① 赵鹏.多些直截了当，少些形容造作——浅谈什么是"好读的新闻".人民日报社业务研讨,2015.

了一批与希拉里"邮件门"丑闻相关的电邮,联邦调查局 10 月 28 日宣布将深入调查。有分析称,当前的大选选情或许会因此产生变数。

纽约州前民主党联邦众议员安东尼·韦纳因涉嫌向未成年人发送色情照片,目前正接受联邦调查局调查。

《华盛顿邮报》引述熟悉内情的执法官员的话报道称,韦纳的电脑里发现了超过 1000 封电邮。这台电脑是韦纳和他的妻子胡玛·阿贝丁共用,而阿贝丁又是希拉里的得力干将,因此邮件中不少是阿贝丁和希拉里的通信往来。

有鉴于此,联邦调查局局长詹姆斯·科米 28 日致信国会,宣布该局将采取"适宜的调查措施"来判定这批新发现的电邮中是否包含机密信息,同时评估这些邮件是否与希拉里出任国务卿期间使用的私人邮箱服务器存在关联。

据美联社报道,长期以来,阿贝丁都是希拉里的得力干将和知心"闺蜜",外界把她比作除切尔西之外的希拉里的"第二个女儿"。

早在 1996 年希拉里还是白宫第一夫人时,阿贝丁就开始为她工作。如今,41 岁的阿贝丁是希拉里竞选团队的副主席,在希拉里的交际圈中拥有举足轻重的影响力,参与了希拉里竞选团队的大部分主要决策。此外,阿贝丁负责为希拉里及其资金募集者牵线搭桥。

在希拉里任美国国务卿时,阿贝丁更是面面俱到的"大管家",从安排会见、通话到提供着装建议,几乎无所不包。这也让阿贝丁时常暴露于媒体聚光灯下。今年 8 月,阿贝丁宣布与韦纳分居。

《华盛顿邮报》认为,科米的上述声明似乎意指联邦调查局将重启针对希拉里"邮件门"丑闻的调查。针对希拉里出任国务卿期间使用私人邮箱服务器处理公务邮件,联邦调查局的调查工作于今年 7 月结束,建议不对希拉里提起法律控诉。"这份声明可能会重塑大选选情。当前,绝大多数公共民调都显示,希拉里占据领先优势。"

28 日晚,希拉里回应称她是在联邦调查局公开了致国会的信之后才知晓这批新邮件的存在,她表示"相信这些邮件不会改变联邦调查局 7 月得出的结论"。

希拉里"邮件门"事件再起风波,她的对手、共和党总统候选人唐纳德·特朗普的反应稍显平淡,他 28 日在新罕布什尔州的一个竞选活动上表示"可能,正义终会来到"。他的支持者们则显得群情激昂,大伙挥舞着拳头、高喊"把她关进监狱!把她关进监狱!"

(编辑:党超峰　译者:谌融)

这篇报道由《中国日报》翻译编辑《华盛顿邮报》和美联社报道而成。

在这个报道里有七个地方运用了引语,既有直接引语,也有间接、概括的引语,巧妙地呈现出希拉里闺蜜电脑被搜出逾千封新电邮,希拉里"邮件门"丑闻再起波澜这一新闻事实。

第一处引语是间接引语,概括指出,因在一起案件的调查过程中新发现了一批与希拉里"邮件门"丑闻相关的电邮,联邦调查局 10 月 28 日宣布将深入调查。

第二处引语也是概括、间接引语,即此事发生之后,有分析称,当前的大选选情或许会因此产生变数。

第三处则是明确消息来源的直接引语的一部分——联邦调查局局长詹姆斯·科米 28 日致信国会,宣布该局将采取"适宜的调查措施"来判定这批新发现的电邮中是否包含机密信息,同时评估这些邮件是否与希拉里出任国务卿期间使用的私人邮箱服务器存在关联。"适宜的调查措施"是联邦调查局局长的原话,穿插在概括的叙述里,很突出。

第四处引语来自《华盛顿邮报》，是直接引语，是对联邦调查局局长致信国会的一个揣测，即"这份声明可能会重塑大选选情。当前，绝大多数公共民调都显示，希拉里占据领先优势。"

第五处是新闻人物希拉里的反应，是间接引语与直接引语的交插使用，即"28日晚，希拉里回应称她是在联邦调查局公开了致国会的信之后才知晓这批新邮件的存在，她表示'相信这些邮件不会改变联邦调查局7月得出的结论'。"

第六处是希拉里竞选总统另一方特朗普的反应，采用的是他28日在新罕布什尔州的一个竞选活动上讲话的一部分，他表示"可能，正义终会来到"。

第七处是特朗普支持者的原话引语，还有现场描述，"大伙挥舞着拳头、高喊'把她关进监狱！把她关进监狱！'"

③对一些现象、成果、经验等概念强、专业浓的报道内容，要学会运用权威、具体的消息来源和引语，并用数字或是故事、细节说话，以示准确反映事实原貌，切忌频繁使用书面用语绕来绕去，不妨口语化直接表达。

2015年10月4日，《人民日报》头版刊登题为《贵州"实体店"＋"淘宝店"做活公共服务》的报道，反映贵州构建"审批服务一站式、资源交易一系统、公共服务一条龙"大服务格局带来的变化。

请看报道——

"很可能存在串标行为。"贵州省公共资源交易中心的电子招投标系统发出报警，"6家不同公司的投标文件，均来自同一台电脑。"调查结果表明，这6家公司确实存在串标行为，最终给予每家15万元行政处罚，暂停半年招标资格。

这是贵州构建"审批服务一站式、资源交易一系统、公共服务一条龙"大服务格局带来的变化。"搁以前，根本发现不了这些细微关联，有了大数据就是不一样。"公共资源交易中心主任张洪解释道。公共服务中心的"大数据"，源于将公共资源交易中心和政府政务服务中心合二为一，打破部门、行业、地区间"信息壁垒"，政务、商务、事务跨部门、跨地区协同互动，数据资源共享互认。

"利用大数据，不仅能及时发现问题，还能提前警示，减少人为因素干扰。"张洪介绍说，中心将原本分散在各行政部门的省级工程建设、政府采购、产权交易等六大类139项交易项目全部集中到省公共资源交易平台，全程实行电子化管理，所有交易参与方的行为都会留下电子痕迹，所有工作步骤和音视频资料均可溯可查。

"对申报量大的单位来说，跑腿次数大大减少，便捷度大大提升。"接受培训后，贵州省计量测试院工作人员欧晓念已能熟练使用网上办事系统。省政务服务中心建设省级网上办事大厅后，目前行政审批事项网上可申报率已达80%以上，年内可实现省市县三级网上行政审批事项"应上尽上"。

"服务中心窗口就像实体店，网上办事大厅好比淘宝店，我们提供多种服务渠道供群众选择。"政府政务服务中心主任李荣说。截至今年6月，省政府政务服务中心各窗口部门共受理申请38065件，日均受理200余件。

下面，摘录2015年10月7日《人民日报》地方部费伟伟的《值班日记》，看看他是如何审改成这篇见报稿的。这个改稿的过程值得我们学习参考——

读编完送审稿时，感觉第二段仍不好读。

"将公共资源交易中心和政府政务服务中心合二为一，贵州打造建设公共服务中心，集中办理政务、商务、事务，着力构建'审批服务一站式、资源交易一系统、公共服务一条龙'的大服务格局，打破部门、行业、地区间'信息壁垒'，实现公共服务跨部门、跨地区的协同互动和数据资源共享互认，集成打造公共服务超市。"

字句是通的，可咋就觉着不顺呢？问题就出在太绕，把人绕糊涂了。这么短的一段，"服务"这个词就出现了7次。怎么办？就得把太硬的打碎，整块不好消化，变碎变小就好消化了，就晓畅易懂了。

这一段后面的第三段原来这样写：

"搁以前，根本发现不了这些细微关联，有了大数据就是不一样。"公共资源交易中心主任张洪解释道，去年底中心运用大数据分析发现，有6家企业参与投标达50次以上，仅有1家企业中标1次，其余中标次数为零，说明"陪标专业户"仍然存在。

对送审稿作修改时，把这两段揉到了一起。招投标中有陪标专业户的情况，在一个短消息稿中说不大清，便不如不说，枝枝蔓蔓的东西去掉一点，文章主干会更清晰，鲜活些的内容插到第二段叙述性的文里后，文章也会生动一些，读者也容易读明白。

于是将两段揉成这样一段：

"这是贵州构建'审批服务一站式、资源交易一系统、公共服务一条龙'大服务格局带来的变化。'搁以前，根本发现不了这些细微关联，有了大数据就是不一样。'公共资源交易中心主任张洪解释道。公共服务中心的'大数据'，源于将公共资源交易中心和政府政务服务中心合二为一，打破部门、行业、地区间'信息壁垒'，政务、商务、事务跨部门、跨地区协同互动，数据资源共享互认。"

这样重新组合后，术语断续表达，中间插入公共资源交易中心主任张洪的解释，让术语通俗易懂；"服务"也少了好几个，不绕了，稿件读来也就轻松了不少。

第二节 新闻语言要具体

一、为什么新闻语言要具体

事实是具体的，新闻语言的表述也应是具体的。

"气温降至零下20℃"远比"天气很冷"明确具体；"他脸胀得通红，呼吸也急促起来，忽然，啊地一声哭了起来"比"他有些激动"更形象具体。

《美联社日志》上这样写道：

不要去说"教学集会的气氛很热烈"，要像某一篇稿件上那样描写："大家拍手，脸上发光，人们的衬衫和外衣的胳臂下面和背上的部分由于出汗而颜色变深，脉搏跳动，脚趾和脚跟轻轻地敲着地板。"

不要去说"乔治·华莱士神经紧张"，要像一篇稿子那样描写："在一次40分钟的飞行中间，他嚼了21根口香糖，他洗了一副牌，数了数，又洗了一次。他看了看头上和脚下的云彩，系了系安全带，又把它松开了，数了数牌，嚼嚼口香糖，一边数，一边洗，一边嚼。"

二、如何做到具体

①少用概括性、抽象性的语言或套话，要言之有物。

②多观察现场、多观察细节、多捕捉到故事，多用描述性的文字。

请看一篇来自 2011 年 05 月 12 日 16：29 人民网的消息，题目是《什邡市北京小学举行地震疏散演练》。

人民网什邡 5 月 12 日电（记者 余荣华）　汶川特大地震三周年，第三个全国防灾减灾日。上午 9 点 10 分，正处课间的四川省什邡市北京小学校园内，突然响起密集的警报声。"地震了！"教学楼二楼的一年级 1 班教室里，洪子涵小朋友想起老师教导过的保护要诀，赶紧用双手护住脑袋。瞬间的吵闹后，全班 42 个同学安静下来，齐齐护着头，排成四队。"别害怕，别慌张，大家赶紧下楼。"及时赶到的老师，带领同学们有序疏散。

洪子涵跟着队伍跑出教室，来到楼梯口。这时，三楼正在疏散的部分同学也下到了二楼。"同学们，不要拥挤！"守候在楼梯拐角处的几位老师，立即疏导人流，指挥大家分批下楼，三楼高年级的同学在二楼宽敞的过道里等候，让低年级的同学先走……一个接一个，一队接一队，5 分钟后，全校 1400 多名同学全部安全转移到学校的大操场上。

其实，这不是真正的地震，而是北京小学举行的疏散演练。三年前遭遇汶川地震，学校所有教学楼在地震中成为危房，所幸学生无一因地震伤亡。现在，北京小学每年的 5 月 12 日、11 月 9 日都要分别举行地震和消防疏散演练。洪子涵说："老师告诉我们，虽然现在的校园比以前更坚固，更安全了，但千万不能忘记怎样躲避危险，保护安全。"

地震中，什邡 13 所重灾学校校舍倒塌，其余学校除一所外，校舍均成危房。目前，在社会各界支持下，什邡 67 所学校已经全部重建完成并投入使用。占地 32 亩的北京小学由北京市对口援建并因此得名。"安全系数大大提高了。"校长助理高军说，新教学楼不但抗震级别高，每层设了 6 个楼梯口，而且人员密度大大降低，过去一个教室要坐六七十名学生，现在一个教室只有 40 多名学生。

"要让学校成为最安全的地方"，除了定期举行疏散演练，学校还把日常生活中需要注意的

地震疏散演练现场

安全事项编成十句"三字经",让同学们背诵牢记,养成小习惯。

这篇报道呈现给读者在汶川特大地震三周年,第三个全国防灾减灾日上午9点10分开始的四川省什邡市北京小学校园地震疏散演练的现场。记者捕捉到教学楼二楼的一年级1班教室里一个名叫洪子涵的小朋友如何逃生的小故事。读者跟随子涵小朋友的脚步、跟着队伍跑出教室,来到楼梯口。记者还不忘写上洪子涵小朋友牢记老师教导"用双手护住脑袋"这个细节。

在这篇报道里大量的现场描述,比如"守候在楼梯拐角处的几位老师,立即疏导人流,指挥大家分批下楼,三楼高年级的同学在二楼宽敞的过道里等候,让低年级的同学先走……一个接一个,一队接一队,5分钟后,全校1400多名同学全部安全转移到学校的大操场上。"这些描述具体可触,表现出这个学校提出的"要让学校成为最安全的地方"的这句口号并不是空泛的纸上谈兵。

记者描述新教学楼不但抗震级别高,每层设了6个楼梯口,而且人员密度大大降低,过去一个教室要坐六七十名学生,现在一个教室只有40多名学生。这个事实与校长助理高军所说的"安全系数大大提高了"相吻合。

第三节　新闻语言要简洁

一、新闻语言要简洁

文以精练为贵,以烦冗为病。新闻语言应当简洁、洗练,干净利落,切忌拖泥带水。正如鲁迅所说:"简洁的文字,有着穿透读者心胸的力量。"

对于新闻语言的简洁,艾丰认为:"要解决简明和简练的问题,最重要的是在我们的头脑中树立简比繁好的思想。"[①]

美国艾米利达斯教授认为,记者"不要醉心于那种华而不实、铺张的描写,要挤掉水分,因为这些除了证明记者善于使用陈腐的语言和手法外,不会有任何效果。"[②]

毛泽东同志提倡文字简约。他在《反对党八股》中讲到了这个意思。"现在是在战争的时期,我们应该研究一下文章怎样写得短些,写得精粹些。延安虽然还没有战争,但军队天天在前方打仗,后方也工作忙,文章太长了,有谁来看呢?"他特别引用鲁迅的一段话说:"写完后至少看两遍,竭力将可有可无的字、句、段删去,毫不可惜。宁可将可作小说的材料缩成速写,决不将速写材料拉成小说。"当时延安把这次大会叫作"压缩大会"。

现在是信息化时代,人们生活节奏加快,读看新闻的时间与耐心似乎都在减少,新闻语言更要简洁明了。

二、如何做到简洁?

一句话,要做到言简意赅,字少含义多而广,删除重复的、不重要的、不形象的段、词、句等。

① 艾丰.新闻写作方法论[M].北京:人民日报出版社,2001.
② [美]密苏里新闻学院写作组.新闻写作教程[M].北京:中国新闻出版社,1986.

请看一篇原文及修改稿。

内容来源：2004年《新闻与写作》，翟建华《挤掉"水分"突出"干货"》。

原稿件内容如下：

143辆110警车开赴街头 姜延虎辛维光等出席发车仪式

本报讯　8月19日，在市公安局举行了"110"警车发放仪式。"出发！"随着市委副书记辛维光的一声令下，143辆崭新的"110"警车开出了市公安局大院，奔赴全市143个基层派出所。

省委常委、省公安厅长姜延武，市委常委、常务副市长许朗，市人大常委会副主任张学武，市政协副主席施建超和有关单位负责人出席了发车仪式。

市委常委、市政法书记、市公安局局长林连华在"110"警车发放仪式上介绍：我市公安机关在市委、市政府的关怀和领导下，认真实践江总书记"三个代表"重要思想，切实贯彻"5·31"讲话精神。按照上级公安机关统一部署，继续深入开展严打整治斗争，今年上半年，我市开展"春夏扫毒风暴""打盗枪、清积案、追逃犯、破大案""严打百日会战"等专项斗争，通过定期召开要案件督办会，已破获各类案件5000多件，抓获犯罪嫌疑人近万名。其中，一大批重特大案件及时侦破，有力打击了各类刑事犯罪活动，维护了社会治安秩序。尤其是针对校园周边治安秩序混乱的情况，集中开展了"校园周边环境治理"专项活动，打掉了"九兄弟""十三鹰"等一大批青少年非法帮会组织，维护了校园周边治安秩序稳定，人民群众的安全感普遍提高。

针对我市可防性案件发案率较高的问题，我市公安机关于去年十月份，建立了"三级巡逻、四级防范"治安防范体系，坚持打防结合、预防为主，标本兼治、重在治本的方针，探索建立"打、防、管、控"一体化新机制。初步形成了各级各部门齐抓共管、群防群治的良好局面。元月至六月，全市可防性案件立案比去年同期下降0.3%，其中抢劫案比去年同期下降了13.87%，有效地遏制了可防性案件发案率上升的势头。

我市公安机关在深入开展严打斗争的同时，突出抓好队伍建设，紧扣"增强人民警察意识，树立人民警察形象"、开展"四查四清"，讨论"两封群众来信"活动，加强教育培训，全面提高了基层民警政治、业务素质。

林连华说，公安机关担负着为改革开放保驾护航的重任，长期以来，市委、市政府高度重视和关心公安工作和机构改革中出现的突出问题，特别加强基础公安基层基础建设，强基固本，切实提高公安机关战斗力和服务人民群众的水平，不断加大公安经费投入，这次为全市基层派出所配置的143辆警车将作为流动的治安岗亭，随时受理群众的报警、求助，切实加强治安防范，全力维护社会稳定。这再一次表明了市委、市政府加强公安工作、加强打击犯罪，加强维护我市社会稳定的信心和决心。这将极大地增强我市公安机关的机动作战能力，也极大提高我市公安机关打击犯罪，保护人民的能力。

辛维光代表市委、市政府要求全市公安民警：继续深入开展严打整治斗争，努力抓好队伍建设，不地、辜负省委省政府、市委市政府和全市人民的期望，确实搞好社会治安秩序和社会稳定工作，确保一方平安，保持社会稳定，保证我市改革开放与现代化建设的顺利进行，推进我市实现跨越式发展，强市升位战略目标的早日实现，为党的十六大胜利召开创造良好的社会治安环境。

这篇原稿事实混杂不清，是一篇像流水账的会议新闻。稿件大量引用领导讲话稿，可谓官话、套话、啰嗦话一大堆，读者根本读不进去，也不想往下读。另外，稿件文字冗长，有1217字，却没抓拎出新闻"干货"，把肉埋在了米饭里。新闻点不突出。

修改的见报稿件如下:

拨款千万元装备"110" 我市公安系统新增警车 143 辆

本报讯 8 月 19 日,在市公安局举行了"110"警车发放仪式。随着市委副书记辛维光的一声令下,143 辆崭新的"110"警车开出了市公安局大院,奔赴全市 143 个基层派出所。

据贵阳市公安局局长林连华介绍,公安机关担负着为改革开放保驾护航的重任,长期以来,市委、市政府高度重视和关心公安工作和机构改革中出现的突出问题,特别加强基础公安基层基础建设,强基固本,切实提高公安机关战斗力和服务人民群众的水平,不断加大公安经费投入,这次为全市基层派出所配置的 143 辆警车将作为流动的治安岗亭,随时受理群众的报警、求助,切实加强治安防范,全力维护社会稳定。

这是 2002 年 8 月 20 日贵阳一家报纸的头版消息。原文 1217 字,修改过的稿子只有 258 字。成功从肥胖、臃肿、枯燥的文字中瘦身而出,文字简洁起来,有现场感,场面描述,有明确的消息源,也有领导讲话,引语的运用,我们看完之后"轻快"了许多。

改过的稿件把"我市公安系统新增警车 143 辆"这个新闻也抓出来了,直接进行标题,引人注目。

不足的是,仍有套话,另外,很重要的一点新闻事实没有采写清楚,那就是标题中提到拨款千万元装备"110",只在标题上一闪而过,正文没有交代清楚。

原人民日报社范敬宜总编辑是大家公认的新闻大家,人民日报浙江分社社长王慧敏在 2015 年 2 月 21 日《光明日报》上撰文,披露了许多范总如何锤炼稿件的往事:

"范敬宜告诉我,即使到了今天,他的任何一篇稿子都要经过反复修改,就是写一篇小消息也不轻易放过,《再给后代 5000 年》不足 500 个字,他从晚上 10 点开始动笔,一直写到了次日凌晨 5 点多,先后换了 7 个导语。"

"1995 年,我写了一篇河北灵寿县 7 个山民修路的通讯《太行七贤》,范敬宜亲自撰写了一篇 600 多字的编者按。他告诉我,这篇编者按,他整整琢磨了一个星期。"

难怪人民日报社记者杨彦感叹道:"如何写稿,有高人授道:立意要(如作画)泼墨写意放得开,行文要工笔细描收得拢。下了苦工夫、慢工夫,不一定能写出精品力作,但如果不下苦工夫、慢工夫,是肯定写不出精品力作的。"[1]

第四节 新闻语言要朴实

高尔基在《新闻工作者的伟大历史使命》一文中强调:新闻语言"当然是越朴实越好"。"真正的智慧,通常总是用很朴实的方式反映出来的"。"语言越朴实,越生动,就越容易理解"。[2]

美国著名新闻学者麦尔文·曼彻尔认为写作的第一步就是质朴。他提出:"写作要质朴、简洁、诚实、迅速。"

美国新闻学者提到的"质朴"的新闻语言,其实就是我们上面所说的新闻语言的"朴实",名称不同,意思一致。

---

① 杨彦.回归新闻.人民日报社业务研讨,2014.

② 高尔基.高尔基论新闻和科学[M].王庚虎,译.北京:新华出版社,1981.

朴实的新闻语言，主要是指那些略去形容、不加雕琢的语言，它的主要来源是群众语言，其表现手法主要是白描和对群众语言的借鉴。这类语言读起来平实无华，但在语言的背后，往往潜伏着惊人的表现力。

朴实的语言就是大白话，就是你生活中如何说话，写作稿件时也如是说话，多说口头话。

古人常说，文字"唯造平淡难"。运用朴实的文字表达出高深的内容，做到深入浅出，才算是真正掌握了语言的奥秘，这样的文字，才可谓"看似寻常最奇崛"。

越是成熟的记者，越是注意语言的朴实。越是朴实的语言，就越容易表现事物的形象特点，更容易符合事物原貌，做到真实的再现。相反，过多的堆砌形容词，过于追求"美文"，就难免远离事物的本真，甚至会"因文害意"。越是表达精深的内容、深奥的道理，越是表现感人的情怀、高远的境界，就越离不开朴实的语言。

朴实的新闻语言的功效，更接近普通受众的阅读心理，更容易让群众所喜闻乐见。

2016年10月17日7时30分"神舟"十一号载人飞船发射升空。飞船在轨运行期间，两位航天员首次以"新华社太空特约记者"身份持续发回报道，形成新华社全媒形态系列报道产品"新华社特约记者太空日记"。

两位航天员以朴实的语言报道自己所看见的太空和在飞船的生活情况，就像面对面聊天般亲切自然。

请看两位航天员记者的太空日记——

第一篇是景海鹏的报道，时间是2016年10月19日。

新华社天宫二号10月19日电（新华社太空特约记者 景海鹏）　今天是神十一飞行乘组在组合体的第一天，我是新华社太空特约记者景海鹏。现在是晚上十点零五分，我们的工作还没有结束。

听说大家很关心我们的生活，新华社客户端网友"兔兔平安"问我们睡觉、吃饭的情况。工作比较饱满，现在特别想睡觉。早饭和午饭是合并吃的，因为前期在对接，进入组合体，工作比较忙，所以没有时间吃饭。我们准备晚饭好好吃一顿。早饭和午饭主要吃的是一些即食食品，零食吃得比较多，主食吃得比较少。米饭面条加热完后就忘吃了，我们准备晚上补上。

这次是我第三次上天，已经两次进入"天宫"。天宫一号比较舒服，天宫二号更舒服，布局、装修、颜色搭配都非常好。

提到家人，想起我在媒体见面会上就说过，今天也和陈冬有交流，军功章必须有家人的一半。

此时此刻，我和陈冬在天宫二号非常想念大家。我想对航天员大队的战友们说，十八年以来，我们同在一个桌上吃饭，同在一间教室上课，同在一个球场打球。十八年来，我们一起工作，一起生活，一起训练，一起追求梦想，我们亲如一家。我知道今天大队的战友们都在为我们站岗、加油、值班，向大队的全体战友敬礼！

我们再看看另一位新华社太空特约记者10月21日陈冬发回的报道《我还没遇见外星人，也没"晕船"》。

新华社天宫二号10月21日电（新华社太空特约记者 陈冬）　今天是进入天宫二号的第三天，我是新华社太空特约记者陈冬。

第一次进入太空确实体会非常奇特，感觉刚开始自己的身体都不会控制了，已经分不出该怎么走路，怎么行动。还好有景师兄在旁边帮忙，现在已经慢慢适应失重的感觉，也越来越感受到失重的乐趣。

我晚上睡觉还是挺好的，因为工作安排得比较紧，所以晚上一闭上眼睛就能睡着。做梦了吗？我想应该做了吧，因为白天这么多新奇的事情，晚上一定会梦到这种失重的感觉。

之前，我就很期待看到窗外的风景，其实前面在飞船里的时候就已经看到了。我记得，当时一抛整流罩，就能从舷窗看到美丽的地球了，还多看了几眼。那时候景哥还问我看到外面景色没有，我说非常美，当时就是这种感觉。因为这两天工作安排还比较多，只能抽空偶尔看一看，但是我感到看的次数和时间还比较少，我想在后面还会再抽出时间好好欣赏一下。

10月21日晚9时许，新华社太空特约记者陈冬在天宫二号内口述太空日记，新华社发（中国航天员中心提供）

现在还没看到过日出和日落，只看到了白天和晚上，我想后面一定要找机会弥补。至于拍照和录像，后面我会尽一切可能多留一些影像资料，给我留一个美好的回忆，也给大家呈现出更多的美丽图片。

听说杭州聋人学校的学生徐思丹在新华社客户端上留言问我，有没有看到外星人。这个小朋友很有想象力。外星人我还没看见，我也希望能够看见"非常外星"、特别奇特的外星人。

另一个小朋友问我，在飞船上会不会晕船。飞船虽然带一个"船"字，但是好像跟晕船没有太大的关系。只是失重会给身体带来一些感觉，应该不会晕船，感觉很奇妙，很好。

这两名航天员都没做过记者，但这次特约报道太空日记却很受欢迎，网上点击率和微信朋友圈转载率非常高。

大家都愿意看，愿意听。原因有两个，一是新华社这次太空日记有视频、音频、文字、图片，极其丰盛，做尽了独家新闻资源。二是这两名航天员的报道说的都是大实话，口头话，朴素自然。他们虽没有新闻专业训练却很成功完成太空报道任务，究其原因就是他们都是真实、朴实地表达了眼中所看之景，心里所感之事，不造作。这为每一位初学者提供了信心。

第五节　新闻语言要通俗

一、通俗的含义

新闻语言中应避免使用专业术语或是行话,让读者看不明白。

1952年新华社在《地方广播工作方案》中提出了这样一个标准:"拿给认识一两千字的工人、农民看,他们能看得懂,并且高兴看;也可以拿来给不识字的工人、农民听,他们能听得懂,并且听得有兴趣。"

国外新闻界的一般要求是,把新闻写得让中学生都能看懂。

《北京青年报》2006年10月30日A7版,发表了一篇有关出生人口性别差异的报道,其中,一个专有名词叫"出生人口性别比"。这个词属于专业行话,不太好懂,记者在报道中,有关此词相应的解释偏偏滞后,因而通读这篇报道,理解起来就有一定的难度,阅读也有些吃力。

这篇报道的引题是《有人借人口流动之便选择生育性别》;主题是《我市出生人口性别比已超过109》。请看以下内容:

本报讯(记者赵媛媛)　北京、上海、天津三个直辖市,出生人口性别比都比2001年第五次人口普查时有了明显升高,已超过109。国家人口计生委官员日前表示,主要原因是一些人借人口流动之便,选择生育性别。

日前,国家人口计生委副主任赵白鸽表示:"城市出生人口性别比继续升高,这是由于近年来城市流动人口增加势头迅猛,一些人借流动之便选择生育性别,有关部门对于这种新情况还缺乏有效的应对措施。"据了解,虽然北京已是全国生育率最低的地区之一,但"五普"时全市的出生人口性别比已达109。

赵白鸽说:"人们对生育性别的选择,已由原来的二孩、多孩向一孩扩展,一孩出生人数占出生总数的三分之二,一孩出生性别比超出正常值范围应该引起高度关注。"

据了解,出生人口性别比指一年内出生人口中成活男婴与女婴之比,常用每100名出生女婴相对的男婴数表示,正常范围在102至107之间。2000年全国出生人口性别比为116,2006年上升为118。

为此,国家人口计生委要求,今后各地要加强孕产期全程服务与监护,减少和杜绝选择性别引产,并将督促有关部门,对胎儿性别鉴定的设备和人员进行严格管理。同时,各地要建立出生性别、引产监测网络和登记报告制度。

我们来分析一下这篇报道的语言。说它通俗吧,但有阅读的障碍,不流畅生动;说它没有进行专有名词的解释吧,又有点冤枉,记者在报道的后半部门也进行了相应的说明,如"出生人口性别比指一年内出生人口中成活男婴与女婴之比,常用每100名出生女婴相对的男婴数表示,正常范围在102至107之间。"

但是,为什么整篇报道会让读者不易读下去?

其实,还是语言的转化问题,通俗化的问题。首先,这篇报道的最大的核心词就是"出生人口性别比",记者要尽早地把它解释给读者,用更形象生动的语言来说明,其报道效果就会不同。

另外，整个报道的语言是死板的，尤其最后一段，很生硬，完全可以改变表达方式，换一个写法，拉近与读者之间的距离。

再有，这篇报道也存在硬伤，就是事实交代不清晰，题目是说北京市的出生人口性别比问题超过了109，但文中内容涉及北京的地方并不多，题文不一致，倒是全国的总体情况有最新的数据对比。

这样的问题出现，也不能完全归于写作时语言文字的运用。如果记者新闻采访时，能够更深入，了解的事实能够更具体，多些资料和细节。这样写作的素材就全面而深入，记者写起来更得心应手。

我们再看一篇《北京青年报》2006年11月6日A9版的报道。稿件的主题是《连续两天大风降温本市今起进入初冬》；副题是《本周京城最高气温在12至15摄氏度，最低气温在0到－2摄氏度》。

本报记者黄建华报道　今天凌晨，京城最低气温将可能直降到今秋首个零下，为－1度，双休日后第一个工作日出门上班的市民要多穿衣服，不要和寒冷对抗。另外，本周京城也将进入初冬，气温适宜、风和日丽的暖秋被势力强大的冷空气"追赶"得一去不复返了。

双休日连刮两天的大风成功地"偷袭"了京城，大风将京城由暖秋骤然送入初冬。气象专家介绍，自入秋后，京城一直处于暖秋状态，而且平均气温达到了50年来的最高。但仅隔一天，上周六，瞬间风力达八级的大风就袭击了京城，催动大风的这股冷空气的势力实在太强，受大风的影响，昨天和前天白天本市的最高气温只有10摄氏度左右，而最低气温下降到了今晨的零下1度。本市降温幅度普遍达到了10摄氏度左右，也是今秋的最大幅度。

大风刮走了影响升温的阴云，但因为太阳现在实在是太"弱势"，所以，气温不大可能得到大幅回升，而本周二，也就是24气节的立冬，本市的最低气温还将降到零下2度。根据气象学上规定，连续五天平均气温低于10摄氏度，标志着进入冬天。最新的预报显示，本周本市气温将达到这一指标，因此，立冬后本市将正式进入初冬。另据气象专家介绍，除周二最低气温将降至零下2摄氏度外，本周的8日和9日还有四五级大风，本周还有降温。本周京城最高气温在12至15摄氏度，而最低气温在0至零下2摄氏度。

这篇气象新闻点抓得较好，写的有人情味，与读者的接近性强，通读下来没有障碍，十分流畅，语言形象生动，通俗易懂。

比如，文中运用了"暖秋被势力强大的冷空气'追赶'得一去不复返了"之"追赶""双休日连刮两天的大风成功地'偷袭'了京城，"之"偷袭""大风刮走了影响升温的阴云，但因为太阳现在实在是太'弱势'"之"弱势"等词语，形象地转换了一般气象新闻用语死板、抽象的情况，读起来很生动，有动感。

另外，整个报道中，新闻语言运用得比较具体，贴切，既有形象，也有分寸，如导语的第一句话中"今天凌晨，京城最低气温将可能直降到今秋首个零下，为－1℃"之"将可能""另外，本周京城也将进入初冬"中的"也将进入"等词，十分贴切，毕竟这是一篇关于天气的预先报道，语言口气不能说得太满。

这样一来，整个报道对气象情况及北京市这几天来的事实交代清楚、明白。唯一的不足是，如果有明确的消息来源就好了。例如文中只用"气象专家介绍""另据专家介绍"等词来交代消息来源，这是模糊、概括的消息来源，容易让读者对报道内容的权威性打折扣。

二、要用自己的语言来报道新闻

通俗不反对要用记者自己的独特的语言来报道新闻，即对新闻的表述有自己特有的味道。记者完全可以把自己的报道写得通俗又优美。本书提倡"做我样的记者，写我样报道"的个性化采写理念。

不久前看到《人民日报》社关于"福州产业升级"的消息，得知原标题是《福州"填空补缺"完善产业升级链条》，后来见报时编辑们改为《福州把好牌打成顺牌》，这一修改增色不少。句式又短又形象，"好牌顺牌"远比"产业升级"更加口语和通俗。

下面我们来对比两篇稿件，一篇是原稿，另一篇是见报的修改稿，稿件摘自2004年《新闻与写作》中刘连枢所写的《莫把概念当概括》。原文是通讯员来稿，题目是《十年案牍成万字歌诀 西郊农场苗圃有个果树状元张铁山》。请看报道——

张铁山1961年初中毕业后，便一头扎到了西郊。三十年来，潜心钻研果树栽培管理技术，育种、嫁接、修剪、整形，他样样精通且有独到之处，吸引了京郊八方同行前来取经探宝。

从十年前开始，他便动笔编写了一本近万字的桃树栽培管理技术资料。文章全部采取歌诀，生动活泼，融科技与文学与一炉，通俗易懂，便于记忆。北京市农场局高级农艺师李海平同志、西郊农场总农艺师徐志恩同志对此提出修改意见并给予高度评价。他还应邀登上大学的讲台，用口诀为北京农业大学的大学生们讲了一课。十年寒窗，一腔热血，现在，这本万字歌诀已趋成熟，并且引起有关方面的重视。

在这篇通讯员原文中，语言概括抽象、死板、不生动、不具体、不通俗，读者不爱读这样的稿件。这是新闻写作的硬伤。

我们来看一下记者采访后的修改稿件，题目是《桃林为伴历寒暑 十年心血浸文章张铁山编出万字诀》。请看报道——

本报讯 西郊农场张铁山，果园工作三十年。钻研技术积经验，编出歌诀近万言。

问他著述难不难，他说就看钻不钻。勤学勤问勤观察，千遍万遍不怕烦。白天围着桃树转，凌晨写作仍伏案。病妻说他着了魔，不管家中柴米盐。

翻开歌诀仔细看，桃树管理知识全。七言四句为一段，滴滴心血浸其间。"立春雨水正月始，小寒大寒整一年"，四季管理随节令，万字歌诀记周全。

铁山十年四易稿，众人百问难不倒。清明谷雨干哪样？"追肥灌水打农药"。新树嫁接啥时节？"七八月间存活高"。老树更新怎修剪？"回缩干枝最重要"。

若问天牛咋治法，铁山张口把话答："站在树下找木渣，流木渣处是它家。找到它家用刀挖，见洞再用铁丝拉。""要说定果与疏花，中枝两个长枝仔，花束短枝留一个，预备枝上莫留它。"西闸村里有桃园，请他传艺整三年。按照歌诀来实践，三年连续稳高产。

应邀农大上讲台，歌诀滔滔如流泉。学生教授哈哈笑，众口齐夸有创建。笔者行文也合辙，只缘采访受感染。

可以看出，记者修改过的稿件文字具体起来，生动起来，也通俗流畅起来。值得一提的是，语言也别具特色起来。

这是因为记者看到通讯员来稿后，觉得需要补充采访。在采访时，他发现张铁山这个被采访对象说话就像他写的果树歌诀一样幽默诙谐，从而灵机一动，用这样与被访者性格相符，与他生活中无异的风趣的语言来组织自己的整篇稿件，收到了不同寻常的报道效果。

《北京青年报》2006 年 11 月 6 日在 C2 版，发表了一篇关于演员濮存昕饰演佛家高僧弘一法师的报道，文章写得既通俗流畅，又有韵味，美感。它的引题是《〈一轮明月〉中追求形神合一》；主题是《濮存昕剃发只为饰弘一》。

内容如下：

展现弘一法师（李叔同）传奇人生的电影《一轮明月》，日前在浙江大智禅寺举行了独特的放映仪式，濮存昕朗诵了一首弘一法师诗作《月》，表达了他对弘一法师的景仰。他表示，李叔同一生充满传奇色彩，出家的原因到现在都是一个谜，而自己出演这部电影可谓是斗胆一试。

舍去三千烦恼丝 与大师神形合一

一曲"长亭外，古道边，芳草碧连天"让李叔同的名字在近代家喻户晓，但是对于他充满传奇的一生，大多数人了解得并不多。《一轮明月》以 20 世纪初的文化名人、佛学高僧李叔同的出家生涯为轨迹，以他一生忧国忧民、救国爱国这条主线贯穿全片。影片中濮存昕饰演的弘一法师，要从 18 岁的青年时代一直演到圆寂前夕的 62 岁。

为了拍摄弘一法师，濮存昕不仅舍弃了"三千烦恼丝"，而且"为伊消得人憔悴"，从影片中可以看出，濮存昕剃度的头上泛着智慧的青光，消瘦的形容显出几分仙风道骨，无论形还是神，都似一个高僧。

濮存昕对出演历史人物情有独钟。此次出演李叔同满足了他多年的心愿，同时对他也是一个挑战。"演历史人物其实很难，不仅要长得像，而且要力求神似。为了体会大师的境界，我每天一有空就学画画、篆刻——让自己的生命与大师合而为一。而演完这部影片，周围的朋友都为我的变化吃惊不小，他们觉得我整个人的节奏都放慢了。"

濮存昕告诉记者，影片反映了李叔同两种截然不同的生活和思维方式，前一半是描述李叔同在俗界的生活，后一半讲述他出家之后的生活。而对于李叔同为什么要出家，很多影视作品都曾做过介绍，但是很多都不是很准确。"现在我们虽然在拍摄这样一部人物传记电影，但是李叔同到底为什么要出家，对我们后人来说依然是个不解的谜，所以只能按照我的理解尽量诠释，虽然不能达到权威，但希望人们能从中体会到影片中蕴含的示世、警世的深刻内涵。"

与弘一大师有缘 曾刻印自称"二一之徒"

说起来，濮存昕与弘一大师颇有缘。此次出演李叔同可以说是多年夙愿终于实现。早在1990 年濮存昕拍摄谢晋导演的《清凉寺的钟声》时，就专门读过李叔同的传记，并产生了塑造弘一法师的愿望。"在弘一法师面前，我总有一种高山仰止之感，我还刻了一个'二一之徒'的印章，因为李叔同自称二一老人，他的'一事无成身渐老，一钱不值何消说'，说得多好。"

1995 年，濮存昕又得到一个饰演李叔同的机会，但当时觉得自己太年轻，心静不下来，演不好，只能谢绝了。经过 10 年岁月的磨砺，当再次获得这个机会时，濮存昕对演好弘一法师已经心里有了底。"李叔同在音乐、诗词歌赋、篆刻、书法、绘画、表演诸方面造诣颇深，是千古奇才，他的人生丰富多彩充满传奇，所以我斗胆饰演弘一法师，在明知十全十美是不可能的情况下还是出演。"濮存昕表示自己没有期望这部电影会吸引所有观众，但希望那些喜欢弘一法师的人们能看到自己心目中的大师。

即将展开全国"慈善义演"

濮存昕告诉记者，《一轮明月》最初的发起者是几位隐居的居士，共筹备了 350 万元拍摄资金,同时还写了一个剧本,成立了"一轮明月文化公司"专门负责这部电影的拍摄。但是350万元根本无法拍摄一部电影,后来遇到了陈家林导演,在他的帮助之下改写了剧本,同时又筹措了几百万元拍摄资金,总共有700多万元的资金。

濮存昕很为众人的执着所感动:"我觉得有责任把这样一部好的文艺片传承给后代。"据了解,电影《一轮明月》将于近期开始投入公益放映,片方将为放映单位免费提供拷贝。(完)

这篇报道记者就消化了采访内容,把自己融进去,用自己的语言来报道濮存昕为拍摄电影《一轮明月》所作的各种准备和饰演弘一大师的心路历程,行文流畅。

《人民日报》福建分社记者赵鹏曾荣获中宣部"走转改"优秀新闻工作者称号;其作品在中国新闻奖的评比中榜上有名。

说起自己二十多年的采写经验,他说:"我个人的体会,最好的方式就是直截了当。能口语化,就尽量口语化。新闻不是理论、不是文件、不是文学、不是教科书,也不是学术,通俗易懂,是为上佳。……近几年,我写的多是长篇通讯类。要想让人读得下去,至少要在字面上符合当下的阅读习惯。口语化是一种比较讨巧的办法。……口语有助于形成短句式。在今天,快节奏已经是当下的生活主题。当"点赞"多于"留言"、当"呵呵"变成"答复",我们没有理由还抱守长篇大论。"①

三、通俗的要求

在写稿子时,争取做到以下三点:

①用常用词语,少用冷僻词汇和文言和小范围内适应的简称。例如第五次人口普查,记者简称其为"五普"。

②能用短句表达清楚的,少用绕口绕意的长句子,如果实在需要长句表述,试将长句拆开来说,说话直截了当,少拐弯抹角,少用"因为""之所以""随之""而且"等虚词,可跳笔。

③解释说明有关专业术语。不要以为自己明白,读者也就明白这些技术性强、专业要求高的术语。用普通人的视角和语言阐明这些深奥难懂的专有名词和术语,巧妙进行转化,让读者看得轻松、看得明白、看得有兴趣。

1998年11月27日,新华社发表的一则稿件,题目是《地球上第一枝花盛开在中国》。

请看报道——

新华社沈阳11月27日电(记者陈孟阳、徐机玲)　国际科学界今天证实,中国科学家在1.45亿年前的火山灰里发掘的八块有漂亮花纹的化石,是地球上最早出现的花。

今天出版的美国《科学》杂志以封面文章的形式向全世界隆重宣布:最新的研究表明,地球上第一枝花盛开在中国。在辽宁西部北票发现的这种原始的花已被科学家命名为"辽宁古果"。

领导这项研究的中国科学院南京地质古生物所研究员孙革说,这些被子植物开花时花瓣呈螺旋状排列,与现今常见的木兰花相似。

国际古植物学会前副主席大卫·迪尔切教授说:"这是迄今发现的有确切证据的地球上最

---

① 赵鹏.多些直截了当,少些形容造作——浅谈什么是"好读的新闻".人民日报社业务研讨,2015.

早的花。"

科学家认为,新发现的花化石比以往发现的此类化石要早 1500 万至 2000 万年,为研究 1.45 亿年前地球生态环境的变迁提供了新思路,对现代地质及石油勘探等科学和经济活动具有重要意义。

这些化石花朵属被子植物,也称"有花植物"。科学家指出,在地处北温带约北纬 41.7 度的辽宁北票地区的这次发现,还改变了学术界通常认为"被子植物起源於热带"的认识。

一百多年来,有关被子植物起源及早期演化问题一直悬而未决,著名古生物学家达尔文曾称之为"令人讨厌的谜"。大卫·迪尔切认为"此次发现已经开始了对这个谜的破解"。

孙革说,现今地球上存在的"有花植物"约有 25 万种,占植物种数的一半左右。花朵、谷物、水果等绝大多数都是被子植物,这一植物类群与人类的生存、地球的气候及其他生态环境关系十分密切,它们的兴起被认为是植物发展史上最近的一次大飞跃。

此次化石的发现地——北票地区古生物化石蕴藏丰富,几年前曾在此发现过四足类恐龙化石。

由新中国培养的第一位古植物学博士孙革以及另两名古生物专家郑少林、周浙昆进行的研究,得到了国家自然科学基金、中国科学院以及美国科学院院士大卫·迪尔切的支持。

据了解,在《科学》杂志上发表的中国科学家主笔的封面文章,近年来是第一次。

花化石

在这篇报道中,可以看出记者是下了写作工夫的。

记者没有简单传递考古专家介绍的考古发现,而是弄懂听明之后,用自己的理解把它转化出来,换成了百姓能明白的报道角度。

考古学家原本介绍给记者的有两大类专业术语,一是化石的大约年代,用考古术语说是侏罗纪时代,记者把它转化为距今天的大约年份,比如文中提到的"在 1.45 亿年前的火山灰里",这样一改,读者好理解:久远久远的年代之前地球上盛开各种各样的植物;二是植物的专业术语,比如"被子植物",没学过植物的读者很难明白什么叫"被子植物",记者很巧妙地把它消化掉,转成了通俗易懂的语言,他这样解释:被子植物,也称"有花植物",又借专家的口再进一步说明,现今地球上存在的"有花植物"约有 25 万种,占植物种数的一半左右。花朵、谷物、水果等绝大多数都是被子植物,这一植物类群与人类的生存、地球的气候及其他生态环境关系十分密切。

这就把专业术语写活了。

这也是为读者服务的意识的体现。

四、善于运用群众语言

新闻语言的来源之一是群众语言。群众的语言常常是质朴无华,明白如话的。群众是真正的语言大师。记者在报道中应尽量采用群众口语中新鲜活泼的语言,不乱用方言土语。

毛泽东是运用群众语言的大家。

1942 年 2 月,毛泽东同志在延安干部会上作《反对党八股》的讲演时,号召全党要用很大的力气向人民群众学习语言。他说,人民的语言是丰富的,生动活泼的,表现实际生活的。他强调指出,要想真正做到语言"大众化",那就要老实地跟老百姓去学,否则是"化"不了的。毛泽东本人在学习和运用群众语言方面身体力行,留下了大量脍炙人口的佳作。在他的许多文章中,他总是尽量避免使用抽象拗口的词语,代之以生动活泼的群众语言。

在《反对党八股》一文中,毛泽东多次引用谚语,"到什么山上唱什么歌""看菜吃饭,量体裁衣"等。1955 年,在中国共产党全国代表会议上的讲话中,他将"荷花虽好,也要绿叶扶持""一个篱笆要打三个桩,一个好汉要有三个帮"两条民谚接连使用,突出了团结互助的重要意义。

毛泽东善于依照群众语言的形式和风格,创造一些为群众喜闻乐见的新鲜词语。如"虚心使人进步,骄傲使人落后""没有调查就没有发言权""枪杆子里面出政权""星星之火,可以燎原",等等。通俗的比喻也有很多,如"我们脸上有了灰尘,就要天天洗脸;地上有灰尘,就要天天扫地"。

这样的例子不胜枚举。对群众语言的借鉴,使他的文字语言也做到了"从群众中来,到群众中去",既通俗形象,又有质朴的美感,非常值得我们学习。

2001 年 8 月,《平顶山日报》发表了一篇《玉米地养鸡,张延峰赚了》的报道,其显著特色就是用农民自己的语言写新闻。眉题引用了张延峰自己"编"自己"哼"的"歌"——"玉米长钞票响,鸡鸣叫财来到",既通俗易懂,又生动活泼。

2002 年 12 月 24 日,《解放军报》报道了在蒙古高原打井的王振风团长的事迹,在通讯《生命之泉》中,记者采到了当地百姓的质朴语言。请看其中的三段:

看井的老大爷伸出佝偻的双手:"这都是长期打水,被井绳撸的。咱这儿,泥汤子都比油精贵。"

"王团长,人人都说你是打井能人,俺就求求您了!"王振风走出帐篷,骤然愣住了,全村的群众打着火把齐刷刷地站在夜幕里。

88 个昼夜过去了,巨大的水柱终于从井下喷射而出,昼夜出水量 270 吨。一位老大爷流着眼泪说："过去俺祖祖辈辈拜龙王,可越拜越没水。解放军才是真正的救星! 王团长,你是咱草原人的恩人啊!"

可以看出,在这次采访报道中,记者抓取到了老百姓说的话,质朴自然。

看井的老大爷说,"咱这儿,泥汤子都比油精贵。"一句话,就道出了这里缺水的情景。在听到王团长他们,要放弃在村里打井的消息后,村民们打着火把把王振风的住处围了个水泄不通。"王团长,人人都说你是打井能人,俺就求求您了!"这声音就像打井的钻探,直钻进读者的心里去。而在经过 88 天奋战,终于打出水来之后,一位老大爷说的话也富有代表性,符合老大爷的身份和看法:"过去俺祖祖辈辈拜龙王,可越拜越没水。解放军才是真正的救星! 王团长,你是咱草原人的恩人啊!"这句话,把老百姓朴实的感恩思想表达出来。

第六节　慎用新生语言

在这个日新月益的网络时代,新生语言层出不穷,这反映了时代大背景下人们应对时代潮流的创新、调侃和自娱自乐。

一、新生语言分类

新生语言的组成一般分成四大类:

①人们在日常生活中,特别是网络生活中,对某一特定人群创造出来的新词汇,所谓人工造词。例如"海归(龟)",特指的是从海外留学归来的人员;还有一些特定圈内的行话,比如高校中流行的"特困生",指的是一上课就爱打瞌睡的学生,"觉皇"不是原来的"教皇",而是嗜睡的代名词。

②人们在网络时代追求简洁的表现,即将汉语语言数字化。如"9494",意思是"就是就是";"7456"就是"气死我了";"3166"是日语汉译名词"沙哟娜拉"即"再见"的意思;而"886"则是英语再见的数字化表达。

③字母化。字母化的新生语言包含三层内容,既有将原来的汉语词语用拼音字母化,如"GG"就是哥哥拼音两个首字母;也有将英语字句原文转为字母的,如"CU"就是英语"SEE YOU"的音译汉语拼音字母;还有一种是数字与字母混合式的组合,如"3Q"就是英语"THANK YOU"的转变。

④汉语谐音。在网络时代新生语言中所占比例较大的,就是将原汁原味的汉语谐音化处理。例如"果酱"就是"过奖""木有"就是"没有",等等。

二、新生语言产生的原因

①大多数网友使用的聊天工具是拼音输入法,因而用语将错就错。

②为快速交流,不少人选用缩略的方式,用字母、数字、符号甚至图形来表达意思。

2005 年 10 月 26 日,《北京晚报》第 35 版刊登了一则新闻,题目是《大连教育界传出不同声音——学生使用"网语"不该受到批评》。这篇报道说到了网络语言在社会上的流行,特别是

在校园的广泛使用,其导语如下:

偶就稀饭酱紫说话,酱紫 84 粉 Q 粉 Q 的末? 泥为虾米 94 扑通? 这段"网络密码"的译文是"我就喜欢这样子说话,这样不是很可爱很可爱的吗? 你为什么就是不懂呢?"

网络语言的盛行已成备受关注的社会现象。对此不少反对来自教育界。然而昨天,大连市一所重点高中语文组的王老师却不讳言,她可以接受"酱紫"(这样子)说话的学生,"只要不过分,这种语言风格是不应该被批评的"。

导语中开卷的一句话,就是目前网民中特别是学生网民中常见的一句话。现在,绝大多数学生对网络语言已经完全不陌生,他们对微信聊天、QQ 聊天、进论坛灌水跟贴、发微博、朋友圈刷屏等相当熟稔,可谓是网络语言的使用行家。像学生中使用的表示情绪不佳的"我晕""巨难过"等词语,在日常对话中也会经常听到。

正像报道中王老师在授受采访时所说的,"今天的孩子生活在'读图时代',追求简单、形象的事物,网络语言的快速、省事、幽默迎合了他们的这个需要。"

时代环境造就了这些新生词语。从古至今,词语的发展扩大是不可抗拒的。汉语中融合了少数民族、外来语中的常见语,也汇合了宗教比如佛教的用语,如"相好""大千世界""涅槃",等等。因此,对于现在新生的语汇大可不必拒之千里。

但是,目前网络时代下的大多数新生语言并没有进入普通群众的日常生活,作为没有规范的语言,社会大众的接受度还是个未知数。

2006 年 2 月 26 日,《信报》的一篇报道名字叫《值得给"网络词语"出词典吗?》。其中记者采访了参与编著《现代汉语词典》的中国社会科学院语言研究所词典室的研究员晁继周,他说:"正式汉语词典收入新词必须具备使用的普遍性,但目前网络语言只是在一部分网民中盛行。还有一个标准是这类语言的生命力如何,会不会只是昙花一现,现在还很难下判断。"

三、新闻记者要用传统正规语言

不管新生语言将来的路走得窄或是宽,作为当下大众传媒中新闻记者报道新闻的语言,本书坚持新闻记者采写报道新闻依然以传统正规的语言为准。

为什么?

①上述所举的例子中这些新生的词语绝大多数只是小众范围的词汇,记者作为大众传媒的新闻工作者,面对的永远是广大受众,他们的文化层次、兴趣爱好、行业知识等各不同相,因此必须使用大众都能接受又很方便同时容易理解的词语,这是新闻用语通俗化的一个基本要求。

②大众传播媒体的新闻工作者在报道中,坚持用规范化的汉字,对社会大众尤其是青少年受众的引导作用不容忽视。

汉字的音、形、意都有特定的含义。有一些新闻的标题或广告采用对文字移花接木的方法来表达,有时有一定的传播效果,而有时也有不好的效果,特别是对中小学生的规范用语会起误导作用。例如电视广告中常见的广告词"咳不容缓"是成语"刻不容缓"的指代,但初学汉语的人特别是小学生就误以为前者是规范用语,从而运用在作文中,令人哭笑不得。

2005 年 10 月 31 日,《北京青年报》A11 版发表了一幅新闻图片,题目是《粉笔字比赛》。在文字说明中,记者这样写道:"10 月 30 日,浙江的老师们瑞安市实验小学参加了规范楷体粉笔字现场书写比赛。当日,浙江省瑞安市教育局举办首届老师规范汉字书写比赛,130名中小学老师参加了比赛。"

为什么这条新闻上报了呢?

其含义不言而喻。汉语的规范书写和读音,已成为社会关注的问题。老师们的责任很大,作为大众传媒的记者责任也不小。

③从2006年1月1日起,《上海市实施〈中华人民共和国国家通用语言文字法〉办法》开始生效。该办法规定,上海市国家机公文、教科书和新闻报道中将不得使用"不符合现代汉语词汇和语法规范"的网络语言。这是国内首部将规范网络语言行为写入法律的地方性法规。其中对大众传媒报道中使用诸如"美眉""恐龙""PK""粉丝"等网络语言,将被视为"违法行为"。

这个法规是个好事情。作为大众传媒的新闻记者,在自己的新闻报道中一是要严格按照规范化汉语进行采写,二是在报道中如果一定要使用新生语言,一定在之后加以注明和解释,以正视听。

④大众传媒的编辑也要有高度的社会责任感和文化责任感,对待记者的稿件要用心批改,能不用新生小众化语言就不用,如果不得以而用之,且记者未加注明和解释,则编辑一定要为报道补充到位,而且,千万少用最好是不用这些词语入标题。

不要一味刺激受众的眼球,让那些"PK"们(网络语言PLAY KILLER的缩写,多用于挑战自我,有打赢对方之意)扰乱广大受众的视线。

这样的要求不为过。

2016年,新华社总编室组织国内部、国际部、对外部、新闻研究所搜集整理了近年来各编辑部规定的禁用词,编成此次公布的第一批禁用词、规范用语。

新华社这次公布的禁用词和规范用语共分为五大类别,它们分别是社会生活类的禁用词,法律类的禁用词,民族宗教类的禁用词,涉及我领土、主权和港台澳的禁用词和国际关系类禁用词。

本书认为新华社公布的禁用词和规范用语非常值得学习,可以作为新闻采写的资料库必存之内容。这里只摘取以下部分内容,仅供参考:

①对有身体伤疾的人士不使用"残废人""独眼龙""瞎子""聋子""傻子""呆子""弱智"等蔑称,而应使用"残疾人""盲人""聋人""智力障碍者"等词语。

②报道各种事实特别是产品、商品时不使用"最佳""最好""最著名"等具有强烈评价色彩的词语。

③医药报道中不得含有"疗效最佳""根治""安全预防""安全无副作用"等词语,药品报道中不得含有"药到病除""无效退款""保险公司保险""最新技术""最高技术""最先进制法""药之王""国家级新药"等词语。

④对文艺界人士,不使用"影帝""影后""巨星""天王"等词语,一般可使用"文艺界人士"或"著名演员""著名艺术家"等。

⑤对各级领导同志的各种活动报道,不使用"亲自"等形容词。

⑥作为国家通讯社,新华社通稿中不应使用"哇噻""妈的"等俚语、脏话、黑话等。如果在引语中不能不使用这类词语,则均应用括号加注,表明其内涵。近年来网络用语中对脏语进行缩略后新造的"SB""TMD""NB"等,也不得在报道中使用。

第六章

白描、跳笔和段裂行文

第一节　白描

新闻语言讲究朴实，不等于不要描绘，关键是要描绘适当。本书推荐一个非常管用的报道手法，那就是白描。

一、白描的概念

白描原是中国画的技法之一，起源于中国古代的"白画"，这种画和工笔画不同，要求简练、传神。纯用墨线勾描物象，不着色彩，画出的人物和花卉神态逼肖。白描这种技法在文学创作中得到借鉴和体现，其特点是用简单质朴的笔法，不事雕琢，不用或尽量少用形容词，却能勾画出鲜明生动的形象。

把白描应用到新闻写作中，是指在新闻写作中不修饰、不渲染，只用简括、精练、质朴的笔墨，简练而直接地勾勒出新闻人物和新闻事件主要特征的方法。

白描这种描绘不是文学作品的创造性想象，艺术地再现事实，而是实际生活的直观写照，朴实地反映客观事物原貌；它所描绘的形象是事实形象，而不是艺术形象。客观事物的形、声、色、味各具特点，读者可以从新闻中感受得到它的千姿百态，但这并不是凭主观想象去任意渲染。应用好白描手法是增强新闻作品可读性、形象性和生动性的主要途径和根本前提。

鲁迅曾在《南腔北调集·作文秘诀》中这样写道："'白描'并没有秘诀，如果要说有，也不过是和障眼法反一调：有真意，去粉饰，少做作，勿卖弄而已。"

二、白描在新闻作品中的运用

穆青在《谈谈人物通讯采写中的几个问题》一文中说过："这种表现手法（指白描），有时也借助语言的音响和色彩来加深效果，但主要依靠事实、形象、思想来打动读者。它的特点是豪华毕落见真淳，从平凡中见到深刻，在沉静中见到热烈，尽量做到自然流畅，不事雕琢。"这样的笔法在穆青的作品中多有成功的实践。

范长江在《陕北之行》中对周恩来的描写,就运用了白描手法:

他有一双精神而朴素的眼睛,黑而粗的须发,现在虽然剃得很光,他的皮肤中所藏浓黑的发根,还清晰地露在外面。穿的灰布棉衣,士兵式的小皮带,脚缠绑腿。

彭子冈写的《叶圣陶访问记》的新闻特写中,有这样一段描写:

叶老毕竟大病之后消瘦些了,脸上有三道白,就是两道白眉及一道白须,是一位和蔼的老公公,他在剥无核桔吃……

作者只用了三个字"三道白",即准确地刻划了人物的外貌特征,如描绘人物画那样,使老公公的神态风貌跃然纸上。

正如高尔基所说:"当他在任何一个人身上,找到、指出和强调谈话、手势、姿态、相貌、微笑、眼神等等独特的特点的时候,这些人物在他笔下就是活生生的。"

2016年3月18日,《人民日报》在行进中国精彩故事栏目中,刊登了一篇题目为《陕西宁陕 四亩地镇农村"会"多》的新闻稿件。稿件中报道的故事精彩,记者文字写得也精彩,白描手法呼之欲出,见报之后,很多读者认为这是一篇很接地气的精品力作。

请看报道——

秦岭,初春。群山环抱间的陕西宁陕县四亩地镇严家坪村桃园梁组,村口摆上大红的八仙桌,18户人家"掌柜的"围坐一圈,山板栗壳儿嗑一地,新年里首场"群众会"热乎"开张"。

"同意'画勾',反对'打叉',今儿个'有理大家说',咱们把何朝松家承包集体林地的事儿议一议。"联村干部彭超将票发给桃园梁组的村民们。

"老何家分家,一户分三户,要求在集体林中户均再多承包60亩地,"彭超和村支书周文兴现场唱票,"12票反对,4票赞成,2票弃权,群众一事一议没有通过。"投票结果摆在眼前,何朝松也服气,当场在会议记录上签了字。"要不是开群众会,搁往常这种事儿能'掰扯'小半年,根本协调不下来。"周文兴告诉记者。

四亩地镇的群众会如今很受欢迎。"九山半水半分田"的四亩地镇,总面积达370平方公里,却仅辖5村19组4010人。山大沟深,住户分散,四亩地镇党委书记彭儒宝深有感触。一次,太山坝村民陈凤武找他打听新农合方面的政策。"你还当过村干部,咋都不熟悉政策?"彭儒宝很惊讶。"村上很久没开会了,大伙住得散,通讯也不便,惠农政策问谁都说不清。"陈凤武回答。

而近年来省里一些重点工程项目相继在四亩地镇实施,矛盾纠纷多发。"镇上干部与农户接触较少,群众诉求没有及时反映到镇上,处理矛盾纠纷时就很被动。"彭儒宝介绍,"不是所有干部都能开好群众会,特别是化解矛盾的会,经常哪句话说不对,就闹得不欢而散。"

怎么把话说对? 从2014年初开始,四亩地镇让"镇上少开会、村里多开会",探索推行"干部下村组、多开群众会"。要求各村以村民小组为单位,有重点项目的村每月一次,其他村至少两个月要开一次群众会。镇上对村的考核,100分里群众会占了7分。镇上的科级联村领导、包村干部、村支书、村主任、文书、组长必须参加群众会,书记、镇长应邀参加群众会。为此,四亩地镇把每月第三周设为无会周,压缩精简全镇性会议,让镇村干部腾出更多精力和时间下村组开群众会,接地气,把准脉,工作抓细抓实。

四树坪村的省重点工程项目施工造成扬尘问题,就是群众会上反映的。"晴天一身灰、雨天一身泥",镇干部张宏武告诉记者,群众一反映,镇干部立即与工程项目部进行协商,要求企业给路面洒水。过一阵群众会又反映洒水效果不好。"我们调查后发现,企业没有按时按次洒水,就又找企业,最后通过县上协调,企业出资13万元买了一台洒水车交我们管,同时足额拨了运行费,如今扬尘问题已彻底解决。"

2014年,四亩地镇5个村19个小组开了186场群众会,共排查矛盾126起,其中群体性矛盾17起,全部有效化解,无一例越级上访。

人民日报社地方部副主任费伟伟这样点评这篇报道,"文章一开篇,就使用了白描手法,语言平实质朴。给我们描绘了一幅富有秦地风情的画卷,或者说犹如一组生动的电视镜头,从远处的秦岭,拉到群山环抱间的村落,又推至村口的大红八仙桌,和围桌而坐的村民,直到一地山板栗壳儿,接着出现了'同期声'——干部和村民对话。正如阎总所称赞的:'这篇报道离现场很近,有耳闻、有目睹,有对话,一看就是深入采访的作品。'"①

本书很幸运看到了费伟伟关于这篇稿件编辑修改的体会文章,对比原稿和见报稿,可以察觉编辑在修改中力求"去文件味"的良苦用心,特录如下,见证新闻编辑严谨的工作作风。

原稿:"针对这些情况,从2014年初开始,四亩地镇让'镇上少开会、村里多开会'。"

改稿:"怎么把话说对? 从2014年初开始,四亩地镇让'镇上少开会、村里多开会'。"

上个自然段,镇书记说到"不是所有干部都能开好群众会,特别是化解矛盾的会,经常哪句话说不对,就闹得不欢而散。"因此,用"怎么把话说对?"来承接上文,转得自然顺畅,完全避开"针对这些情况"这种文件语言。

原稿:"在四树坪村,省重点工程项目施工造成的扬尘问题最早就是通过群众会反映出来。"

改稿:"四树坪村的省重点工程项目施工造成扬尘问题,就是群众会上反映的。"

改动很小,起句的"在"字式,改为口语感稍强的"的"字式。这样的小改小动也值当一提么? 值当。口语化是一件说来简单做来极难的事,所谓的"口语感",就是在这种一点一滴的琢磨、细抠中形成的。记得总编室曾就改造政策解读的文件腔时说过:文件之所以干巴,就是中规中矩的公文体没有变化,因此,一定要口语化一些。有那么"一些",就会发生化学变化。

确是宝贵的经验之谈,一语中的。积"一些"小改动,报道就会出现化学式大变化。严谨、规整的"在"字类句式少"一些",甚至没了,文章口语感就会增强,读来便觉流畅。仔细琢磨一下,"就是群众会上反映的",是不是比"就是通过群众会反映出来"更上口一些呢? 原因就在改掉了"通过""出来"这种书面用词。

改稿中还有多处对书面说法的修改。比如,"对路面进行洒水",改为"给路面洒水""对……进行……"这个书面句式消失了;"由企业足额保证运行费用",改为"足额拨了运行费""保证运行费用"自然不如"拨运行费"口语感强。甚至,原稿起句"日出雪融,秦岭春晓",两个四字句工整大气,颇得古人论文章起句要"峰势镇压含盖"之要义,编辑改为"秦岭,冰雪初融",版面改定为"秦岭,初春",不只省了字,也是服从于语感,着眼于与报道乡土味、风情画的文字风格趋近。

再看语言简练问题。

改稿整段删掉的只有原稿最后一段的事例。所谓"五岳归来不看山",有了开头群众会协商"何朝松家承包集体林地的事儿"和"省重点工程项目施工造成扬尘问题"这两个故事,"古里沟组修建自来水"这个故事性稍逊的事例完全可删。而这一段不过200字,原稿近1500字,见报稿1000字多,还有约300字怎么删掉的呢? 无非是编辑一句一句、一字一字抠掉、练掉的。

---

① 费伟伟."同每一个词搏斗".人民日报社地方部《值班手记》,2015.

比如，原稿最精彩的开头部分，"野生山板栗壳儿嗑了一地"，见报稿为"山板栗壳儿嗑一地"。少仨字。秦岭深处的村民们在自个儿家门口嗑个山板栗儿，无须特别强调"野生"。

"省重点工程项目施工造成扬尘问题"一段中，原稿有一句为"让企业出资13万元购买了一台洒水车，并交给我们地方上管理，同时由企业足额保证运行费用"，见报稿为"企业出资13万元买了一台洒水车交我们管，同时足额拨了运行费"，少了十来字。这里最明显的，是一句里重复出现"企业"一词。"富于万篇，贫于一字。"字句重复，历来为作文所忌。

<h1 style="text-align:center">第二节　跳笔</h1>

新闻跳笔作为一种重要的新闻写作笔法，是指在新闻写作中，对新闻事件的叙述和描写，不是按照事件发生的先后次序和逻辑次序对事件进行详尽、面面俱到的叙述和描写，而是把不太重要的情节、片断和段落省略掉，简练概括地勾勒出新闻事件，从而达到特定的艺术效果。

一、什么是跳笔

新闻跳笔是指记者在写稿时不必过分注意文字上的连贯和上下文的衔接。它与一般新闻作品所要求的上下文衔接、具有连贯性、讲究启承转合等不同，它主张"跳"，在句子与句子之间、段落与段落之间可以有甚至必须有较大的跨越。

跳笔落在写作上是常多分段落。

2013年赵鹏记者采写"群众路线教育活动中的优秀共产党员"，发表了一篇新闻稿件，题目是《"算账书记"吴金程》，经过编辑"刀削斧刻"后，第一段变成了非常富有口头感和现场感的短句：

问"愿不愿意旧村改造"，全填"愿意"；问"选什么户型"，全选"别墅"；问"拆迁补偿标准行不行"，多数答"不行"。收回调查表，干部们直摇头。

严格讲，这个例子似乎没有主语，全是短语、口语，但是新鲜，画面感十足！这就是跳笔在起作用。

在写作过程中，记者掌握跳笔，就不必按时间顺序或事件发展脉络展开情节，而是根据主题的需要跳来跳去。

网易网上有位叫江哥的网友，他博客中有一篇文章就是专门谈新闻跳笔的，谈得很有味道。

江哥在这篇《解析新闻跳笔》中说，从时间上说，可以第一段写今天早晨，第二段写昨天中午，第三段又写几天以前；从空间来说，可以第一段写的是车间里，第二段到了田间地头，第三段又去了农贸市场；从事件发展脉络来说，一件事情正写到要紧处，文笔一转，可以去说另一件事情；从写作手法来说，可以一会儿是现场叙述，一会儿是记者评价，一会儿是资料介绍，一会儿又引用当事者的直接表态。简言之，新闻跳笔就是指新闻报道在不违背事实的逻辑的前提下，句子与句子之间，段落与段落之间表现出的跳跃性。对新闻事件的叙述和描写，不是按照事件发生的先后次序和逻辑次序对事件进行详尽、面面俱到的叙述和描写，而是把不太重要的情节、片断和段落省略掉，简练概括地勾勒出新闻事件，从而达到特定的艺术效果。

二、使用跳笔的好处

①吸引读者且适应读者的快速阅读习惯。

快节奏的生活和海量的信息，让现在的读者看新闻报道，不由自主形成了时间短、随手翻的习惯，读者没有阅读耐性。

记者在使用跳笔时自然分段，段落大小不一，每一个段落讲清楚一件事实，有利于集中读者的注意力，即使阅读受到干扰，读者也不需要花费太多精力去找"接读点"。

②跳笔形成留白。

记者运用句与句之间、段与段之间的跳跃，留下了空间，留下了停顿。所谓"留白天地宽"。留白就是有容量，它给读者一定的想象空间，有利于读者对新闻信息的理解。

③能防止一定的阅读疲劳。

跳笔使每个段落成为一个兴奋点，多个段落形成多个兴奋点，这样既可以给读者喘息和休息的时间，又可以以下一个兴奋点刺激读者使他有兴趣，保持足够的阅读耐力在快速阅读中将整篇报道读完。

④可以丰富报道内容的信息量。

运用跳笔，记者可以多用段落，每一个段落都提供一个角度或一个侧面的事实，形成了多个分角度、立体辐射的信息总汇，丰富新闻报道内容。

⑤推动记者快速写作，去粗取精，使新闻文风明快。

文似看出不喜平。由于记者运用跳笔写作时不必为文章的"启承转合"费心，只需要将最有新闻价值的事实材料选出，再一段段地写出，没有新闻价值的就可以省略，而且记者用跳笔写作形成的新闻报道，疏密有致，具有一定的节奏感，有助于记者抓捞"干货"，快捷报道新闻，形成明快疏朗的文风。

《工人日报》1996 年刊发过一篇长篇通讯，题目叫《北京有个李素丽》，记者郭萍、吴晓象运用跳笔谋篇布局，笔风清新，反响良好。下面选取其中的一部分内容以供赏析——

北京。西直门站。

大雨滂沱。一幢幢巍峨的高楼隐现在一片烟雨朦胧之中。

雨幕中，挂有"工人先锋号"标志的 1333 号公共汽车缓慢进站。

乘客朝汽车蜂拥而去。男的、女的、老的、少的，有的扛着行李，有的拎着提包，争先恐后，步履匆忙。在各种各样的雨伞下、雨衣里藏着一张张焦虑的面孔。

"哗啦"一声，车门打开了，紧靠车门的窗口探出女售票员半截身子，她打开一把花格伞，遮在车门口。

雨点如断线的珠子砸在雨伞上，她的脸上，胳膊上都溅上了雨水。她招呼乘客们上车。

拥挤的人群变得有序了：他们一个个在雨伞下跺脚，脱下雨衣，折好雨伞，抖去雨水，依次上车……

她就是李素丽。中等身材，30 多岁。海蓝色的套装整洁可体，淡妆轻抹的脸上，闪动着一双笑眼。

点评：

我们看这篇通讯段落疏落不一，呈现跳跃式推进，文章内容自然却又波澜起伏，而且有一种动感，很像电影的里"蒙太奇"。记者挑选最有说服力的事例，写成现场感很强的"文字镜头"。

全文由这样的 10 小节，即 10 个"镜头"组成，自成画面，形成故事，彼此之间没有任何文字的衔接与过渡，跳得干净利落。

但通篇读下来，寓理于事，寓理于情。售票员李素丽跃然纸上，她的人品与精神境界也蕴含其间，读者自有论断。

"蒙太奇"与新闻的跳笔有异曲同工之妙。

"蒙太奇"是一种电影手法，指镜头的组合和连接。人们可以通过不同的组合连接，产生不同的艺术表达效果，例如进行对比、引起联想等。电影的"蒙太奇"是指镜头在各场景、各视角之间"跳笔"，新闻跳笔则是"镜头"在句与句、段与段之间推拉摇移。如果我们把通讯中的某些情节、场面、细节写成镜头感很强的电影脚本，就是"蒙太奇"。

因此，艾丰在他的《新闻写作方法论》里说："新闻写作的艺术在某种意义上说是'舞蹈的艺术'。它是讲求跳的，跳得好，就成了高超的写作技巧。"①

三、新闻跳笔的注意事项

记者运用跳笔可以使新闻写作更快捷，其时效性强。如果在写作中将大量的时间和精力耗费在上下文的起承转合和语句、段落之间的联结上，则必然影响表达的速度。跳笔可以绕开不必要的陈述、过渡，直奔主题，直抱事实。

常见的注意事项如下：

①常用短句式。

②不用过分注意文字的连贯性，不用刻意考虑上下文的过渡和衔接。

③断裂行文（本章第三节会专门讲解，此略）。

④表述方式灵活变化。记者可以老练地交替使用概述、叙述、细节描写、现场描写、直接引语、间接引语等来进行跳笔，变换组合有价值的新闻内容。

⑤着力突出读者最感兴趣的事实成分，大胆删减不在主题内的材料，决不面面俱到。

⑥跳笔不能跳离了新闻主题。跳笔要用得恰到好处，不能跳得漫无边际。记者运用跳笔时一定要把握住事实的内在联系，报道需要有一条逻辑主线，将相关材料融入新闻主题。

第三节　段裂行文

一、什么是段裂行文

段裂行文是跳笔在提行分段上的一个显著特点。

---

①　艾丰.新闻写作方法论[M].北京：人民日报出版社，1996：217.

　　新闻跳笔所要求的"段裂行文",是指段落之间不按照时间的顺序,或者事实的原始过程从头排列,不面面俱到,不平铺直叙,不必顾及程序、顺序或者层层推理的逻辑,而是打破时间与空间的限制,只着力突出读者最感兴趣的新闻事实,把它们之间用跳跃的方式组织起来。

　　换句话说,段落之间可以彼此没有联系,无需过分地注意文字的连贯性和上下文的过渡与衔接。

　　段裂行文就是多分段落,用新闻事件本身的内在联系来报道,一段一个意思,每一段内容相对独立,而且,在叙述新闻事件时,可以打破时间、空间的限制,只要根据事实之间的逻辑关系内在结合就行,很少用段落之间的起承转合词,如"之所以""是因为""由于""但是""然而"等来进行过渡、衔接。

　　段裂行文的手法,对于传统写作而言,是个思维方式上的挑战和改变。长期以来,受中规中矩的主题中心思想式的写作思想的影响,以及一些固定写作模式的限制,使得文字死板,结构严整,上下段之间讲究起承转合,有时候,套话很多。

　　请看这篇美联社的稿子:

健身大师杰克·拉兰纳89岁仍做俯卧撑

　　电视上第一位健身大师杰克·拉兰纳认为,老迈是一种无稽之谈,他说老年人应该离开安乐椅,"活着就要运动"。

　　89岁高龄的他每天早上5点就来到体育馆,花两个小时举重和游泳。

　　最近,他在位于加州中部海滨的家中说道:"自毁身体的唯一方式就是不去用它。撅着个大肥屁股坐在那里回想美好的过去而不活动,那会置人于死地。活着就要运动,要关心身体这个你生命中最重要的东西。"

　　在美国,拉兰纳主持了34年的电视健身节目。从1951年到1985年,他穿着一身朴素的黑衣黑裤,在管风琴音乐而不是迪斯科健身旋律的伴奏下,指导美国家庭妇女正确地做仰卧起坐和俯卧撑。

　　有时他还表演一些惊人的绝技来展示自己的体力。1956年,时年42岁的他在"自讨苦吃"电视节目中,在23分钟内做了1033个俯卧撑。70岁时,他绑着双手,拖着船游过长滩港。

　　20多岁时,拉兰纳的体重是78.3公斤。现在他的体重只有67.5公斤,仍然体格魁梧,腰身苗条。

　　他说:"我感觉棒极了。我的耐力非常强,你没看到我夫人一直在微笑吗?"

　　他说,他和相伴50年的妻子埃莱娜经常绕着他们占地1.4公顷的庄园散步。他还周游全国,举办讲座和推销他的产品。

　　每隔30天,他都要彻底改变日常生活内容。

　　拉兰纳说:"你得锻炼肌肉,锻炼柔韧性,锻炼心血管。这是关键。"

　　他鼓励那些自我感觉衰老和疲惫的人通过恰当的饮食和锻炼来恢复身体的活力。

　　人体共有600多块肌肉。他认为所有肌肉都需要相应的锻炼。他建议在锻炼计划的不同阶段,着重锻炼不同的肌肉群,这样锻炼就不至于太单调。

　　他承认一般人没有时间每天锻炼两个小时,所以建议每周锻炼三四次,每次30分钟,两三个星期改变一次训练安排。

　　他说,一夜之间改变一个人的习惯非常困难,但是如果持之以恒,循序渐进,就会见效。还应该确定短期目标,并坚持到底。

　　拉兰纳说："用好习惯来改掉一些坏习惯，就那么简单。"例如，用全麦面包替换白面包，或者开始吃新鲜水果而不吃含糖量很高的点心。

　　拉兰纳说，他保持青春和活力的秘诀是，每天大量喝水，生吃至少 10 种蔬菜和 5 个新鲜水果。

　　上述这篇人物报道采用的就是段裂行文的方法。全篇共 16 段内容，读起来清爽自然，一气呵成，文章虽长却不觉得累。

　　段裂行文有点类似散文，看似形裂，但神韵犹存。记者只要对所报道事实的内在逻辑心中有数，就可以任性地一路"跳"着写下来，传统的段与段之间表示过渡、衔接的文字可以潇洒地"BYE BYE"了，或者说至少是能用过渡句的，一定不用过渡段，能用过渡词的，一定不用过渡句。从表面形态看全文是"断裂"的，但新闻事实依据内在的逻辑关联着，零散的材料服从连贯的思想，其神并不散。

　　再看一则 1998 年 5 月 4 日刊登在《杭州日报》下午版上的通讯，题目是《小叶涛的一天》。

　　同是家中独养的"小皇帝"，因着家境的差异，他们每一个普通的日子里却有着不同的生活轨迹。请看小叶涛的一天——

　　编者按：你可知道，在我们这个蒸蒸日上的城市里，还有少数特困生亟待得到社会各方面的援助。本报今起推出特别报道《杭城特困生》，敬请留意。

　　1998 年 4 月 29 日，星期三。对于特困生叶涛来说，是极其普通的一天。叶涛在父母离异后随因视神经萎缩而几乎失明的母亲生活。我们全天跟踪采访了叶涛一天的学习生活情况，以下是采访实录。

　　6：00 闹钟定时把叶涛叫醒，他把昨晚放在小钢丝床边的衣服穿上后，对着镜面泛黄而只能照出模糊身影的镜子，仔细地戴上了红领巾。然后将被子整齐地叠放在床头。

　　6：15 他洗漱完毕，在已置放在小电饭锅里的隔夜饭里倒上开水，开始煮泡饭。

　　6：30 叶涛盛好饭，扶母亲坐下来吃饭。菜照常是一个咸鸭蛋，一人一半。增加了一碗前晚吃剩的霉干菜。

　　6：45 母子俩静静地吃完饭，叶涛就洗完碗筷和锅子，到离家三四百米远的小菜场去买菜。要价 8 角的青菜，在他的讨价还价之下以 6 角的价格买来。

　　7：00 把菜叶一片片清干净后，叶涛开始拿出语文课本晨读。又拿出 4 年前表兄玩旧了送给他的"小钢琴"放在桌上，叶涛一边在这架只有 8 个键的琴上弹了《小鸡小鸭》《春天里》等乐曲，一边在嘴里哼着歌词，非常开心。

　　7：30 他说着"妈妈再见"，准时出门上学。开始和同学们一起上课。

　　11：00 下课后，叶涛马上赶回家，泡了两包"鼎鼎"方便面，草草地解决了中饭。给母亲捶了一回儿背后，他又回到学校，开始了下午的课程学习。

　　16：15 放学后的叶涛独自先看课本，然后开始淘米作饭。身高 1.21 米的叶涛在脚下垫了条约 30 厘米高的小凳子，好够着灶台炒菜。晚上的菜要多一点，除了炒青菜，还有一碗排骨。因不久前外婆过来看他时买了些小排，可以美美地吃上这顿略显"丰盛"的晚餐。他不时地把小排夹到母亲碗里。

　　19：00 叶涛开始每周一次的清扫工作。把家里约 10 平方米的厨房和客厅的小方格瓷砖地面，用抹布抹得干干净净。自己洗完澡，他就把换下来的衣物加点洗衣粉浸泡在水里，准备泡一个晚上再清洗。

20:15照例是叶涛睡觉的时间,等母亲休息下来,他才关灯上床。(本报通讯员 陈莉 本报记者 罗坚梅)

这篇通讯是一段一意,相对独立,但又有内容上的内在联系。整个报道文字简洁明快,事实清楚明白。读者阅读起来流畅、清晰。

这种段裂行文的手法,使记者在报道写作新闻时,游刃有余,选择了那些在采访中获得的核心事实,看似漫不经心,却又充实可靠。

二、段裂行文的好处

用段裂行文的方式写作新闻,有以下好处:

①记者可根据采访情况安排段落,一段一意,将事实交代清晰,写作起来也不费力气。

②使读者阅读方便,不会产生面对段落少而黑压压一片文字的压抑感。

③使新闻报道本身"眉清目秀",具有节奏感。

著名记者艾丰有一个很形象的说法,他认为人们在形容大部头难读的文章时,往往用"难啃"这个词。要使新闻报道可读性强,就要把"啃"变成"咬"、变成"吃"、变成"嚼"。

我们常常会看到很多报道患了"大肚子"病,它们共同的病症就是六七百字的内容,只分两三个自然段,诸多事实挤在一起,分不清面目,掂不出轻重。

读者见到黑压压的一片文字,首先就产生了"抗读"心理。这样的新闻报道必须"减肥",段裂行文就是最管用的减肥药,而且无毒副作用。短段落、多分段正是为了打"碎"这些"难啃"的新闻,方便读者的接受与消化。

"速读时代,不可能再一杯茶、一张报看个半天。读者一目十行,眉清目秀、清晰明了的文章更有助于提高阅读效率。文章一定不能像浆糊一样混沌,而是要像油画一样分清层次、赏心悦目。"①

人民日报社记者刘军国在2015年7月27日为微信公众号"镜鉴"撰写的文章《听安倍谬论,村山怒了》中,使用的就是段裂行文手法。这篇文章一经发表,各大网站纷纷转载,并放在首页。仅在"今日头条"的点击量就高达22万,网友留言非常踊跃。

刘军国在采写体会中提道:"镜鉴主编杜老师在这篇稿件写作之前给出的三条具体建议:眉目清晰;不要面面俱到,突出亮点重点即可;引人入胜,让我在处理素材过程中能够有的放矢。"

这三条具体建议其实可以作为段裂行文的注解。

我们来看一则参考消息网上2016年9月22日的新闻报道,题目是《英媒关注厦门女记者戴墨镜打伞做采访激起争议》。

参考消息网9月22日报道 英媒称,一场采访,一副墨镜和一把伞,惹出了停职的麻烦。

据英国广播公司网站9月22日报道,厦门广电集团监察室近日在微博发布声明称,9月20日上午,该台个别记者在厦门同安区"920同安洁净家园"采访中,没有严格遵守集团相关规定,出现不当行为,违反了新闻记者职业规范,损害了新闻工作者的形象,在社会上造成了不良

---

① 杜尚泽.点评刘军国占据锐气和老道之间黄金分割点——《听安倍谬论,村山怒了》采写体会.人民日报社业务研讨,2016.

影响。现决定对该记者停职，并接受进一步处理。报道称，这起迅速做出的停职决定，源于微博和微信朋友圈上热传的一张照片。

照片显示该名女记者戴着墨镜、撑着伞做采访。

名为"小艳萍"的微博用户对英国广播公司网站记者表示，记者被停职有点过了："领导内部批评不就够了？"

"小艳萍"并不是拍摄该照片的人，也不是第一位在微博转发该照片的人。但她通过告知厦门当地媒体的微博编辑此事，让这张照片有了更多的关注。

她说："现在好像大家都在躲，不想惹麻烦。我最初只想让大家知道，记者采访时戴着眼镜和撑伞是对受访者的不尊重。"

报道称，在"小艳萍"自己的微博和与她有关的微博评论中，不少人指责她"道德绑架"，也有人责备她让该名记者停职，因此诅咒"小艳萍"的家人。

"小艳萍"对英国广播公司网站记者说："我很无辜，好像大家都觉得是我（让该名记者停职）。"

目前，"小艳萍"删除了与女记者有关的图片和微博。

报道称，事件本身引发着微博用户对于女记者的形象和素养的讨论。

用户"怕晒太阳 Pan"说："假如你当过记者，就会知道记者有多辛苦。风吹日晒雨淋，都是常有的事。一个夏天晒下来，皮肤再白晰的人，都会晒成黑鬼。遇到灾害新闻，更是要加班加点熬夜写稿、剪片子。请不要道德绑架。"

用户"Dr_丢不掉体重心宽体胖大腹便便"："正式场合带墨镜与人对话本来就是没有任何修养，不是职业素养的问题，是人品出了毛病，不尊重他人的记者有什么资格再去采访别人！"

"eclairask"反问："电视台明文规定了采访不露脸的时候不能打伞带墨镜吗？还是说只要有舆论压力，无论过错大小一律从严处理？"

报道称，女记者在采访中到底该有怎样的形象，似乎是一个仁者见仁、智者见智的问题。

上海电视台电视记者林忆菁对英国广播公司网站记者表示，每个工种都有自己的特性。"也不是刻板印象，但我确实见过记者站在泥淖或是洪水中采访。"

点评：

这篇新闻稿件是《参考消息》编辑英国媒体的一篇稿件，所以新闻来源即是英媒这篇报道；因为是转载，要加个据字，所以文中说"据英国广播公司网站 9 月 22 日报道"。

那么，我们来看一下英媒的这位记者是如何报道这则新闻的？

首先，他采取的是三角立体新闻采访法。详细地说，这位记者的消息来源是三角立体的，多方面，多层次的，是多种消息来源，而且是不同意见的消息来源。

第一条消息源自厦门广电集团监察室微博；第二条消息源自微博用户，在这一层面，记者不忘记三角立体采访，分别采访了"小艳萍""怕晒太阳 Pan""Dr_丢不掉体重心宽体胖大腹便便"和"eclairask"四位微博用户；第三条消息则源自上海电视台电视记者林忆菁。可以说，这则新闻报道表现了厦门电视台女记者戴墨镜采访台风后的救灾志愿者被停职事件中，女记者工作单位厦门广电集团监察室、微博用户、新闻同行（上海电视台记者）三个角度、三个层面、三种群体的看法、意见，呈现出较为立体客观的报道效果。

第二就是运用段裂行文，分了大量段落，而且一句常是一段，段落有长有短，错落有致。记得有一个俄国文学家说过，分段是个好东西。段裂行文就是这样的好东西，不但使读者看起来方便，而且使文章显得简洁大方。

段裂行文和跳笔是西方新闻记者常用的写作方法。这种手法一经介绍，就引起了我国新闻记者的热烈响应。他们积极地将此手法运用于自己的新闻写作之中，取得了很好的报道效果。

2015年12月，一则"山西临县红枣遍地无人收"的新闻在网上传播开来，新媒体快速转发，各网络平台也支持扩散，舆论场的传导效应让传统媒体纷纷跟进。人民日报山西分社记者乔栋前往临县当地调查红枣售卖难的情况，准备完成一篇深度报道。他在跟红枣产业局的人聊天过程中，才得知原来"红枣滞销"已经不算新闻。记者迅速调整报道思路，从县城出发，奔赴采访地点——克虎镇薛家垛村深入采访，了解到临县红枣的销售已打开的实际情况。

2016年2月15，《人民日报》第9版发表了山西分社记者乔栋写的报道，题目是《薛家垛的红枣好卖了》，请看报道——

车在夜幕下疾驰，时而急弯，时而颠簸。除了车灯所见之处，一片漆黑，我下意识地检查了下安全带是否系好。左手是悬崖，右手是黄河，中间的车道刚够会车。许久，司机师傅打破了沉默："知道为啥红枣卖不出去了吧，本来就偏远，路还不好走。"

去年，山西省临县红枣大丰收。枣农们还没来得及高兴，就发现行情和往年不同，枣子根本没人来收。来之前，临县红枣产业局局长秦聪明就打了预防针："临县有37万人从事红枣行业，今年收成好，但是种种因素导致大量滞销，枣农的日子不好过。"

薛海亮30多岁，是临县薛家垛的村主任，也是鸿杰红枣专业合作社的负责人。冬天的黄河边格外冷，套着一件磨得发亮的黄皮袄，这个精瘦的黄河汉子搓着手招呼我们进门。

进了院子，亮堂的灯光一照，才发现这是一个小型仓库：沿着山崖的一侧，近300平方米的地方，整整齐齐地码着三四层包装箱，上面印着"黄河滩枣""有机红枣"的字样。不远处，还有几个工人正在连夜将一箱箱红枣装车。

"就这些枣，明天就发完了。"薛海亮边说边把一个散落在旁边的箱子堆好。"这种是5斤装的，明天发往长春1000箱。"他指了指不远处大一点的箱子："这种是25斤装的，总共有600箱，明天发往太原。"

来之前听说的都是临县红枣遍地无人收的新闻，在这里却一点没感受到行业寒冬。

"前段时间确实卖不出去。去年合作社贷款不易，种枣成本上来了，却因为没有形成品牌优势、销售方法单一，加上外地枣的冲击，卖不出去也是情理之中。"进屋坐定，薛海亮思路清晰，说的也句句切中要害。"也就前一两个月吧，媒体宣传后，天津有一家'农梦成真'的创业团队帮我们卖枣，接着又是他们来了，销售一下子打开了。"

薛海亮所说的"他们"，正是刚从里屋出来的两个小伙。

其中一个小伙叫梁博，刚毕业没两年，是"农天下"电商平台的创始人。他们自费拍摄的视频，通过一组组镜头，道出了枣农喜获丰收却无人问津的情感落差。

"这个短片引起了挺大反响。几天之内，通过我们这个平台每天的销售额是前段时间的6倍。"梁博把我们带进里屋，打开后台，向我们展示近几日的订单详情。这一个月，通过他们的平台已经销售了12万斤红枣。

说话间，薛海亮5岁的女儿薛文娜跑了过来，他感叹道，"互联网我不在行，但我知道这是趋势，现在小孩子没人教都会用手机上网了！所以不管哪个电商平台联系我，不管订单多少，我都给他们发最好的货，农村人不懂得营销，但是质量要保证。"

指针已过了晚上11点，几个人却越聊越兴奋，又来到了院子里。借着倒映在流凌河面上的月光，可以看到黄河边上的一片滩枣树林。梁博望着那片滩枣树，信心满满："今年网络销售结束之后，我们计划在平台上线枣树认养项目。还可以弄一个沿黄河枣林自行车赛，邀请在平台买过红枣的用户来参加！"

薛海亮一拍大腿："太好了！他们来了，村民可以在窑洞家里搞农家乐，山后头空地不少，弄个停车场也没问题，这样整个村子都能盘活了！"

室外严寒，大伙儿的创业热情却越来越高涨。

这篇新闻新颖独到，记者把白描、跳笔和段裂文等诸多手法运用得淋漓尽致，轻松自由。

开篇即是记者一行驱车赶往薛家垛村的小特写，"车在夜幕下疾驰，时而急弯，时而颠簸。除了车灯所见之处，一片漆黑，我下意识地检查了下安全带是否系好。左手是悬崖，右手是黄河，中间的车道刚够会车。许久，司机师傅打破了沉默：'知道为啥红枣不好卖了吧，本来就偏远，路还不好走。'"

文章既有现场感，又有跳笔，既有消息来源，又有直接引语，还把记者本人对车道难行的感受拉入其中，文字精炼，画面感极强。比如，文章的三四段用的都是白描手法，文字朴实传神。这两段既是对新闻人物薛海亮的介绍，又交代了人物的背景身份，还有工作的现场画面。

最后两段镜头感十分强。

整篇报道跳笔点多而活跃，十足的段裂行文。

思考题

1.什么是白描？你如何理解司马迁说的"实录"？

2.什么是新闻跳笔？

3.新闻跳笔有哪些好处？试用一篇报道说明。

4.什么是段裂行文？运用此法有什么好处？

5.试分析一篇段裂行文的佳作。

第七章

消息类文体写作

消息也叫新闻,在新闻界内,有时也把消息叫报道。消息是最常见、最基本的新闻文体。

消息主要告诉人们发生了什么事情,往往只报道事情的概貌而不讲详细的经过和情节,被称为新闻写作的"轻骑兵"。

第一节　消息特征和分类

消息是以简明扼要的文字迅速传播新近发生或正在发生的事实的新闻体裁,它是以最快的速度来传播最主要、最新闻、最有新闻价值的一种报道形式,也是新闻传媒经常采用的、主要的传播新闻信息的方式。

一、消息的基本特征

我们先来看法新社一则关于周总理逝世的消息。

法新社北京 1976 年 1 月 9 日电(记者比昂·尼克)　北京电台于今日清晨当地时间 5 点宣布周恩来总理逝世的消息,但是,大部分中国人还不知道他们的总理已经逝世。

当新华社的电传打字机于当地时间 4 时过一点儿发出这条消息时,北京几乎所有的街道上都还没有行人。

在法新社所在的那座大楼里,当记者把消息告诉开电梯的姑娘时,她顿时放声大哭。

在对中国一位口译人员表示慰问时,他眼中含泪,嘴唇颤抖地说:"我们没有想到,我们非常爱戴他。他是一位杰出的革命家。"

中国人民对周恩来极其热爱,这样说并不夸张,他们感到与周恩来非常亲近。

预计全中国都将表示出巨大的悲痛,就像今天清晨听到这个悲伤的消息时那位中国少女所表现的那样。

周恩来总理逝世,就是 1976 年国内外最重大的新闻,法新社记者从新华社凌晨 4 点多所发消息及北京电台清晨 5 点报道中证实这个事实后,立即在办公大楼现场采访开电梯的姑娘及中国口译员,快速报道了这篇形象感人的动态消息。

这篇消息具有消息文体的共同特征,那就是:

①短小精悍，篇幅不长，内容简洁扼要。

②时效性强，报道及时反映已经发生或正在发生的新闻事实，讲究抢发，在第一时间内把事实传播出去。

③基本上以叙述为主，一事一报，用事实说话，不发表意见和评论。

④可以抓取一两个小故事，写得形象生动。

2010年3月28日发生王家岭矿难。新华社记者在这一事件的报道中抓到了一位亲历者的故事，以此为报道口，写出消息，其题目是《王家岭矿难亲历者：被水撵着屁股跑的感觉太可怕了》。该报道角度新，故事引人入胜。

新华网山西乡宁4月7日电 题："被水撵着屁股跑的感觉太可怕了"——亲历者讲述王家岭煤矿"3·28"矿难发生时惊魂一刻

截至目前，发生于王家岭煤矿的"3·28"重大透水事故仍有31人生死未卜，这让47岁的李敏付不安。

提起这起10天前发生的矿难，李敏付依然心有余悸，他说："水撵着屁股跑的感觉太可怕了。"

来自河南省商丘市的李敏付是王家岭煤矿的瓦检员，负责矿井的瓦斯检测。他是3·28透水事故发生后第一位察觉的矿工，在他的及时通知下，当班下井的261人中，108人迅速升井，避免了事故的扩大。

3月28日13时10分左右，李敏付来到20101工作面的回风巷道。14时，李敏付将在这里进行当天的第三次瓦斯检测。

在巷道里站了6、7分钟，李敏付忽然听到风筒的声音发出"嘭、嘭、嘭"的巨响。李敏付用手按了按风筒，"当时风筒压力很大，手按都按不动。"

"当时我还以为是风带被堵住了，赶紧过去检查，往前走了十米左右，发现空气里出现了灰尘，灰尘不是很大，就继续往前走了20米，突然发现能见度只有1米了，空气中灰尘明显增多。"

"我下意识地往地上看，发现1米远的地方涌起了20厘米高的水头，这时，我身后的一个皮带工也看见了地上的水，我们俩几乎异口同声地大叫一声'透水了，快跑！'"李敏付说。

"这时水流已经很大，水头越来越高，我们每一步都是踏着水在跑！"说到这里，李敏付激动得两只手在空中急速地挥舞："当时脑子里一片空白，只想着跑，不停地跑，拼命地跑，这辈子从来没有跑得那么快过，我想我再也跑不了那么快了！"

他的语速很快："被水撵着屁股跑的感觉太可怕了！"

从回风巷通往出井口有一个联络巷，是个上坡，"当时坡上有几个27队的人往回风巷送料，我们就喊：'快跑，你们的地方透水了！'"

"我们一边跑一边喊，一路跑下来，越来越多的人跟着我们跑。"李敏付说，"短短1000米，我不知道跑了多长时间，这段时间特别漫长，怎么跑都跑不到头。"

"其间，一些人则分头去通知其他巷道里的人，运输队的一位班长去4队和红旗队工作的地方喊人，我则跑到回风井底车场，给调度室打电话。"

"当时虽然很怕，但我想通过调度室通知工友们，让尽可能多的工友逃出来，可惜还有153名工人没上来，虽然后来有115人被救上来了，但他们都遭了罪了。"说到这里，李敏付神情黯淡。

这篇消息就是矿难亲历者李敏付的逃生故事,以及他的经历和感觉。报道角度切得比较小,值得初学者效仿。

初学采访抓故事,可以盯住一个人,他是新闻人物。比如文中的李敏付是矿难的幸存者、亲历者,他身上的故事真实可信,呼之欲出,再现了矿难之惊险,生命与洪水赛跑的危难。而且消息文体简单方便,时效性强,是写作中的轻骑兵,我们不妨多练习在采访中,写人物故事型的消息。

二、消息的分类

消息可分为动态消息、非动态消息、现场短消息、综合消息、简讯等五大类。

1.动态消息

动态消息也称纯新闻,是最常见的消息类型。它迅速及时地报道国内外正在发生或新近发生的新闻事实,从而反映新事物、新情况、新动向等。报道的新闻事实呈现一种动态,是一种刚刚发生或正在进行时的事实,也是一种反映事物或事件发展变化态势的消息。一般来说,它主要向受众提供发生了什么事、事情现场什么样子等的信息。

动态消息因其报道内容,也被称为事件性消息。

动态消息的报道特点一般有以下四个方面:

①注重时间性,动态消息更讲求时效性,要抓新抓活,报道一定要及时迅速,写作也要快,否则成为明日黄花,失去新意。同时,新闻要素要交代清晰。

2006年11月8日,《北京晨报》第17版发表了一篇晨报来自河南的专门报道,说的是河南联通153号段的10个吉祥号由少林寺高僧开光后拍卖,拍得钱款捐给少林寺慈幼院之事。

但是,很可惜的是,这篇动态消息恰在时效性上弱了下来。请看原文:

10个手机号拍得32万

尾号8888拍出8万元　拍卖费用捐赠少林寺慈幼院

晨报河南专讯 河南联通153号段前日放号,少林方丈释永信率少林寺高僧为这10个号码开光,拍中者还将获得释永信颁发的功德证书。一对夫妇以8.1万拍得15303718888成为标王,10个吉祥号共拍得32.15万,河南联通将26.8888万元捐给了少林寺慈幼院。

联通此次共拍卖10个吉祥号码,分别是15303715678、153037168888、15303712345、15303716789、15303712222、15303715555、15303716666、15303717777、15303718888、15303719999。本月4日,少林寺住持释永信率少林寺高僧为这10个号码开光。

对于商人来说,"8"寓意"发"。4个8第七个亮相,将整个拍卖推向最高潮。在郑州市航海路做钢材生意的王建伟夫妇以8.1万元拍得15303718888,该号码因此成为标王。"今天来就冲这个号码来的,志在必得!"在《拍卖成交确认书》签上自己大名的王建伟说。王建伟的妻子说:"我感觉最幸福的是我能够帮助别人。我们全家人都能分享帮助他人的幸福。"

前日下午6时,10个吉祥号全部成功拍卖,共拍得32.15万元。4个8以8.1万元排名第一,4个9以4.88万元排名第二,4个6以4.2万元排名第三。在扣除了必要的拍卖费用后,河南联通将26.8888万元捐给了少林寺慈幼院。这笔钱可捐助43名孩子。

这篇报道,时间是"前天",也就是2006年11月6日。文中提到的高僧为10个吉祥号开光是11月4日,发表时间则是11月8日。从时效性来看,晚了两天。在现在这个信息开放的网络时代,晚了两天不等于其他媒体也晚了两天,等着和这篇报道一起发表。早已有其他媒体报道了这个新闻。输掉时效性,在现在就意味着输掉了独家新闻,输掉了新闻的生命力。

另外,这篇报道中,究竟发生在河南的什么地方,这个新闻要素没有交代清楚,会给读者带来疑惑,即记者从哪里采来的这个新闻,拍卖的现场到底在什么地方,是河南的省会还是少林寺所在登封市,还是另有其他。由于没有交代清楚,这条消息就打了折扣,不明不白了。

②在消息中要有明确的、权威的消息来源。即告诉读者,记者通过采访谁得来的这则消息,这个人的身份是什么,职务如何,年龄多大,甚至更多更详细的情况。如果在报道中都交代清楚了,那么读者看过这篇报道自然会心中有数。如果读者能了解记者是如何采访的,则他们在看到这些被采访者的回答或是有关情况的时候就会作出自己的判断,比如是否可信、是否在理,等等。

请看《北京青年报》2006年11月6日A6版发的这篇报道,引题是《北京天文馆今日起闭馆改造》;主题是《老天象仪退役　市民争睹"最后一面"》。

本报记者关庆丰报道　"明天它就成为历史了,现在真想再多看一眼。"王女士在天象仪前嘟囔着。昨天,在已服役30年的国产首座大型天象仪退休前,许多市民争睹它的"最后一面"。从今天起,北京天文馆老馆正式闭馆改造,新馆将于2008年年初重新开放。

下午4点前,仍有群众不停地涌入北京天文馆老馆,其中大部分是中年人,有的还领着孩子。老馆内正播放着谢幕演出——《孙悟空遨游太阳系》,天象仪和往常一样在墙壁上映射出各种星座,观众们静静地观看着最后的天象表演。"看!妈妈小时候就是在这儿知道九大行星的。"一位30岁左右的女士一边观看一边给身边的儿子讲解。十几分钟后表演结束,七八个中年人拿出相机与天象仪合影。他们自称是"与时间赛跑的怀旧族",逢"谢幕演出"都会参加。"北京有一些东西正在消失,它们往往是我们这代人小时候最美好的回忆。每次发现这样的消息,我就会想办法通知朋友,然后大家一起来见证历史。"张先生介绍,"到天文馆玩儿"曾经是小时候每次考完试向家长提出的要求。

北京天文馆老馆于1967年建成开放。1976年,首座国产大型天象仪在天文馆启用,并一直沿用至今。改造后的新馆将于2008年初重新开放,到时候,将引进目前世界上最为先进的天象仪,同时,天象厅的内顶、音响系统都将重新更换安装。

我们来分析一下这篇报道。

很明显,这个报道抓的新闻点很好,有可读性。特别是对北京地区的读者来讲,报道的接近性强。这是一篇动态消息,从之中可以很楚地看到动态消息的特点。其时效性很强,是对刚刚发生的北京天文馆老馆闭馆之事的及时报道。记者现场观察很细,因此在写作时有翔实的现场描述。同时,这篇报道交代清楚了准确的采访地点即老天文馆。

但是,这篇报道在写作时,却没有明确的消息源,如文中的消息源是"王女士""张先生""一位30岁左右的女士"等,比较模糊,不具体,记者完全可以详细交代他们的身份或年龄、职业、住址等,写出明确的消息来源。比如文中的张先生是何许人也,他所代表的怀旧一族,知道了北京正在消失的东西有哪些,说得越具体些越好。这就要求在采访时刨根问底,问到点上去。

另外,从报道中也可分析出,在这篇报道中,记者缺乏一个权威的消息来源,即北京天文馆方面。假如记者采访到北京天文馆的负责人,由负责人来介绍一些情况,报道的权威性更好些。当然,如果在记者采访时,负责人有事不在,记者也可至少采访到天文馆的工作人员,这样一来,从他(她)口中说出的有关天文馆的事情,会让读者觉得更在理、更专业。

还有一个问题不得不提，就是题文不一致。报道内容是北京天文馆老馆闭馆，但标题却很概括地说是北京天文馆闭馆，表述有出入。

③常常一事一报。动态消息的主题鲜明集中，文字简明扼要，不要忘记，加入一定的现场描述，会让报道的可读性增强。

请看新华社 1983 年的一则消息，题目是《海军医学研究所研制成功海上急救用的纸质手术衣》。

新华社 5 月 7 日电　谁也不能不感到惊奇：外科医生进行手术时穿着的手术衣，用的手术单、手术巾，竟全是用纸制做的。

记者日前在上海某医院观看了一次长达三个小时的手术后，医生拿着纸质手术单、手术巾说："你看，这条毛巾上虽然浸透了血，还用夹子夹过，可是一点也没有破。"医生从纸质手术巾上剪下了一块，记者拿过来在水龙头下像洗衣手帕一样揉搓，又捏住两边一张一弛地用劲拉。纸发出"嘣嘣"的清脆声响，但没有一点损坏。

研制成功这种纸质手术衣的是海军医学研究所。薄如蝉翼的纸质手术衣、手术单、手术巾连同口罩、帽子等，经过消毒，预先密封装在一只塑料袋里，用无菌方法剪开取出来就可使用。它的重量和体积，都只有布质的十分之一。纸质手术衣穿在身上很轻软，夏天十分凉快。

海军医学研究所科研人员告诉记者，研究纸质手术衣，是为了适应海上急救的需要。它体积小，一次性使用，不必重新洗涤、晾晒、消毒，对在淡水紧张、空间狭小的舰船上急救使用很有价值。这项成果最近已经正式通过鉴定。

新华社记者采写的这则消息就是一事一报，报道海军医学研究所研制成功海上急救用的纸质手术衣。但是记者加入了现场采访，进入上海某医院，观看了一次长达三小时的手术，从而在新闻稿件中有了珍贵的现场画面（记者把医生剪下的一块纸质手术衣放在水龙头下揉搓、一张一弛地用劲拉）和生动的直接引语（使用纸质手术衣的医生说的话），让读者印象深刻。

如果记者只是就这项科研成果单独报道，只是抽象地说明这种纸质手术衣的性能与特点很结实耐用，相信报道效果绝对没有增加了现场感的这篇稿件好。

④常用以小见大的手法来抓动态，常用以小见大的角度来报新闻。

第 11 届中国新闻奖消息一等奖《法警背起生病被告》，载于 2000 年 12 月 16 日《北京青年报》，正是典型的例子。请看报道——

法警背起生病被告
司法界人士认为，这反映了我国司法体制改革，更加注重体现对人格的尊重

本报记者杨永辉、实习记者王雪莲、通讯员吴怡报道　前天，西城法院正常开庭。法警 11083 号把一个行动不便的女被告背上了三楼的法庭。当旁听的市民见到法警背上来一个戴着手铐的被告时，大厅立刻安静下来。

据目击者吴小姐介绍，她在 11 月 29 日去西城法院办事时就看到过这一幕。当时女被告深埋着头，不时地发出啜泣声。背进三楼休息室时，法警的额头已渗出了汗水，女被告则流出了眼泪。

昨天，女被告告诉记者，今年 6 月她被确诊患有椎管狭窄症，两腿走路十分困难。被法警背起时，她问过法警的姓名，可法警没回答。

11083 号法警叫贾文家，今年 26 岁，在西城法院已工作 6 年。昨天，记者采访了他。"我没觉得这个举动有啥大不了，她一个老太太，得了病走路很困难，虽然是被告人，但作为法警帮

她这个忙是我的职责。"据他介绍,那天背着老太太从楼下上来时,正赶上大厅里有 50 多个等候旁听的市民。见他背着个戴手铐的,本来乱哄哄的大厅顿时安静下来。"那会儿,我听见背上的老太太哭了,我能感觉到她低下头,把脸靠在我肩膀上。"

目前,该妇女已被宣判有贪污罪,判处有期徒刑 11 年。宣判结束后,已成犯人的中年妇女仍由法警一步步地背下楼梯。

记者注意到,在此之前,我国司法界连续出现了一些意义深远的变化。诸如:罪犯在未受到法院判决前一律改称犯罪嫌疑人,抚顺推出了"零口供";有些地方刷有"坦白从宽,抗拒从严"字样的墙壁上被画上了山水画等。这从一个侧面昭示了我国司法制度正在进行着一场前所未有的变革。

为此,本报记者采访了最高人民检察院民事行政检察厅杨立新厅长,他认为,从罪犯到犯罪嫌疑人称谓的改变,以及法警背着行动不便的被告人到庭,反映了我国司法体制改革的进程,更重要的是体现了对人的人格的尊重。

在这篇报道中,记者就是运用了以小见大的手法,从西城法院开庭中一位法警背起生病被告这件事情上,联系到"在此之前,我国司法界连续出现了一些意义深远的变化",从而,采访了最高人民检察院民事行政检察厅杨立新厅长,"他认为,从罪犯到犯罪嫌疑人称谓的改变,以及法警背着行动不便的被告人到庭,反映了我国司法体制改革的进程,更重要的是体现了对人的人格的尊重。"借最高人民检察院民事行政检察厅的厅长之口,说出新闻事件背后的重要意义,记者不动声色。

2.非动态消息

相对动态消息而言,非动态消息指报道的事实本身相对变化不明显或处于一种常态,并不说它本身没有变动,而是变动不明显,但在这相对静止的状态中,仍有新闻发生。

请看一篇刊登在 2006 年 11 月 8 日《北京晨报》第 18 版的消息,题目是《甘肃古长城不足三分之一》。

新华社电　据甘肃省文物考古研究所岳邦湖介绍,目前甘肃省现存秦长城遗址不足 200 公里,汉长城遗址不足 600 公里,现在秦汉长城已不足初建时的三分之一。

岳邦湖介绍,人为因素是长城被破坏的最主要原因。随着历史发展,人口大量增加,人们逐渐由远离长城的地方迁移到城墙附近居住,于是开路、拆墙、平地、把城墙改造成院墙、在城墙在建储存室等行为经常可见。

据悉,甘肃省已开始对长城现状进行试点调查,大规模的长城保护活动将在明年进行。
(郭泽德)

这篇非动态消息抓自甘肃省文物考古所专家岳邦湖的介绍,由于长城是中国的标志,甘肃古长城已不足秦汉建立时的三分之一,这个事实很重要,记者迅速公布于众,引起社会广泛关注。

非动态消息多为非事件性消息,包括经验性消息、述评性消息以及部分人物消息等。它在反映事物发展变化状况的基础上,常报道的范围有一个单位或部门的工作进展、经验、成就等。

新闻的时效性不像动态消息那么强,但重视新闻根据,一般说来,要抓新闻由头,抓静中的变动和异常,从事物的最新态势入手带出过去的事情等。

请看 1994 年河北省广播电视获奖消息《周家庄乡建房 15 年退出耕地 500 亩》。

晋州电台6月18日播发近（田茂强 李树立 董建辉 赵中印 刘扬）

近日，周家庄乡最后一条楼房街落成。至此，周家庄乡已连续建房15年，反而退耕还田530亩。

周家庄乡是全国唯一的以乡为核算单位的集体改革试点，拥有全国植棉先进乡之称。为保护耕地，在1979年乡村规划初期，乡里就规划出了本世纪末乡村发展宏伟蓝图，提出在旧庄基上建房一亩半，退还耕地二分田。乡政府根据实际，按规划由村里向村外统一施工，一方面拆旧，一方面建新。现在，全乡9个村已按规划，全部实现住宅楼房化。15年来，建楼房四千多户，住宅面积扩大了，耕地非但没有减少，反而腾出旧庄基530多亩，经过开垦已成良田。日前，省长叶连松在这里视察工作时，充分肯定了这个乡的经验，并号召全省农村要向周家庄学习。

这是一个典型的非动态性新闻，即15年的成就或是经验。记者起笔的新闻根据是最后一条楼房街落成了。其实，还有一个新闻根据是省长的视察。但是不足的是，两个新闻根据的时间都不准确，太模糊。

再如新华社发表的一篇消息，题目是《在台湾接受日本广播协会记者采访时张学良谈54年前西安事变》。

新华社北京12月16日电 据日本《产经新闻》12月9日报道，因发动西安事变被国民党当局长期监禁的张学良先生，最近在台湾接受了日本广播协会的（NHK）采访，他回顾事隔54年的西安事变的情况，并回答了记者的其他问题。

关于发动西安事变的动机，张学良先生说，"那时我不想与共产党军队作战""为什么中国人之间要流血呢？""我当时认为这是不合理的，所以不管对方是谁，我愿意抛弃自己的权力和生命，进行抵制，这就是我的本性。"

他说，他是反对内战的，"当时部队内比较强烈的愿望是回家乡""他们要同日本人打，不愿同共产党作战而失掉力量，想保存力量同日本人作战。"

张学良说，"在那之前，我和蒋介石先生有时也发生意见分歧，但还没有像那次那么严重。"当时，日军正在扩大侵华战争，可是蒋介石的基本战略是"安内攘外"。张学良说，"我就主张攘外安内，就是对外就能安内。"他于1936年4月秘密访问延安，同周恩来会谈，并在西安事变发生后，呼吁正在共产党根据地延安的周恩来到西安举行国共会谈。

张学良说，他与周恩来都曾在天津南开大学学习。"以前曾听说过他的名字。"在延安曾事先进行过商谈的张学良与周恩来基本达成一致抗战的认识。张学良说，"尽管我们是初次见面，却一见如故，情投意合。"他对周恩来的评价是"（他的）反应快，了解事情也很深刻""说话一针见血，而且对事情看得很清。"

1936年12月24日晚，实现了蒋介石与周恩来的直接会谈。张学良说，是他领周恩来去见蒋介石的，他并列席了会谈。张学良没有介绍会谈的详细情况，但他说，这是"一次重要的会谈"。

在谈到西安事变后张学良护送蒋介石回南京而遭到监禁时，张学良说，当时周恩来是反对他这么做的，"甚至到机场想把我追回来"。他说，他知道去南京将被逮捕，但还是去了南京。"我是个军人，我做这件事我自己负责""同时我是反对内战的。我对牺牲自己毫不顾虑"。

张学良早年曾去日本参观军事演习，他说这给他"留下很不好的印象""我感到这是日本人在向我示威"。"日本人这么做的目的没有达到，反而促使我反抗日本人""日本当年完全是侵略的态度,我们是看得清清楚楚的"。他的父亲张作霖被日本人杀害后,张学良感到"家仇国难集于一身",但他说,他"一点都不怕日本军,如果他们在杀死我父亲后再杀死我,我相信一定会有比我更厉害的张学良出现。"

报道说,来自欧美的新闻记者曾争先恐后地要对今年90岁的张学良进行采访,但是,张学良从"我的一生被日本断送了,我不希望日本的年轻人再犯过去的错误"这一强烈愿望出发,首次接受了日本广播协会的单独采访。他说,他主要是想对日本青年说明,"不要用武力,用武力解决不了任何问题,这点历史已经教训了我们""也不要以经济侵略别人,要帮助别人"。他强调,说了这些事实是为了让后来的青年人知道这一经过而不重蹈覆辙。

日本广播协会12月9日播放了这次采访实况。《东京新闻》等日本报刊也都作了报道。消息说,这次采访是今年8月在台北进行的。

这篇消息主要的新闻事实是讲1936年的西安事变内幕,时效性不强,但内容吸引人,仍是独家的新闻。因为这是从张学良将军口中讲述的,当事人讲历史往事,权威具体,读者想看。

在这篇消息中,最新鲜的新闻根据是日本新闻报道说张学良将军接受了日本NHK采访,继而谈到了1936年的西安事变。消息中比较多地使用张学良将军的直接引语,为的是增加事实的真实性与权威性,同时,记者也适当地加入了新闻背景。

3. 现场短消息

现场短消息也叫现场短新闻,特指记者在新闻现场发回的动态消息。现场短消息中,除记者报道的新闻事实状况、内容外,还有新闻现场的气氛、环境状况、人物神情举止等描述。现场短消息是受众喜闻乐见的一种报道形式,它以"新""短""快""活"见长,现场感强、时代感强,具有较强的生命力。

现场短消息的主要特点是立足现场,着眼于现场事实报道。

记者在写现场短消息时,要充分做到以下三点,即"立现场,捞干货,短而精"。

所谓"立现场",指的是记者要对现场有准确、生动的描述,捕捉现场动态、抓取现场细节,使受众有如临其境的感觉。这不仅可以提供消息的准确性、可信性,也可以增强新闻的可读性和吸引力。

所谓"捞干货",指的是抓取新闻价值最大的事实。记者所写的新闻要具有时新性、接近性、显著性、重要性、趣味性等特征。对于现场短消息这一体裁来说,时新性显得尤为重要,这也是其最大优势之所在。

所谓"短而精",指的是文字要短,事实要精当。采写稿件应简明扼要、不拖泥带水,且用笔要直截了当,干练表述。记者通过短而精的文字,将新闻的精华浓缩在消息里,使其精确、生动而有力度,同时有利于读者阅读。

2006年3月6日《北京青年报》A5版上,关于两会的一则现场消息,题目是《李肇星三次问倒记者》。请看报道中的部分内容。

本报讯(记者谭卫平　徐笛)昨天,外交部长李肇星参加十届全国人大四次会议开幕会前后,都是一路小跑,但他还是没有突出"记者重围",作为昨天"受困"最严重的部长,李肇星三次将记者问得哑口无言。

"你读过三个联合公报吗?"

李肇星部长每向前移动一步,都要有20余人同时配合,当被问及台方宣布"废统"后,中国对美国的态度的看法时,李肇星部长停下了脚步,用洪亮的声音回答说:"我们要坚持一个中国原则,反对台独,恪守三个联合公报。"接着他反问记者,"你读过三个联合公报吗?很好的,再读一遍。"

……

"你们应该注意他做了什么"

"香港特首曾荫权第一次坐在台上,你对他的印象如何?"香港记者发问。

"你是说香港特首呀,噢,我们认识,我们是很好的朋友。"李部长笑着回答。

"中国实行睦邻友好政策,媒体说话要公道。"

"中国的'军费'在增长,会给你们的'邻国'……"一位来自新西兰的记者问了一半,李肇星部长就立即作答:"你们新西兰的军费是多少?"面对突如其来的发问,这名记者停顿两秒后摇头说不知道。

李肇星部长继续说道:"中国有13亿人口,中国的人均'军费'只有美国的七十七分之一,中国实行的是睦邻友好政策,我们和我们所有的邻居都很好。中国的国土面积是日本的26倍,人口大约是日本的10倍,我们的'军费'预算只是日本的三分之二,所以作为记者你说话要公道,要尊重事实。"

……

11点40分,在被围困了10分钟之后,李肇星部长小跑出记者的包围圈,离开了会场。

这篇现场消息做到以上讲的三句话,"立现场,捞干货,短而精"。记者在人民大会堂门口,"堵截"到时任外交部部长李肇星,20余位记者把他围成一圈。这篇现场消息还原了李肇星部长被包围时反问记者的三个问题及相应的三个场面,形象生动,用了大量的直接引语突出权威的消息来源及现场的声音感。开头结尾都有动作感,特别是一路"小跑"令人印象深刻。

记者写作现场短消息时要注意以下五点:最好口语表达;抓取现场最关键的、记者最有印象的地方描述;现场感要强;可适当添加一些背景材料;可以用"记者看到"旁观的视角来报新闻,也可以用"我"在现场主观的感受角度发消息。

4. 综合消息

综合消息是一种反映事物或事件发展变化宏观、大局的消息。一般用于报道重大的、广泛发生的、人们普遍关心的事物或事件及社会现象等。

综合消息多用点面结合、对比等方法,既有宏观的大局事情的概括,又有典型事实,属于微观的方面,多以时间为基点在空间上展开。需要精心组织安排材料,用以一当十的具体事实反映整体上的情况。

写作综合消息时应注意以下三点:

①善于分析概括"面上"的事情。站在全局的高度看待局部发生的事实,对事物或事件作深入全面的概括。

②具体地说,就是先抓出共性的东西,写进导语,同时分别说出不同点。

③既要有深度,也要有广度。

请看《中国青年报》2003年发表过的一篇综合消息,题目是《追踪"著名"月饼:卖得出去,下落不明》。

本报9月28日电(综合北京、广州、南宁、拉萨消息)   记者王亦君 李新玲 林洁 甘冰

中秋节当日,本报各地记者就当地"著名"月饼的下落进行追踪采访,一个共同的收获是,那些"天价"月饼、"极品"月饼确实有市场,但无论是厂家、商家还是买主,都对"天价"月饼的终

端客户讳莫如深。那些最终消费了"天价"月饼的人，自有"天价"月饼的几年以来一直神秘着，似乎仍将神秘下去。

另一个讯息是，明年月饼的"豪华阵容"已经在酝酿之中。

北京：9999元黄金大月饼卖了一个

今晚6时，记者在北京物美大卖场惠新店二楼进口处，还看到摆放着的直径近1米的月饼，背后悬挂着大幅宣传海报，上面写着"9999黄金烘焙大月饼隆重登场"。

北京物美大卖场商业有限责任公司生鲜部经理游先生介绍说，这样的月饼物美公司共制作了5个，每个标价9999.99元，分别摆放在物美大卖场的家和、鼓楼等店。这种大月饼有200斤重，内馅包括180斤枣泥、莲蓉、豆沙、草莓等，并且添加250克目前最时尚的"养身食用黄金金箔"。据称，这种食用金箔可以促进血液循环、透析体内的有害物质，"对高血压、心脏病有明显疗效"云云。

游经理说，这种月饼卖出去了一个，是今天送出去的。但游经理表示不便透露买主是谁。

记者注意到，月饼上有一个小牌子，上面写着："如有订购，另有折扣，可与负责人商量。"

在一片已经开始的月饼大杀价中，这种月饼的"天价"岿然不动。但过了今天，剩下的4个大月饼怎样处理？游经理称，公司可能会捐献给福利机构。

广州：烟酒茶、燕翅鲍和月饼"捆"着走得快

标价1888元的"西关第月饼"礼盒，在一家商场有9盒，两周内卖完。这款礼盒内装鲍鱼月饼两个、鱼翅月饼两个、燕窝月饼两个、雕塑工艺品1件。

广州市场今年的月饼大战，从过去的比拼包装升级为比拼随送礼品。昂贵的金首饰、水晶工艺品、虫草、人参、燕窝、鱼翅、鲍鱼、名酒、名烟、名茶等被直接放入包装盒，每个礼盒标价从数百元到数千元不等。

广州百货大厦的销售人员告诉记者，购买高价月饼的人，往往一来就询问哪种是最贵的，对包装和礼品觉得满意，拎起就走。

烟酒茶、燕翅鲍、高档工艺品和月饼的"捆值销售""其实形成了一个多赢的局面"。一位商家负责人笑称，把月饼、包装、礼品单拆出来，绝对卖不到这种价钱的。

南宁：金麒麟"日月生辉"早售罄，价位在2000元至4000元之间的月饼受青睐

南宁一款颇受关注的月饼标价将近3000元，名"日月生辉"。月饼木盒里包着一个400克的普通月饼。盒子上方却立起一尊雕刻极其精致的金麒麟，净重2390克，身上镀纯金，背部镶满了手工制作的仿白钻石，尾部为一颗硕大的玛瑙石。

"日月生辉"第一批生产了100盒，很快售罄，第二批也已卖完，但卖出多少盒没人肯说，更不用提谁买了去。

金麒麟雕像的成本为1000元，加上月饼等所有成本加起来，估计1000多元，50%的利润据称对月饼行业来讲，是很低的。有知情者透露，这样包装的月饼在别的地方应卖到两万元，今年在南宁是"投石问路"，明年该类月饼的价格估计不会这么"便宜"。

今年下午，一些销售点纷纷打出了月饼"跳楼价"，但"天价"月饼并不担心这种局面的发生，"日月生辉"月饼只剩五六个作样本的空盒。记者了解到，当地其他商家推出的价位在2000元至4000元之间的月饼同样受青睐。一些月饼商家表示，明年要推出自己的"豪华阵容"。

拉萨：18 万元"王者之礼"有人订制

拉萨一盒名为"王者之礼"、售价 18 万元的月饼，已在西藏寻到了买主。

生产这盒"天价"月饼的惠华月饼城负责人介绍，此盒月饼是从广东一家月饼厂专门订制的，其中的白度母（在藏传佛教中是观音菩萨的化身，白度母因其身色洁白而得名，又称"七眼女"，象征能观照一切众生——编者注）塑像则由专家设计，由 99% 的纯黄金制成，高 31 公分，重 297 克。

据介绍，早在 1999 年，这家月饼城订购的 10 盒价值 8888 元的月饼就都找到了买主。目前"王者之礼"也已找到买家，但销售方不肯透露买家身份。

这篇综合消息由四篇分消息综合而来，它们分别是记者王亦君、李新玲、林洁、甘冰发自北京、广州、南宁、拉萨四地，主题是一个，就是关于天当地价月饼的售卖情况和对明年的展望。北京、广州、南宁、拉萨四个地方各有特色，但有两点是共同的，那就是这篇综合消息开头的两段内容所概括出来的：一是四地天价月饼都有在售卖，买主是谁无可奉告；二是明年月饼的豪华陈容还要继续。这是写作的重点。

5. 简讯

简讯也叫简明新闻，或一句话新闻，就是用最精简的话反映一件事情中的最主要的方面；多集成专栏，组合在一起发表；其信息量大，目的在于提供大量的有效的干货。

写作简讯时应注意以下几点：

①文字简洁，常在一百字左右或是更短。

②抓取最重要的事实。

③新闻要素不必面面俱到，突出一两个即可。

④不用交代背景材料。

⑤注意在有限的篇幅内报道传播最大的信息量。

第二节　消息结构

消息结构指的是消息写作中表达内容和体现新闻主题的布局设计，如何安排组织材料、详略处理等。常见的结构有以下四种：倒金字塔式、金字塔式、两者结合式、自由或散文式等。

一、倒金字塔式结构

1. 定义

倒金字塔式结构是消息写作中最常见的一种结构方式，也叫倒三角式结构。即以事实的重要性程度或受众关心程度依次递减的次序来安排各项事实，上大下小，如倒置的金字塔或三角形，多用于事件性新闻、动态性新闻的报道。其特点是把新闻事实的重点、要点或新鲜点放在消息的开头，再以事实的重要性或受众关心程度大小来排列事实。

倒金字塔式结构的产生与流行与美国南北战争有关。

据说美联社记者 B. S 奥斯本是这种结构的创始人。当时战争期间通讯以电报为主，聚集前线的战地记者常常要去电报局排队等待把最新消息传送回后方编辑处，因此常常要琢磨把最精彩、最引人注目的重要事实最先发回去。因此,倒金字塔式结构也被人称为电报结构。当时,电报的经营费用也是价格不菲的,因此记者在发稿子时,自然也就注意了遣词造句,惜字如金。

2. 优点

一般说来,采用倒金字塔式结构写作消息具有快速、简短、扼要的长处。具体说来,它的优点是:

①对记者而言,采用此结构组织稿件,可以很快速地把采访中得来的事实分出轻重缓急,按事实的重要性程度来安排不同的段落,出手快,在时效性上更胜一筹。

②对于编辑而言,特别是对预留版面的稿件,如果采用倒金字塔式结构,则编辑可根据事实排列的重要性先后次序进行从后往前的删减,以适应预留版面的多少大小,操作起来方便快捷,工作量不大,不必打乱稿件的结构重新改写,同时,制作起标题也相对容易。

③对于读者而言,常常是希望能在最短的时间里最先获得最重要、最新鲜的信息。尤其是现在这个"信息爆炸的时代",人们生活和工作的节奏很快,这种倒金字塔式结构适合了读者的阅读心理,既能让读者在很短的时间内了解到最重要的新闻事实,又能节约阅读时间。如果读者时间紧,或是读者对此消息不太感兴趣,那么读了导语后就不再看了。

3. 适用范围

并不是每一种新闻报道都适合采用倒金字塔式结构,这种结构方式最适合于快速、朴实地报道动态新闻。对于非事件新闻、新闻特写,特别是有一定故事情节的新闻报道而言,它的短处也是显而易见的。

4. 缺点

①开门见山报道最重要的事实,有时会造成没有悬念。有人批评这样的报道不生动。

②最重要的事实最早报道出来,可能会使读者不再关心下面的具体内容,从而放弃了继续阅读。

③长期使用这种结构,令记者的写作思维有了固定的模式,会导致记者的思维僵化,甚至以此学会"偷懒",在报道新闻时思路会受到一定限制。创新思维受阻。

④编辑对此结构驾轻就熟,形成工作惯性,往往还没有认真地阅读完全文就起标题或是删减内容,有时可能会产生过失。

5. 现实需要

现在是网络时代,信息庞杂,新闻媒体对倒金字塔式结构的重视开始加强。这是因为网络时代的读者时间感强,读者不愿浪费时间在自己不感兴趣的信息上,其阅读时间与阅读心理更加快速、易变、漫游。记者写稿时,多采用倒金字塔式结构,可以突出报道的重点,让第一时间看到新闻的读者迅速了解其主要内容,即所谓的抓到读者的"眼球"。

媒体网络新闻的出现,也促进了大众传媒的新闻记者更多使用倒金字塔式写作新闻。这是因为,网络新闻靠的不仅是读者的眼睛,还有鼠标的点击。如果在信息的大海里不迅速地把干货亮出来,那么读者的眼睛与手都会轻易地把你放弃。

我们来看一篇倒金字塔式结构的名篇。这是美联社 1945 年 8 月 14 日的消息,题目是《日本无条件投降》——

美联社 1945 年 8 月 14 日电 日本投降了!

杜鲁门总统今晚 7 时宣布,日本已无条件投降,造成历史上空前巨大破坏的战争随之结束。盟国陆、海军已停止攻势。

总统说,日本是遵照 7 月 26 日三强致日本的最后通牒规定的条款无条件投降的。这项最后通牒,是三强柏林会议期间发出的。8 天以前,日本遭到有史以来第一枚原子弹——一种威力最大的炸弹——的轰炸,两天以前,俄国宣布对日作战。在这种情况下,日本被迫于本星期五宣布接受最后通牒中包括的全部条款,但要求继续保留天皇制。

次日,美、苏、英、中四国对此作出答复,声称如果天皇接受盟军最高司令部的命令,则可继续在位。

杜鲁门总统今天还宣布,道格拉斯·麦克阿瑟将军已被任命为占领日本的盟军武装部队总司令。

杜鲁门总统说:"现在正在做出安排,以使尽早举行接受日本投降的正式签字仪式。"

他说,英国、俄国和中华民国也将派出高级将领,代表各自的国家在受降书上签字。

这篇消息就是典型的倒金字塔式结构。它不仅体现在标题上,突出了这个爆炸性新闻的核心事实——日本无条件投降,而且也体现在导语上,开门见山,一目了然,快捷而扼要地告诉读者:日本投降了!

接着,记者引出这是由美国总统杜鲁门"今晚 7 时宣布"的。随后告诉读者,总统说日本是根据 7 月 26 日三强致日本的最后通牒无条件投降的。以此,记者继续报告最后通牒的内容。最后,报道出这一核心新闻之后,引发另一个新闻,即要尽早举行接受日本投降的正式签字仪式。

整篇报道内容充实,文字简洁,段落清晰,其重要程度依次递减,事实明白。

6. 注意事项

一般来说,运用倒金字塔式结构报道新闻,要注意以下三个方面的内容:

①按新闻事件内容和重要性的不同来安排段落,最重要、最精彩、最吸引人的部分放在第一段导语中,次重要的顺延。

②在导语中,也要把最重要、最精彩、最吸引人的部分放在最前面。

③标题进一步把这个特点表现出来,突出最核心的新闻事实。

④但是,也应注意,题目、导语与内容之间,避免同意重复,浪费信息资源。

2006 年 11 月 6 日《北京青年报》A7 版上有篇报道,它的引题是《有人借人口流动之便选择生育性别》,这里面提到了报道的主要情况是"借人口流动之便选择生育性别"。

记者又分别在导语和第二段中重复此意,造成单一信息的浪费使用。请看报道导语和第二段的具体内容:

本报讯(记者赵媛媛)　北京、上海、天津三个直辖市,出生人口性别比都比 2001 年第五次人口普查时有了明显升高,已超过 109。国家人口计生委官员日前表示,主要原因是一些人借人口流动之便,选择生育性别。

日前,国家人口计生委副主任赵白鸽表示:"城市出生人口性别比继续升高,这是由于近年来城市流动人口增加势头迅猛,一些人借流动之便选择生育性别,有关部门对于这种新情况还缺乏有效的应对措施。"据了解,虽然北京已是全国生育率最低的地区之一,但"五普"时全市的出生人口性别比已达 109。

二、金字塔式结构

1.定义

金字塔式结构与倒金字塔结构相反,它完全按照事实发生的顺序来报道事实,也称编年史式结构,多用于有生动故事情节的报道。其最重要的事实放在了新闻的最后。

2.特点

金字塔式结构有自然、亲切的特点,易为读者接受和理解,同时也具有一定的生动性和悬念。例如美联社的一条电讯:

洛杉矶电　巴贝·斯科特小姐昨天会见了本市某报的编辑,请求刊登她所说的她弟弟写的一首诗。

她说,这首诗写得相当精彩。她对编辑说,她的弟弟名字叫威顿·斯科特,今年25岁,是陆军航空飞行员,驻扎在加利福尼亚州的河边基地。

编辑读了这首诗(其内容是飞行训练十分危险,预示早晚他要机毁亡)。

斯科特小姐说:"我是不相信预示的,这是我的长处之一。"

编辑把视线从讲稿上转移开来,瞧着斯科特小姐。他在微笑。

"写得不错,我们打算用它。"编辑说。于是,斯科特小姐告辞了。编辑没有对她说,一个小时以前,一架军用飞机在哈密尔顿山上撞毁,25岁的威顿·斯科特在这次空祸中遇难。

三、两者结合式

1.定义

两者结合式,即把倒金字塔式结构特点与金字塔式结构特点融合在一起组成的消息结构。

通常在第一段用倒金字塔式结构,开门见山,新闻感强,发挥了导语突出主要事实的作用。之后,再按新闻发展的先后顺序定,给人以具体、完整、叙述清楚的感觉,比较适合传统的阅读习惯。

请看新华社1997年香港回归的报道《别了,"不列颠尼亚"》。

新华社香港7月1日电(记者周婷 杨兴)　在香港飘扬了150多年的英国米字旗最后一次在这里降落后,接载查尔斯王子和离任港督彭定康回国的英国皇家轮船"不列颠尼亚"号驶离维多利亚港湾——这是英国撤离香港的最后时刻。

英国的告别仪式是30日下午在港岛半山上的港督府拉开序幕的。在蒙蒙的小雨中,末任港督告别了这个曾经居住过25任港督的庭院。

4点30分,面色凝重的彭定康注视着港督旗帜在"日落余音"的号角中落下旗杆。根据传统,每一位港督离任时,都举行降旗仪式。但这一次不同:不再会有另一面港督旗帜从这里升起。4点40分,代表英国女王统治了香港5年的彭定康登上带有皇家标记的黑色"劳斯莱斯",最后一次离开了港督府。

掩映在绿树丛中的港督府于1885年建成,在以后的一个半世纪中,包括彭定康在内的许多港督曾对其进行过大规模的改建、扩建和装修。随着末代港督的离任,这座古典风格的白色建筑将成为历史的陈迹。

晚 6 时 15 分,象征英国管治结束的告别仪式在距离驻港英军部门不远的军舰东面举行。停泊在港湾中的皇家游轮"不列颠尼亚"号和邻近大厦上悬挂的紫荆花图案,恰好构成这个"日落仪式"的背景。

此时,雨越下越大。查尔斯王子在雨中宣读英国女王赠言说,"英国国旗降下,中国国旗将飘扬于香港上空。150 多年的英国管治即将告终。"

7 点 45 分,广场上灯光渐暗,开始了当天港岛上的第二次降旗仪式。156 年前,是一个叫爱德华·贝匀彻的英国舰长带领士兵占领了港岛,在这里升起了英国国旗,今天,另一名英国海军士兵在"威尔士亲王"军营旁的这个地方降下了米字旗。

当然,最为世人瞩目的是子夜时分中英香港交接仪式上的易帜。在 1997 年 6 月 30 日的最后一分钟,米字旗在香港最后一次降下,英国对香港长达一个半世纪的殖民统治宣告终结。

在新的一天来临的第一分钟,五星红旗伴着《义勇军进行曲》,冉冉升起,中国从此恢复对香港行使主权。与此同时,五星红旗在英军添马舰营区升起,两天前,"威尔士亲王"军营移交给中国人民解放军,解放军开始接管香港防务。

零点 40 分,刚刚参加了交接仪式的查尔斯王子和第 28 任港督彭定康登上"不列颠尼亚"号的甲板。在英国军舰"漆咸"号及悬挂中国国旗和香港特别行政区区旗的香港水警汽艇的护卫下,将于 1997 年年底退役的"不列颠尼亚"很快消失在茫茫的夜幕中。

从 1841 年 1 月 26 日,英国远征军第一次将米字旗插上港岛,至 1997 年 7 月 1 日五星红旗在香港升起,一共过去了 156 年 5 个月零 4 天。大英帝国从海上来,从海上去。

我们来仔细分析一下这篇消息的结构。

在导语中,记者采取的是倒金字塔式结构,把事实中的最后一个结果,即英国撤离香港的最后时刻呈现在读者面前。告诉读者"在香港飘扬了 150 多年的英国米字旗最后一次在这里降落后,接载查尔斯王子和离任港督彭定康回国的英国皇家轮船'不列颠尼亚'号驶离维多利亚港湾"。

在接下来的段落里,记者则按照时间顺序,介绍了相应的事实经过。1997 年 6 月 30 日下午 4 点 30 分,末任港督彭定康举行降旗仪式,晚上 6 时 15 分,告别仪式在军舰东面举行,7 点 45 分,第二次降旗仪式在广场上开始,直到子夜的中英交接仪式上的易帜,最后,零点 40 分,

"刚刚参加了交接仪式的查尔斯王子和第 28 任港督彭定康登上'不列颠尼亚'号的甲板。在英国军舰'漆咸'号及悬挂中国国旗和香港特别行政区区旗的香港水警汽艇的护卫下,将于 1997 年年底退役的'不列颠尼亚'很快消失在茫茫的夜幕中"。

这是典型的倒金字式与金字塔式结合的报道。

下面,请看 2006 年 11 月 20 日《北京青年报》B2 版上发的一则长消息,引题是《历时 35 天行程 1.2 万里"玄奘之路"考察团终抵大雷音寺》;主题是《六小龄童西天取真经》。

本报特派记者李晨、于晓蓉自新德里报道 昨天,"玄奘之路"文化考察团途经瓦拉纳西、菩提迦耶,来到位于印度比哈尔邦省会巴特那市,这里与那烂陀寺相距不到 100 公里。在这里,考察团的队员们瞻仰了保存在巴特那博物馆的玄奘法师顶骨舍利。这是玄奘法师顶骨舍利送到印度后首次对外展示,与释迦牟尼佛的顶骨舍利同时出现的这次展示,既是历史上的第一次,也为整个"玄奘之路"考察活动画上了一个完美的句号。

中国猴王相遇印度猴神

昨天上午,考察团首先参观了德里公共学校巴特那分校。德里公共学校组织了六、七、八三个年级的学生欢迎考察队的到来,并在欢迎仪式上表演了印度传统舞蹈。考察队中的六小龄童在现场进行了即兴表演,中国猴王的形象赢得了现场印度师生的热烈掌声。六小龄童在现场的演讲中说:"在印度有个猴神哈努曼,中国有孙悟空。在小说《西游记》中孙悟空保护了玄奘的原型唐僧西天取经。"

六小龄童的孙猴动作,让在场的小观众笑得前仰后合。表演结束后,一半的小观众马上围过去找他签名,引起了一场"混乱"。老师连忙维持秩序,一边制止另外的一半学生离开场地,一边让"混乱"的学生安静下来,保持秩序,这才结束了"混乱"状态。

随后,考察团来到了巴特那博物馆,瞻仰了玄奘舍利和佛祖释迦牟尼的舍利。1956年,周恩来总理访问印度时,为表示两国友好关系,从国内带来玄奘法师的顶骨舍利一块送给当时的印度尼赫鲁总理,从此,这块舍利一直保存在巴特那博物馆中。

考察队员额头被点上吉祥红痣

12日晚上7点半,考察团6辆越野车抵达印度首都新德里。在下榻酒店的欢迎晚宴上,由印度中国企业商会组织安排的两只大象迎候在酒店门口,迎接车队的到来。进入酒店后,每位考察队员的额头都被点上了印度的吉祥红痣。中国驻印度大使孙玉玺参加了当晚的欢迎晚宴,并在晚宴上发表演讲,弘扬玄奘与中印友好关系。

13日,大部分考察队员留在德里,参观印度最后一个王朝的王宫红堡。另外王石、曲向东等6名考察队员则驾驶3辆考察队越野车前往泰姬陵。14日,考察团由泰姬陵乘火车前往瓦拉纳西。玄奘到印度后,曾专程到位于瓦拉纳西的鹿野苑拜谒释迦牟尼的初次讲经地。

参观那烂陀寺是六小龄童一生最大的梦想

16日,在瓦拉纳西乘火车从泰姬陵赶来的考察队员与从德里飞来参加剩下C段行程的考察队员汇合。新队员中六小龄童告诉记者,来印度的那烂陀寺是他一生中最大的梦想,而在"玄奘之路"的活动中终于实现了。在瓦拉纳西的考察队员参观了释迦牟尼初次讲经说法的鹿野苑遗址。晚上乘船观看印度教的祭奠恒河仪式——印度人的恒河沐浴洗礼。

同行的德里大学东亚研究所副教授余德烁告诉记者,瓦拉纳西的这段恒河是整个恒河流域中,对印度教徒最重要的两段之一,也只有这段恒河的流向是从南往北流的。记者从船上往恒河岸边看去,只见两处焚尸台上,事先堆好一堆堆木材架着死者熊熊燃烧。不时传来啪啦啪啦木材烧断后坍塌的声音。印度教徒认为,能在恒河岸边去世并葬于恒河,是人生中最大的一件幸事。那些在恒河岸边火葬亲人的人们脸上,没有看到悲伤,反而流出一种平静解脱的表情。"他们认为人的生死不过是不断轮回中的一个阶段而已。"余德烁说。

根据玄奘记载重建大菩提寺

17日,考察队还来到释迦牟尼悟道成佛的菩提迦耶大菩提寺。玄奘当年历经艰辛来到这里时第一次流下了眼泪。余德烁介绍,释迦牟尼曾在这里的一棵菩提树下修行,并终于悟道成佛。200多年后,印度历史上著名的阿育王由于推崇佛教,他自己经常在这棵菩提树下修炼。

据传说,当时阿育王为修佛法,甚至连家也不回。他妻子不想让他继续在菩提树下念佛,便趁他出门时,将菩提树砍断。阿育王回来后看到被砍倒的菩提树失声痛哭,发誓要将菩提树种活。后来他从斯里兰卡找回一棵当年从这棵菩提树移植去的树苗的枝干重新培育,最终又将这棵菩提树在原址移活。直至19世纪40年代,英国考古学家才根据玄奘在《大唐西域记》

中的记载,重新找到菩提迦耶遗址,并根据他的记述重建了大菩提寺。

那烂陀:玄奘在此取得真经

11月18日,"玄奘之路"文化考察团从菩提迦耶出发,经3小时车程到达位于印度比哈尔邦的那烂陀寺(我国称西天大雷音寺)。至此,"玄奘之路"文化考察团历时35天经过12000公里驱车跋涉,最终抵达此次文化考察活动终点。1300多年前,我国唐代僧人玄奘历经艰辛,也是最终抵达这里并在此取得"真经"。

昨天,全体考察队员首先参观了位于这里的玄奘纪念堂,并将洛阳、西安两地委托考察车队带来的礼物转交了正在修建中的玄奘纪念堂。随后,全体队员来到那烂陀大学与该校师生交流,并参观收藏于该大学的各种文物及珍贵佛经。下午,队员来到那烂陀寺遗址参观考察。

在印度乘火车

对于大部分考察队员来说,在印度乘坐火车是种前所未有的体验。据介绍,在印度铁轨的宽度根据修建年代的不同,一共出现有4种不同的规格。相对应的,印度火车的车体也比我国的火车宽,而高度上略低。

在印度的火车内部,硬卧车厢内一个隔间摆放着8张床铺。靠火车左窗的6张铺位与我国火车硬卧铺位大体一样,只是下铺与中铺之间的距离较矮,中铺放倒后,下铺则会变成一个公共的硬座席位。所以在印度乘火车,票价最贵的不是下铺而是上铺。在卧铺车厢与硬座车厢中间的走廊是坚决隔离开的,在火车行进中,乘坐硬座的乘客无法通过补票进入到卧铺车厢。

我们来分析一下这篇长消息。

可以看出,消息的整体结构采用的是倒金字塔式与金字塔式的结合式,即导语部分是倒金字塔式结构,把这则新闻中的最重要的、最突出的新闻事实表现出来,即"考察团的队员们瞻仰了保存在巴特那博物馆的玄奘法师顶骨舍利。这是玄奘法师顶骨舍利送到印度后首次对外展示,与释迦牟尼佛的顶骨舍利同时出现的这次展示,既是历史上的第一次,也为整个'玄奘之路'考察活动画上了一个完美的句号"。

在消息的第二部分也延续了这种倒金字塔式结构,交代了考察团在参观巴特那博物馆之前的活动,即在德里公共学校的欢迎活动。这则消息特别强调了六小龄童在这天活动的情况,这段标题用了"中国猴王相遇印度猴神"。

除此之外,消息的主体内容则按时间顺序结构,呈现金字塔式结构特点,分别交代出考察团前几天的行程,从2016年11月12日到11月18日,最后终于到达那烂陀寺,参观了玄奘纪念堂和那烂陀寺遗址。

消息最后还有花絮新闻,介绍了考察队员关于在印度乘火车的情况。因此,这篇报道的消息结构是两者结合式的,这无可厚非。

但是,这篇消息在结构的搭建上,本书认为存在一些不足之处。那就是2016年11月18日考察团来到玄奘纪念堂递送了来自中国洛阳、西安两地的礼物,这应该是新闻的关键之笔,记者却轻轻带过,特别是没有交代清楚洛阳和西安委托带来的礼物是什么。这部分的文字应该用倒金字塔式,提前到消息的最前面去,加以强调。

而且,从消息整个内容来看,参观玄奘纪念堂和那烂陀寺遗址的内容是距离发表时间最近的事情,从时效性来讲,也应该提前加以强调的,不应该淹没在按时间顺序的叙述之中,如果读者耐不住性子,就会让这样重要的内容"溜过去"。所以,记者应该把11月18日即文中的"昨天"的活动,梳理清楚,用倒金字塔式放在消息最前面,其他内容再按时间顺序写清。

2.注意事项

在运用两者结合式结构写作消息时,应该注意以下两个问题:

①充分分析、掂量出采访材料中即新闻事实中最重要的、最新鲜的、最引人注目的内容,安排倒金字塔式。

②在金字塔式结构中,常用时间顺序式表达,要把新闻的时间叙述清晰,切忌混淆含糊。

四、自由或散文式结构

自由式或散文式结构,无一定之规,写作活泼、自由,以明白、清晰地报道事实为目的,常被认为是最合适的一种结构,它像散文一样,形散而神不散。

比如,有对话式结构,即消息结构以人物对话为主。

1999年1月20日,新华社发表了一篇消息,题目是《总理与一封人民来信》,运用的就是对话式结构。请看报道——

新华社记者卓培荣 刘思扬 人民日报记者潘帝都

"总理来啦!"

1月19日上午近10点,刚刚在福州市杨桥新村慰问两户困难职工的朱镕基总理,一走出居民楼就被周围的居民团团围住。

"大家好! 春节就要到了,给大家拜个早年。"朱镕基不断向居民挥手致意。

"朱总理! 朱总理!"这时,一幢居民楼的阳台上传来一阵喊声。

朱镕基循声望去,是一位满头白发的老人。

"总理,我能跟您说句话吗?"

朱镕基笑着说:"请讲。"

"我给您写了一封信,您收到了没有?"

"什么信?"

"一封很重要的信。"

"什么时候寄的?"

"去年12月27日。"

"我不知你叫什么名字?"朱镕基大声说。

"我姓赵。赵承耀。"

"你是哪个承呀?"

"继承的承,光耀的耀。"

"好,记住了。我查一查。"朱镕基向老人挥挥手。

离了杨桥新村,朱镕基立即指示工作人员了解信的下落。

赵承耀曾是内蒙古海拉尔市盟商业局的总会计师,退休后定居福州。去年12月27日他就税制改革的有关问题给朱镕基总理写了封信。经查,这封信已在今年1月4日转给国家税务总局研究。总理指示工作人员立即把结果转告赵承耀。当天下午两点,区委领导亲自上门把消息告诉了赵承耀。

赵承耀对区委领导说:"我很激动,没想到我冒昧地问一句,总理就这样重视,反馈这样快。

但愿我的建议能对国家的改革有用。"

（新华社福州 1999 年 1 月 20 电）

这篇消息结构很自由,最开始就是大量的人物对话,开头的第一句话就是"总理来啦!"开头没有对周围的场景进行渲染,更没有"当地群众沉浸在喜悦中"诸如此类的套话,仅此一句,就先声夺人。接下来是朱镕基和当地一位居民的对话,尤其是"我不知你叫什么名字?""你是哪个承呀?""好,记住了。我查一查。"三句直接引语,显示了朱镕基平易近人、做事认真干练的工作作风和性格特点。

《总理与一封人民来信》一文,不仅语言简练,形式简洁,而且内容集中,主旨鲜明,从这件小事,也反映朱镕基重视民情,体察民意的高风亮节。

当然,在消息的后半部分,则是用了叙述的文字来描写新闻事件的经过和结果。

散文式结构的新闻中不能不提一位美国记者写的一篇讣告新闻,说的是某城税务所里一名不出名的出纳员去世了。

这位记者不按常规写新闻,消息结构是散文式的,令人拍案叫绝。请看全文:

玛丽·琼斯逝世

知道玛丽·琼斯名字的人并不多,但是人人都熟悉她的面孔。

43 年来,玛丽·琼斯这位活泼愉快的出纳员能使你在交付水电费时高兴一些。

星期四早晨,她没有去上班。两位同事去她家探望,发现她已在家中溘然长逝,看来是死于心脏病发作。玛丽·琼斯家住本城东街 432 号,终年 63 岁。

当日上午,同事们在玛丽·琼斯女士生前使用的柜台上放了一个朴素的牌子,上面写的是"我们沉痛宣告,各位最喜欢的出纳员玛丽·琼斯已于今晨逝世,我们都怀念她。"

税务所会计琼恩·福斯特说:"谁到这儿来,她都是笑脸相迎。"

他还说:"连那些付款时大发雷霆的人,也会被她逗乐,笑着离开。"

第三节　消息导语

一、导语的由来

现代意义上的新闻导语最早出现在美国。之前,西方国家及我们国家的新闻,大多数是编年式的写法,从事实的开始,讲述经过、发展,到事实的结果,全部混杂在一起。当时的读者必须耐心地从头读到尾,才能获悉消息的重要及完整内容。

请看我国明朝时,当时的京报上刊登的一则消息(当时的消息没有标题)。

是日早,乘舆出乾清宫。有男子伪着内使巾服,由西阶下直趋而前,为守者所执。索其衣,得刀剑各一,具缚两腋下。诘之,供道其姓名为王大臣,系武清人,余无言。司礼监冯保奏O,奉旨下东厂究问。

（O 指的是皇帝,古代人称为避讳,不在文字上直接写出,以符号代替。）

西方的新闻也大多如此。

新闻导语的出现,和美国的南北战争有关。常有人说,战争是新闻之母,有一定的道理。

在 19 世纪中期,美国进行了为解放奴隶的南北战争,形势紧张,战况非常,美国人民都牵连进这场战争之中,非常关心局势的发展,战争的态势。于是,美国的通讯社应机改革,改变原来报道新闻的思路,把最重要、最新鲜、最精彩的东西提前抽出来,让读者最先了解他们最关心的情况。记者们把这些东西写在消息的最前面,最先呈现在读者面前,就叫消息的导语。

另外,导语的产生,也与电报技术在新闻报道中的运用有关。南北战争时期,新闻界多用电报这一技术来传播新闻,与后方通讯社或报社联络。由于当时技术的局限,铺设一条电报线很麻烦,因而电报线路不多,占用这条线路的花费也惊人,为了抢时效性,同时也为了节省开支,派到前线的新闻记者们要绞尽脑汁来写消息的导语,作到文字简明扼要,事实反映清楚,既要满足读者的最大阅读需求,也要满足媒体自身经济花费的现状。这样,导语的特殊的地位就应运而生。其扼要、迅速、简洁的写作方式也成为一种良好的写作传统留传至今。

二、导语的双重任务

法国新闻理论家贝尔纳·瓦耶纳在其所著的《当代新闻学》中说:"新闻工作者的职业也可以说是一半搞新闻,一半搞诱惑。新闻的好坏还得看他吸引力的大小。"

新闻导语正是增强新闻吸引力的第一要素。

请看 2000 年 11 月 30 日《解放军报》刊登的一篇消息的导语,它的题目是《我第一台类人型机器人亮相》。

本报长沙 11 月 29 日电 记者姜宁 特约记者王握文报道:在中国第一台两足机器人 10 周岁时,中国第一台类人型机器人呱呱落地。今天,这个高 1.4 米、重 20 公斤的"新生儿"在国防科技大学首次亮相。有关专家称,类人型机器人的问世,标示着我国机器人技术已跻身国际先进行列。

很明显,导语是消息的开头,一般指开头部分的一句话或几句话,常是第一个自然段,也有的延在第二个自然段。像下面这则消息的导语,就是两段话。

路透社伦敦 5 月 1 日电 最近,一只海豹沿着泰晤士河逆流而上,游过了议会上下两院所在地。此事引起了极大的轰动,电视台向全国播放了海豹吞食河鱼的镜头,报纸也作了报道。

这是 150 年来人们第一次看到海豹出现在一条有毒的历史名河的河水中。

一般来说,导语常用简明、生动的语言,把新闻中最重要、最精彩或最吸引人注意的事实提炼、概括和展示出来,以唤起读者的继续阅读。上面这则路透社的消息导语,反映的事实是 150 年来英国泰晤士河首次出现海豹。同时,在这个的导语中,也卖了一个关子,即"这是 150 年来人们第一次看到海豹出现在一条有毒的历史名河的河水中。""有毒的历史名河"就是泰晤士河。为什么会这样? 为什么它有毒,又为什么会出现海豹呢? 伦敦人是怎么做到了河水的治理? 种种悬念引诱着读者迫不及待地往下读。

再比如,下面这则电视消息的导语:

本台消息 一分钟等于 60 秒是个常识。然而,在深圳,一分钟等于 48 秒。

这条消息说的是深圳公用电话亭的电话被人为地将 1 分钟调节成了 48 秒,一些公用电话亭的经营者赚昧心钱。在导语中,记者既写出了新闻中最重要的一个事实,即一分钟是 48 秒,又留下了一定的悬念,引起读者的好奇心,使读者很想接着往下读。这就涉及导语的双重任务。

我们可以看出,导语的位置是至关重要的,它起的作用也是至关重要的。它能把新闻的重要事实带出来。

1. 导语的双重任务

所谓导语的双重任务,就是让它承担两个责任:

一是呈现最关键的事实。看完导语之后,新闻最精彩之处基本就出来了。

二是吸引读者。导语写得有意思,才能吸引读者继续往下读,读完为止。甚至,读完之后耐人寻味。

在新闻界,有这样一句不成文的行话,就是记者"写好了导语就相当于写好了消息",可见导语的力量。

在当今的网络信息时代下,导语的作用对于消息的传播有着不可低估的作用。

2. 写好导语的作用

①写好导语,可以产生"眼球效应",钩住读者的视线,请他(她)止住漂移的目光,多停留在此新闻上。

请看下面这则导语——

莽莽秦巴,峻岭深峡。垂直高度近200米的天然巨石"大红岩",千百年来如屏横亘在"陡天坡",如今却硬生生被记者眼前的盘山水泥路"拦腰截断"。

毛坝镇竹山村村支书侯在德拉着记者下了车,探身指向山脚下湍流的河水,"为了修路,王书记带着人坐船,就从这儿爬上了山。"

侯在德说的正是陕西省安康市紫阳县委书记王晓江。2006年7月,这位留着一头"板寸"的"关中汉"交流至紫阳任县长,有人给他"打预防针":"有的地方出一分力结三分果,你来这秦巴山区腹地的国家级贫困县,不费以十当一的劲儿就干不好。"如今,这位生性倔强的"关中汉"在紫阳一干就是9年。

人民日报社记者姜峰这则导语的写作用心良苦,他这样谈起写作体会,"以上,是《生性倔强的关中汉——记陕西紫阳县委书记王晓江》一文的导语部分。起笔,运用电视化语言,'镜头'从远及近再到特写不断聚焦的同时,'点到为止'地交代了一个王晓江'身先士卒'给偏远村镇修路的故事,借村支书第三人之口将主人公介绍出来,'起承转合'之'起'自然不突兀;再说'承',用'有人打预防针'和'一干就是9年'做对比,没有'扎根基层''迎难而上''务实为民'等苍白的评价,但人物之'格'已呼之欲出——在编排结构、把握节奏上下工夫,'起承转合'的文字蒙太奇便生发出不同趣味的化学反应。"①

②写好导语才能留住读者的视线。

现代社会生活节奏加快,读新闻已成为"历史",看新闻则成为"走马观花"。如果导语写得不抓人,不出彩,那么即使下面消息的内容很精彩,读者也会毫不留情地扔掉不看。

场景再现成为抓读者眼球的很好的方式。

场景再现是指在一定的自然环境或社会环境中,通过对人物或事件的描写,再现生活画面的一种表现手法。

---

① 姜峰. 发现人物报道的张力. 人民日报社业务研讨.

例如以下这则场景式导语：

旅客们纷纷抓起拖把、雨伞和瓶子猛打试图劫持一架中国民航客机的那个人。在昨天的这场血腥搏斗中，看来有两名劫机者被打死。

一位名叫根萨的美国乘客说："流了不少血。人们又喊又叫，奋不顾身地冲上去，就像法国大革命那样。"（《南华早报》）

三、第一代导语和第二代导语

新闻五要素或六要素齐全的导语被新闻界称为第一代导语，也称晒衣绳式导语。美联社首先确定了这一模式。其代表作为 1889 年约翰.唐宁的风暴消息。

侧重交代新闻五要素或六要素中的部分要素的导语被新闻界称为第二代导语。自"二战"以来，这种导语在实践中受到读者的欢迎。原因是电讯技术发展，记者可以从容报道新闻；另外，广播媒体电子媒介对报纸的挑战和互联网多媒体的出现，人们生活节奏加快，对阅读呈现碎片化、快餐化的要求。

四、导语写作要求

①消息导语写作最关键的一点是要让导语"苗条"明快。

写作导语时，要特别注意文字少而精。

美国新闻研究机构曾对读者心理调查得到这样的数字：三分之二以上的读者心理上能接受的导语长度折合中文大约相当于 35 个字，这就是国内新闻理论界也认同的"35 临界点"。

但是，很多新闻记者写的导语严重超标，而且写得抽象而概括，令人不愿阅读。

深圳某报一篇消息《深圳在京设摊揽人才》的导语：

华为，中兴通讯来了，长城、开发科技来了，康佳、创维来了……今天的北京人才市场俨然成为深圳高科技企业的"博览会"。参加人才招聘的 56 家企业联袂向各类中高级人才发出了一份特别的请柬：到特区去，到改革开放的最前沿去，那里有科技人才展露才华的大舞台。

这条导语长达 120 个字，其抒情的笔墨不下三分之一，为什么不把它们精简，进行"瘦身运动"呢。完全可以压缩下来，改为"35 临界点"左右。比如，这样写：

56 家深圳高科技企业今天"驻扎"北京人才市场，邀请各类中高人才：请到特区来。

再看 2005 年 3 月 17 日《北京晚报》的一则消息，标题是《中华鲟王病故 26 条小中华鲟将住进海洋馆》。它的导语是这样写的：

由于年岁已高、产后体虚、加上难耐今年冬天湖北的罕见低温气候，原本要来北京海洋馆安家落户的"中华鲟王"在留下后代之后不幸病故。昨天下午，记者从北京海洋馆了解到，北京海洋馆将按原定计划和中国水产科学研究院合作，于本月底或下月初引进 26 条中华鲟进京入驻北京海洋馆，已故的"中华鲟王"也将被制成精美标本陈列在北京海洋馆新建的鲟鱼馆里。

这条导语写了 163 个字。

是不是可以精简下来，压缩成较少又精当的导语呢。我们试试看：

本月底或下月初，26 个已病故的"中华鲟王"的后代，将离开湖北正式安家北京海洋馆。

　　②导语要写短、写精不妨多用短句子,句式也不要太复杂,适当的一点定语即可,少用复合句、从句等,不要写得太绕口,也不要在导语中增加过多的背景材料。同时,应提炼最重要的事实,不能双管或众管齐下一口气把主要的事实都说出来。

　　具体来说,在牢记新闻导语的双重任务的前提下,记者在导语写作上注意做到以下六点:

　　①筛选材料,将最重要、最生动、最吸引人的事实材料首先安排。

　　②研究人们的阅读心理,从受众角度考虑什么是要获取的主要事实、什么是最有兴趣的信息等。

　　③第一段的事实不与下文重复。

　　④最好交代清消息来源和新闻根据,加强报道可信度。

　　⑤文字短而精,不冗长。

　　⑥表达方式巧妙、独特。

　　请看《纽约时报》上的一条新闻,其巧妙、独特的报道让人眼前一亮。

　　昨天晚上,冰激凌对警察局巡官哈利·欧柏林没有起到清凉作用。

　　欧柏林奉命去调查一件盗窃案,他在阿尔本大街上刚把车停好,就见有个男人向他走过来,边走边嘟嘟囔囔地说些什么。

　　欧柏林问道:"你说啥?"

　　来人一语不发,突然把一块冰激凌甩到他的脸上。

　　欧柏林赶紧跳下车,一把揪住这个人。这个人却说:"你想抓我吗? 那就先得同我比试比试。"

　　接着,他一拳打在警察嘴上。警察毫不示弱,照对方脑袋上就是一拳,把他打翻在地。

　　被捕者在肯吞大街派出所承认,他是住在大树西街35号的威利斯·索兰诺。

　　他说,他认为警察"头脑发烧",因此,他想用冰激凌使警察"凉快凉快"。

第四节　新闻主体和结尾

一、新闻主体

　　新闻主体是新闻的主干,记者在写消息时有层次地阐述新闻事实,对导语中点到的部分进行充分的展开或者补充更多、更翔实的事实和信息,使读者获得对此新闻事件或新闻人物相对完整的认识。如果消息是一棵大树,那么导语就是大树上的花果摇曳在树的顶端,新闻主体就是树干,真实性原则就是树根。

　　1. 新闻主体的功能

　　一条消息的主体经常兼有解释导语和提供新的事实的双重作用。其主要功能有以下两点:

　　①对导语里提到的各个事实加以展开。

　　②补充导语未提到的次要材料。

　　请看 2012 年 10 月 29 日中新社消息,题目是《飓风桑迪致美 16 人遇难 多地进入紧急状态》。

中新社旧金山 10 月 29 日电　超级飓风"桑迪"当地时间 29 日晚间肆虐美国东部沿海城市，截至 30 日凌晨 2 时 37 分，遇难人数已升至 16 人。狂风暴雨致使约 620 万人处在停电带来的黑暗中，纽约证券交易所连续两天停止交易。

"桑迪"堪称美国历史上最严重的海岸灾难之一，预计将造成美国 100 亿至 200 亿美元的经济损失。

美国媒体报道称，"桑迪"在美国东海岸登陆前，已造成加勒比海地区 69 人罹难。美国新泽西、纽约、西弗吉尼亚、马里兰、宾夕法尼亚和康涅狄格州等地均因飓风导致人员遇难；加拿大也有一人身亡。截至美东时间 30 日凌晨 2 时 37 分，美国遇难人数升至 16 人。

"桑迪"以每小时 128 公里的时速登陆新泽西，华盛顿、费城、巴尔的摩和波士顿等大城市的风速高达每小时 136 公里。各大航空公司取消的航班多达 1.2 万架次。

"桑迪"在纽约掀起近 4 米高海浪，造成隧道、地铁站被淹，全城大部分地区停电。纽约市 29 日公共交通全部停止，连接纽约和新泽西之间的荷兰隧道以及布鲁克林与曼哈顿之间的隧道关闭，布鲁克林、乔治华盛顿等桥梁停止使用，学校停课，百老汇停演。纽约市民只能待在家里，足不出户。

纽约证券交易所宣布 30 日继续停止交易，这是纽交所 1888 年成立以来首次因天气原因连续两天停市。

大风还刮掉了曼哈顿切尔西社区的一栋 4 层楼建筑外墙，只剩下室内的灯具、沙发和柜子等裸露在外，幸好无人受伤。

为减少大雨造成地铁运输系统和地下电力系统的损害，纽约市关闭了金融区的电力供应，但全城有更多地方因洪水和变压器爆炸造成停电。

距离 11 月 6 日的总统大选只剩下一个星期，风力强劲的"桑迪"让奥巴马和罗姆尼均取消了密集的竞选活动。

奥巴马呼吁民众与当地政府配合，需要撤离时必须迅速离开。东海岸约有 50 万人被要求撤离，其中 37.5 万人居住在纽约市的低洼地段。

这篇消息除第一段之外，其他段落均为新闻主体。

记者用翔实的事实来补充导语中所说飓风"桑迪"的威力，人员伤亡情况和除纽约证券交易所停止工作之外其他方面的破坏状况，包括纽约公共交通全部停止，连接纽约和新泽西之间的荷兰隧道以及布鲁克林与曼哈顿之间的隧道关闭，布鲁克林、乔治华盛顿等桥梁停止使用，学校停课，百老汇停演。纽约市民只能待在家里，足不出户。还有更多地方因洪水和变压器爆炸造成停电。飓风"桑迪"被冠以超级之名，它还带来了美国总统大选密集竞选活动的取消。

2.新闻主体的结构

新闻主体写作按叙述方法不同，约有以下三种结构方式：

①按时间顺序。

按时间顺序写作消息主体，多运用于倒金字塔式结构和金字塔式结构相结合的消息结构中，有头有尾，层层推进，脉络清晰地反映新闻事实。一般给读者一个相对完整的时间概念，层次分明，衔接紧凑自然。

2001 年 11 月 12 日《北京青年报》二版有一则现场报道，题目是《本报记者昨天在现场目睹了中国代表团工作人员准备签字仪式的全过程　签字仪式石广生买单》。这篇报道就是按时间顺序来写的，脉络明晰。请看报道——

本报特派记者甄蓁、植万禄自多哈报道 昨天,对中国代表团来说,最重要的事情就是中国加入 WTO 的签字仪式。在现场,本报记者目睹了中国代表团工作人员准备签字仪式的全过程。

签字仪式要交保安费

中国加入 WTO 议定书签字仪式昨天在多哈喜来登酒店 WTO 会议中心 AL MALLS(马佳利斯大厅)举行。为了准备这个签字仪式,中国代表团的几位成员忙了几乎一天。签字是在一个能容纳 700 人的大厅进行,所有的布置都要由中国代表团自己动手,但还是一样费用都不能免。在保安严密的多哈,举办签字仪式是要交保安费的。一个小时的签约仪式要交费 3000 里亚尔(相当于 8000 多元人民币)。

香槟酒的牌子无从知晓

多哈时间上午 10 点,记者来到马佳利斯大厅时看到,外经贸部国际司副延长索必成和中国驻日内瓦代表团经贸处三秘胡盈之正在商量签字仪式的具体细节安排,从代表团进场安排、部长休息室在哪儿、记者区在哪儿、签字的桌子如何摆放、安全线在哪儿,到部长何时步入大厅、何时上香槟酒、由几名服务人员送上香槟等等,考虑得极其周详。惟一的遗憾是不知道香槟酒的品牌是什么,尽管是产于当地,但没有人叫得上名字。当时,每进行一项都会有人在身后递过账单。石广生的名字和房间号在昨天的准备中最好使。

用歌咏比赛的经验比试站位

约 11 点,索必成和胡盈之终于和秘书处的人员商量完毕所有问题。随后,他们开始让工作人员试着将中英文的"中国加入世界贸易组织签字仪式"横幅挂起来,看看挂在什么高度比较合适。他们还请本报记者在大厅第 6 排的位置才可以将主席台下预定安排代表团的区域以及横幅一起收入镜头,最重要的是,镜头里不能有前几排的椅子。

就在此时,外经贸部办公厅副主任姚申洪来到现场。他和索必成及胡盈之协商到时签字仪式上中国代表团 44 人加上外方人员 6 人共 50 人如何站队,关键是后排到底站多少人。他说,大家有胖有瘦,不如我们试试,看看后排到底可以站多少人。于是他们三人在主席台互相倒着从主席台这一端排到另一端。可以排 24 人,可是不行;26 人,亦不行。最后确定后排站 28 人。"不过大家要挤一挤,"姚申洪副主任说,"第一排主要是司局长,包括外单位的人,排 20 人吧,第二排都排咱们部里的人,挤一点没关系。"索必成建议说,"都侧侧身吧,歌咏比赛大家也不是没干过,大家全部肩插肩。"

在保证所有细节都已经考虑到之后,他们又检查了一下,才离开马佳利斯大厅。

这是文字版的现场报道,《北京青年报》的记者不仅交代了现场的情况,还讲了一个用歌咏比赛的经验比试站位的小故事;既描述再现了布置签字仪式的场面,又交代了签字仪式上石广生的名字和房间号最好使等细节;既有明确的交代消息来源,又有现场的声音,直接引语的运用,文字明白清晰,通俗易懂。

②按逻辑顺序。

按逻辑顺序写作消息主体,多运用于倒金字塔式结构,它根据事实的内在联系,围绕着突出主题,按照逻辑顺序来安排材料,不受时间顺序的影响。

2001 年 11 月 12 日,《北京青年报》头版消息,采纳的就是按逻辑顺序写新闻。它的题目是三行复合式标题,请看报道:

中国入世今晨领证
今年 12 月 11 日中国将正式成为世贸组织成员
入世议定书只有一份正本,带回国内的是两个副本

本报记者甄蓁 植万禄自多哈报道 北京时间今晨 0:30(当地时间 11 日 19:30),中国外经贸部部长石广生在多哈喜来登酒店签署了中国加入世界贸易组织协定书。议定书规定了中国作为世贸组织成员的权利和义务。

当地时间 21:05,石广生向穆尔递交了由国家主席江泽民和外交部长唐家璇签署的入世批准书。

据透露,石广生部长签署的中国加入 WTO 议定书只有一份正本,该文本在石广生部长签字后将送到日内瓦总部由 WTO 总干事签字盖章,予以核证,然后根据正本制成两个特别的副本,正本由 WTO 总干事保存,两个副本送国内保存。据介绍,正本与副本的唯一的不同是在副本的最后一面上多出一句:"我兹证明它与正本完全一样",然后是 WTO 总干事的签名和 WTO 的火漆(印章)。

签字后全体合影,为保证拍摄效果,工作人员还请本报记者事先用数码相机帮着进行了试拍,看看横幅挂在什么位置才可以将主席台下预定安排代表团的区域以及横幅一起收入镜头。

这篇消息是典型的一事一报,记者快速准确地向国内发回中国签订入世议定书这一重大事实,采用倒金字塔式结构来报导语,新闻主体部分先是交代当地时间 21:05,石广生向穆尔递交了入世批准书这一事实。同时,点出"由国家主席江泽民和外交部长唐家璇签署"的入世批准书这个背景材料。然后集中笔墨在正本与副本的表述上。最后以全体合影留念结尾,充满了现场感,还有工作人员还请本报记者事先用数码相机帮着进行了试拍这个细节。

记者为读者服务的意识很好,体现在正本的"WTO 总干事的签名和 WTO 的火漆"上,记者在火漆后加了一个括号,里面写上两个字——印章,说明火漆就是中国所说的印章。这个细节非常值得点赞!

有一个小遗憾是穆尔的身份没有标明。这是记者的一个疏漏。其实,记者在现场很明白穆尔是什么身份,虽心知肚明,但文字没有交代给读者,细心的读者会打问号。

③按事实的并列关系。

按事实的并列关系定作消息主体,一般是在导语之后,几个段落内自然平等地安排并列的几个部分,无轻重之分。

请看《北京青年报》2001 年 11 月 12 日上的消息,题目是《外国记者认为中国入世会使贸易关系越来越好》(北京青年报特约记者程大为报道)。

昨天,多国媒体代表接受了本报记者的采访,谈了他们对中国入世的看法。

华盛顿邮报的 SAMUEL M GILSYON 先生关注中美贸易关系已经有十几年了。他说,在这十几年中,中美经贸关系一波三折,但多数的工商界人士是支持中国入世的。他将把中国入世作为重点报道给美国人民。

荷兰 RADIO NEDERLAND 广播电台以济部记者 WENDY BRAANKER 女士说,中国加入 WTO 会给荷兰带来更大的商业机会。就在几天前,荷兰的 FORTIS 公司已经得到进入中国银行业的初步允许,中国入世后,该公司有可能进军保险市场。

日本电视新闻记者认为,中日贸易量很大,中国入世应对日本有一些正面的影响,中日贸易关系将越来越好。

当然,任何消息都是用事实说话,在使读者清晰、明白的基础上,形式可以多种多样,并不受以上所说所限。

《北京青年报》2006 年 10 月 9 日发表了一篇关于国庆长假"节后综合征"的消息,题目是《鼓槌咚咚咚表明有压力;涛声音乐缓 心理渐放松 上班头天,白领争相"音乐减压"》。

本报记者记者史祎报道 昨天是十一长假后上班的第一天,"不想上班"成为很多年轻的领 MSN 上共同的名字。昨晚 6 点,在一家外企工作的小张和几个同事来到位于北京市青年宫的北京青年压力管理服务中心,在这里寻求舒缓压力的方法。

温馨的鹅黄色灯光,淡绿色的墙面,浅色本质地板,绿色植物——在压力管理中心,舒适的小环境营造了一种轻松的氛围,几个年轻人围坐一圈,每人手中拿着一样指导教师发的乐器。指导教师面带微笑地说,"我们来做音乐减压,请你们每个人都用自己手里的乐器来演奏一段节奏,这段节奏要能表达此刻你的情绪。"

"咚咚咚"一阵急促的鼓声在小张的鼓槌下传出。最后,她还抬高手臂用力地敲了两下作为结束。"请大家帮她分析一下,她敲鼓的节奏表现了什么?"在指导教师的提示下,大家的解读中几乎都有"宣泄""不满""压力"等词。小张说:"这样敲两下觉得很发泄,放假回来突然面对堆积如山的工作,我现在真不知道该怎么办,今天一天都在想着继续放假!"之后,白领们脱掉高跟鞋、摘下眼镜,躺在瑜伽垫上,在大海涛声的背景音乐中进行一种减压训练——"自生训练",在指导教师的带领下通过冥想和心理暗示来放松身心。

北京青年压力管理服务中心培训师刘一然告诉记者,长假过后,很多上班族都会出现类似周一综合征的"长假综合征",这种综合征通常会出现在工作压力较大的人群中,有时甚至有头痛、腹泻等表现。刘一然说:"压力管理服务中心会用减压游戏来达到减压的目的,更多的时候,这些游戏实际上并不能真正减除压力,而是将压力具体地梳理和描绘出来,使人们正视压力。"

北京市青年宫主任冯松青介绍,本月,北京青年压力管理服务中心将举办一系列讲座和活动,帮助青年舒缓压力。

这篇消息新闻敏感性非常强,抓取国节长假后人们不愿上班的情绪,报道如何排减节后综合征。读者很爱看,题材新,接近性强,与每个人的生活都能关联。

消息呈现了大量的现场描述,如敲鼓的现场和躺在瑜伽垫上,在大海涛声的背景音乐中进行一种减压训练——"自生训练"的现场,有助于读者理解如何减压,排除节后综合症状。

消息有明确的消息源,如北京市青年宫主任冯松青、北京青年压力管理服务中心培训师刘一然等,这是新闻真实可信的体现。

但是,也有个别细节不准确,比如消息中说白领们脱掉高跟鞋、摘下眼镜,但是版面所配发的新闻图片中有男性,脱掉高跟鞋指代的是女性,没交代清楚。节后综合征应是男女都有的,记者用词可以更加明确些。

二、消息结尾

消息结尾是自然而然,了无痕迹;还是精心组织,细致安排?

在西方新闻界,对此的看法是重在后者的。

美国名记者威尔·格里姆斯利认为,一篇好的报道是具有对称美的。它必须有一个好的开头。然后,它应该平稳流畅地过渡到文章的高潮;如果可能的话,要用一个出乎意料的结局使之达到高潮。

美联社特派记者休·A.马利根说过,"我长期以来一直信奉:一篇报道既要有好的导语,也要有一个力的结尾。事实上,我常常在最后一段下的工夫比在第一段下的工夫大,因为我希望那真正动人的最后一行话将使编辑高抬贵手,不致砍杀我努力的整个成果。"

我国新闻界对此没有明确的规定。

本书认为,消息结尾既可顺其自然,一切依新闻记者的采写内容自然结束,也可以精心谋篇布局。一切皆有可能。一切有新闻记者的经验积累和事实采集情况、写作思维和习惯而定。

但有一条是要注意的:对于有情节变动、故事和时间性很强的事实,可以把结尾当作一个爆发点,吸引读者阅读结束,"啊,原来是这样的啊"让读者有所感触。

思考题

1.什么是消息?它的特点是什么?

2.什么是动态消息?

3.什么是综合消息?在写综合消息时,应注意哪些问题?

4.简讯指的是什么?

5.什么是新闻的导语?

6.倒金字塔式结构有哪些特点?

7.请你谈谈对自由式或散文式消息结构的看法。

8.什么是消息的主体,主要有哪些叙述方法?

9.结合一两篇消息,谈谈你对消息结尾的认识。

第八章

通讯类文体写作

新闻写作体裁多种多样,但不外乎消息、评论和通讯三个大类。其中,通讯类文体是新闻报道中非常常见的一种文章体裁,主要以叙述和描写为主,兼有议论和抒情。

总体而言,通讯类的文章容易见事、见景、见人、见物,较之于综述、述评等形式,更注重情与景的交融,笔调也相对轻松灵活。

本书中的通讯类文体泛指一切非消息类、非评论类的文体,包括新闻通讯、新闻特写、人物专访、新闻调查、采访札记、新闻专题、花絮故事,等等。

本章重点讲述新闻通讯、特写、人物专访。

第一节　新闻通讯

新闻通讯是一般篇幅较长的新闻报道体裁。

和消息相比,新闻通讯不仅需要新闻要素俱全,还要根据需要报道新闻事实的情节、故事;不仅要写清事,还常常要写人;不仅有叙述,有描写,还常常有评论、有抒情。

"它所完成的任务,不仅是'报道',还有'解释'。"[①]

常见的新闻通讯类型有事件通讯、人物通讯、工作通讯和概貌通讯等四种。

一、事件通讯

1.定义

事件通讯主要是较为详细地报道某一个新闻事件。作为反映突发事件或非突发事件的通讯类型,它着重反映事件的过程,或者反映这个新闻事件出现的某个问题,或者是解释为什么出现和该事件带给读者的种种思考、启示,等等。

2.特点

事件通讯的特点如下:

①事件的新闻性。

---

① 艾丰.新闻写作方法论[M].北京:人民日报出版社,2001:56.

②报道范围的广泛性。

③报道事件的详尽性。

3.事件通讯的写作要求

①叙事清晰、明确。叙事是事件通讯中最基本、最主要的表现手法。记者在写作新闻事件通讯时要把事情说清楚,也可表明一定的思想观点,将观点融于对客观事实的叙述之中,用事实说话。

②抓新意,抓故事,生动形象。事件通讯不能千篇一律,要在报道中抓事件的与众不同的特性,有新意。例如在选材上,选择有个性的故事、细节等。另外,事件通讯是对于新闻事件进行大信息量报道,要求在清楚、详尽地反映事件面貌的同时,作到形象生动。

③全面占有材料,作深作广。事件通讯是全面具体地报道某一新闻事件的过程,要求记者全面占有新闻事实的材料,把事件的原因、经过、背景、过程及人们感兴趣的部分详细报道出来,同时,在此基础上,力争作到有一定的深度和广度,提示出事件背后的深层含义和意义。

2010 年 4 月 12 日人民日报等主流大报和门户网站头版头条均刊登了新华社 4 月 11 日播发的长达 1.4 万字的长篇通讯《为了生命的呼唤——王家岭矿"3·28"透水事故救援全纪录》。

重庆日报新闻编辑出版中心副主任章德庆说,在救援工作接近尾声的时候,这样一篇长篇纪录稿,对事故发生至救援的全过程进行了全面梳理,为读者呈现了紧急救援的全景——1.4万多字的稿件,编辑硬是无从下手删减。

为什么?

故事太精彩了!

这篇事件通讯叙事清晰,脉络分明。报道角度新颖独特,故事生动感人。

记者有丰富的原始材料,深入现场,立定为了生命的呼唤这个主题,从微观和宏观两条线索出发,为读者展现出王家岭矿"3·28"透水事故经过及救援全貌。

这篇 1.4 万字的事件通讯生动感人,记者真实地记录了王家岭矿难中十多个日夜的救援过程,使人几次泪流。

新华社记者赵承、陈忠华、宋振远、郑晓奕、朱立毅五位记者采访扎实全面,不仅采集到一个个具体的人物故事,而且用简洁形象的文字表述出来,生动而具感染力,不仅道出人间大爱,还让读者看到了在王家岭矿难中,从国家政府到地方各个部门以及全社会对生命的尊重与关爱。

这篇通讯采用以小见大的手法,以一个名叫孟小兵的矿工从被困到被救的角度,来展现整个救援过程。同时,通讯并列出井上、井下两条主线,交叉讲述井上千方百计抢险救援、井下千方百计坚守自救的故事。无论井上井下,通讯的主题紧扣两个字——生命!

井上孟小兵妻子的寻觅、救援人员的紧张施救、井下孟小兵他们的自救、"生命之孔"中生命信息的传递等,串起了一个完整、细腻、紧张的故事,这一个个感人肺腑的故事使整篇稿件充满了生命力量。

读者从"灾变"读至"集结"、再到"抢救"和"希望"、直到"奇迹""坚守"后,一定会跟着记者的描述一起经历从紧张到喜悦到反思这个过程。

新华社新闻研究所马昌豹这样评价这篇通讯:

"这篇通讯区别于传统的灾难报道,以拯救生命、生命重于一切为核心理念,没有过度拔高,空洞宣扬党和政府采取的救援措施,而是把救援措施与拯救生命结合起来,通过展示救援人员和被救人员心路历程揭示救援行动的伟大和救援行动的意义,用细腻的白描讲述惊心动魄而拨人心弦的故事。"①

的确,这篇万余字的长篇通讯是灾难报道。

由于记者写作这篇稿件记叙平实、真实感人,稿件耐看而不显冗长。记者从一个普通矿工孟小兵的生活切入,讲述矿难发生的猝不及防、救援工作的艰难曲折,成功地把宏大、凝重的主题与个人视角结合起来,全景反映王家岭矿透水事故发生、救援的全过程,把救援工作以及被困矿工井下求生等最能打动人的故事呈现在读者面前,马昌豹称之为"全景记录下的生命救援故事"。②

宁夏日报总编室副主任徐东魁说,什么是好稿,好稿的标准又是什么? 能让读者的心随着稿件一起起伏,那这篇稿件就算是好稿。

《为了生命的呼唤——王家岭矿"3·28"透水事故救援全纪录》就是这样一篇好稿!

显而易现,这篇稿件背后是五位记者海量的、扎实的、艰辛的采访经历,正是在无数个采访中搜集出大量鲜活的素材,感动了记者本人,记者付诸文字,情景再现,故事再现,活灵活现,让读者身临其境,动情处潸然泪下。

相信,感动记者的故事才能感动读者。

我们从这篇人物通讯中,可以体会到这五位记者采访功底深厚,文字驾驭能力高超,情绪饱满又含而不露。采写这样庞大而生动的故事,通稿采用"用事实说话"的原则,主打故事一个连一个,鲜活深刻,令人过目难忘。

相信每一位从头读下来的读者都会为记者竖起大拇指!

二、人物通讯

1.定义

人物通讯主要是写人的,是以人物报道为中心的一种通讯体裁。人物通讯通过生动形象地报道新闻人物,把新闻人物的事迹和成长过程、精神面貌和性格特征等展现在读者面前。

2.人物通讯的特点

①以人为中心。人自始至终都是通讯中的写作中心,人物通讯中的情节、细节、环境等多方面的表现都是为了突出人物服务的。与人物无关的事实不必都写在通讯里。

②具有新闻性。人物通讯中的人必须是新闻人物,人物身上的新闻性是起点,因而在写作中要把最近发生的最新的事实写在最前面,以此依托,把新闻性与人物结合在一起,也就是要有新闻由头或新闻根据。

2014年《人民日报》记者徐锦庚赴西藏采写援藏博士夫妻马新明、孙伶伶事迹。他在回忆起这个典型人物报道采写体会时说,"一定要把自己摆进去,写人物报道,必须写出自己的感动。能够打动作者的,未必能打动读者;如果连作者也打动不了,肯定不能打动读者。采访中,我多次流泪。主人公的事迹,在别人看来或许平淡,却让我产生强烈共鸣。比如听人讲述马

---

① 马昌豹.评《为了生命的呼唤》看灾难性报道的全新视角[J].中国记者,2010(5).
② 马昌豹.评《为了生命的呼唤》看灾难性报道的全新视角[J].中国记者,2010(5).

新明痛风发作爬楼时,我这痛风之人顿生痛感。"①

这一次,因为徐锦庚提前两天,先于其他传媒记者集体的采访到达拉萨,他如影随形跟了新闻人物两天,并且多次与博士夫妻两人长聊到深夜。

"大量鲜活的第一手材料,已深植我的记忆。这些第一手材料,来自我的眼睛所见、耳朵所闻、内心所思。"

写完近万字的稿件《因为爱 所以爱》,"我如释重负,精神放松下来,忽然有一种虚脱的感觉。这才想起,这一天中,只吃了一顿早餐,午餐和晚餐都忘记吃了。奇怪的是,居然毫无饿感和困意。我掐指一算:天哪,为了写这篇稿子,我居然在电脑前枯坐了 18 个小时。这是我有生以来,连续工作时间最长的一次。"②

2014 年 9 月 17 日,《人民日报》第六版,全文刊出徐锦庚用日记体写出的人物通讯《因为爱 所以爱》,占用了一个整版! 通讯一气呵成,文字却温柔细致如涓涓细流。

习近平总书记 2013 年在全国宣传思想工作会议上提出,着力打造融通中外的新概念新范畴新表述,奏响交响乐、大合唱,把中国故事讲得愈来愈精彩,让中国声音愈来愈洪亮。

习总书记指出:"要改变单一的'大水漫灌式'宣传教育方式,针对不同对象和受众特点多做'滴灌',精耕细作,润物细无声。"

徐锦庚记者的这篇《因为爱 所以爱》报道,就是用"新表述"把中国故事讲得愈来愈精彩,让中国声音愈来愈洪亮! 就是改变文风,"耕细作,润物细无声"的佳作!

记者深入援藏第一对博士马新明、孙伶伶夫妻的生活、工作环境,如影相随跟踪采访,与他们俩个共同生活两天时间,给读者呈现出典型人物的典型事实——援藏缘由、运动健将的过去和现在的病痛身体、孙伶伶赴台交流驳倒指责、陪领导视察北京实验中学马新明痛风发作不当回事、CBA 的高原之行、马新明为"众亲戚"掏空口袋借钱、大型实景剧《文成公主》项目等等,不一而足。

记者扎实地采访,呈现出大量这对博士夫妻原汁原味的典型语言,让人过目难忘——

当记者问两人来西藏后悔么? 夫妻俩的回答,"跟着他,哪怕去当乞丐也愿意!"孙伶伶望着丈夫,眼里闪着光。

马新明嘿嘿一笑,显得十分受用:"这话我最爱听! 我还是穷学生时,她就这样对我说了。"

孙伶伶反唇相讥:"你现在不还是穷光蛋?"

"我是苦孩子出身,深知贫困的痛苦。我要尽自己的微薄之力,多做些雪中送炭的事。"

"我最喜欢的还有三句,那是我们的内心写照。"马新明轻轻哼唱,"天下没有远方,人间都是故乡,有爱就是天堂。"

相信正是这些典型事实、典型的细节、典型的故事、典型的语言,不仅记在了记者的采访本里,也印在了记者的脑海。在记者从早到晚写作的 18 个小时内喷涌而出,一气呵成万字长篇佳作。因为记者印象深刻与被感动,读者看过也有同感。

在 2014 年 9 月 8 日《人民日报》副刊中,作家赵丽宏给我们传授了这样一个经验——"巴金先生曾在赠我的书中为我题写过这样两句话:'写自己最熟悉的,写自己感受最深的'。这是他对自己一生写作经验的总结,也是对后辈的一种鞭策,我一直铭记在心。"

---

① 徐锦庚.拉萨,魂兮归来.《因为爱 所以爱》采写体会.人民日报社业务研讨,2014.
② 徐锦庚.拉萨,魂兮归来.《因为爱 所以爱》采写体会.人民日报社业务研讨,2014.

　　新闻报道或许很难总是"写自己最熟悉的",但可以"写自己感受最深的"。记者徐锦庚的这篇《因为爱 所以爱》报道就是"写自己感受最深的"。

　　他在谈起这次采写体会时说:

　　"《因为爱 所以爱》的写法,仅是我之陋见,未必是最佳选择,也不值得别人效仿。如果要说体会,只有粗浅一点:人物报道,要融入主人公的内心世界,触摸最感动自己的地方,运用最合适的表现手法;选择表现手法时,不要墨守成规、机械套用模式,要有创新意识,勇于突破窠臼,做到千人千面。"

　　把自己摆进去,又跳出来,采访抓典型,写作仍然是报道典型。记者徐锦庚为这些典型事实、语言常规谋篇布局,用心良苦,也正是这些这对典型人物的典型事实、典型的语言让他心有灵犀,改变文体文风——

　　常规的通讯,大多以第三人称行文。这种写法,犹如隔岸观景,虽然能看到它的气势恢弘,却看不到它的九曲回廊。气势恢弘能使人血脉贲张,却无法让人潸然泪下。动情之处,往往藏在曲径通幽。这个"幽",就是柔软的内心。

　　我们毕竟是写新闻作品,必须体现出新闻特性。在新闻版登一篇报告文学,多少有点不伦不类。于是,我想到了日记体,把日记体与报告文学相嫁接,用日记体的"现在进行时",装进主人公事迹的"过去时"。①

3. 人物通讯写作要求

　　①要有新意,反映在两个方面:事迹和思想要新;主题和表现手法要新。上面列举的《因为爱 所以爱》,正是这方面的佳作。

　　②多方位形象再现人物。用多种表现手法,通过事实说话,在写作中注意选择人物自身有个性的行为、语言;同时,把人物生活、工作、学习等处的环境再现出来,借此烘托在此环境下人物身上发生的事实,从而表现出人本身的特点。

　　③多讲些故事。曾获普利策新闻奖的美国记者富兰克林说:"用故事化手法写新闻,就是采用对话、描写、场景设置等,细致入微地展现事件中的情节和细节,突现事件中隐含的能够让人产生兴奋感,富有戏剧性的故事。"

　　《中华新闻报》曾载文称"'新闻故事化'是记者在新闻采写中运用得越来越多的一种方式,这种方式增强了新闻报道的客观性与可读性,使新闻报道充满了趣味性和人情味,为新闻写作提供了一种新的思路和方式。"

　　讲故事的新闻一般都很注重人物的言行,事件的细节,环境的画面等,注意挖掘新闻事实中具有人性、人情的因素,描述人的生存境遇,捕捉生动传神的生活情境,展现人性的真善美,从而增加了新闻的可读性和感染力,也优化了新闻的传播效果。

　　④多抓些细节。人物通讯中若无形象生动、引人入胜的故事和细节,常成了白开水。故事可吸引读者的共鸣,细节是浓缩的精华,最能反映人物的性格、精神,一个表情、一个动作、一句话,常常是人物内心世界的一个窗口,自然而然地胜过记者的评论、抒情。

　　2016年2月14日《人民日报》第4版头条《新春走基层·夜宿农家听民声》栏目中,刊登了云南分社记者张帆写的人物通讯《心里越来越滑爽》,这是12年后,记者第三次走访农户王

---

　　①　徐锦庚.拉萨,魂兮归来:《因为爱 所以爱》采写体会.人民日报社业务研讨,2014.

绍光。请看内容——

若非亲眼所见，怎么也不相信王绍光能住上这平顶的新房。

12年前的除夕夜，雪后初霁，记者来到云南省昆明市嵩明县漆树塘村王绍光家，一家人正为年夜饭犯愁。为了给大儿子凑学费，王绍光上山采草药摔伤了腿，妻子张蕴珍熬了一锅洋芋就算过年。那天，寒风呜呜穿过土墙，老两口脚上都没穿袜子。

4年前的除夕午后，记者再次来到漆树塘村，王绍光老两口外出了，大儿子王永学在家张罗，猪圈牛圈里养起了牲口，家里添置了拖拉机。永学说，自己大学毕业回家，从外地讨了媳妇。老两口还住在老土房里，永学新房的屋顶是用石棉瓦搭起来的。

12年未见了，王绍光两鬓些许泛白，一件羽绒服裹得严实，脚上一双解放胶鞋，穿着苗族花裙的张蕴珍认出了记者，脸上露出温暖的笑意。新房客厅中央摆放着液晶电视机、电冰箱，屋里两盆兰花开得正好。

"现在国家政策好，心里越来越滑爽。"王绍光腼腆地笑。新房是2015年10月间开始动建的，花了6万元，亲戚借了1.5万元。"先盖一楼，二楼等凑足钱再盖。"王绍光说。

漆树塘村是昆明的水源保护地，对村民的生产、生活有诸多限制，近年来，一系列的生态补偿政策在村里逐步落实——燃料补助，人均一年168元；学生补助，大学生年均5000元，小学生年均1200元。2015年9月起，王绍光还被纳入低保，每月生活费420元。另外，两个儿子在外务工，全家还养着100多只羊，年净收入近2万元。

离漆树塘村8公里外的张绍英一家2015年底也搬进了新居。张绍英所在的杨柳塘村也是一个苗族村落，这里过去交通闭塞，村民生活艰难，全村绝大多数的农房都是危房。2015年年初，昆明市盘龙区决定，从财政拨出专款给杨柳塘村每个村民补贴1.5万元盖新房。

张绍英一家7口获得了10万元的补助，4个月过去，200多平方米的新房落成了。两层的小楼温馨、明亮，各种家电一应俱全。"还是新房好住。"张绍英笑得开心。如今，杨柳塘村一片片具有苗族风格的民居掩映在青山之中，一个旅游村落的雏形已呈现出来。

告别王绍光时，记者邀请一家人在新房前合影，唯独不见张蕴珍，一回头，老人从里屋快步走出来，"我去换了件新裙子。"张蕴珍腼腆一笑，所有人都笑了。

很巧合的机会，本书看到了写这篇人物通讯的记者张帆的采写心得，题目是《十三年中为何四访王绍光》，发表在人民日报社2016年业务研讨。记者的采访意图、以小见大手法的运用、13年来追踪采写同一新闻人物的意义、写作的过程和相关的思考均在其中，甚是难得。本书觉得有必要原文录出，以飨读者。

内容如下——

十三年中为何四访王绍光
记者　张帆
"王绍光盖新房了?!"

若不是亲眼所见，我很难相信13年前那个连袜子都穿不上的贫困户能有这样的造化。

虽然已时隔一月，但第四次走访王绍光时受到的震动仍留在脑海。

2003年的除夕夜，我结识了昆明市嵩明县白邑乡漆树塘村苗族村民王绍光一家人。此后，我分别于2004年、2012年和2016年在"新春走基层"活动中回访了王绍光家，在本报陆续刊发《王绍光的苦涩与希望》《王绍光精神了许多》《再探王绍光》《心里越来越滑爽》，报道了这个西南边陲贫困家庭生活变迁的点滴，为丰富"新春走基层"栏目做了点自己的尝试。

近来，我一直在思考：王绍光不就是云南540万贫困人口统计数据的一个"1"么，13年间为何要四访王绍光？这种追踪、回访式报道的价值何在？

关注"小人物"记录"大历史"

媒体人的工作是记录历史，在全面建设小康社会的时代，媒体人和受众一样正经历着以几十年光景跨越其他国家数百年发展的"大历史"。记录好这段不平凡的岁月，既是媒体人的幸运，更是一种专业挑战。

十八大以来，以本报为代表的主流媒体积极回应，"用微观之矢射宏观之的"：将更多投注"庙堂"的目光转移到广阔的"江湖"，许多默默无闻的普通人登上党报的大雅之堂，他们的悲欢离合，波澜起伏的故事给"大历史"增添了人性的温度，也提高了历史记录的可信度。

王绍光就是这么一个"小人物"。新世纪初，人到中年的王绍光开始人生最艰难的跋涉：生计，山区种养业的效益走低，优质生态却体现不出市场价值；家里，自己上山采草药摔断腿，大儿子成了嵩明县第一个苗族大学生，却凑不出4000元的学费。之所以结识王绍光，正是我听说嵩明县第一个苗族大学生可能要辍学而赶到漆树塘村。时隔一年，第二次探访，王绍光跟人试种的橄榄菜卖不出好价，损失惨重，二儿子职高的学费又告急。

如何处理"小人物"与"大历史"的关系，历史学家艾瑞克·霍布斯鲍姆这样提示我们，"关注他们（小人物）是怎样由自身的过去和现在所塑造，他们信念和行动的基础是什么，他们怎样反过来塑造他们所处的社会和历史？"

现在回头审视，新世纪云南乃至西南民族地区的"三农"改革正呈现出这样的图景：城乡二元化结构刚开始破冰，城市反哺农村、工业反哺农业的能力极弱，漆树塘村其实离昆明主城区也就60公里。市场化农业刚刚起步，刚有点市场意识的农民还没尝到多少甜头，却先品味了市场变幻的苦涩。而这些，很难从当年的政府工作报告和统计年鉴中发现，却可以从王绍光这样的"小人物"身上找到当年农村改革的诸多信息。

精准"这个1"用好"大数据"

"精准脱贫"是当前各级政府的一个热词，前段时间，不少地方的扶贫部门开始尝试用大数据手段来提升精准脱贫的成效。可以预见，王绍光和他的家庭情况很快就能以数据化的方式呈现在各级管理人员的电脑屏前，持续报道"这个1"，对推动实际工作还有意义吗？

通过第一、二次的走访，王绍光家致贫的原因在我眼里是多元的：既有漆树塘村交通不便，远离中心市场的客观因素，也因市场化农业刚起步，农民抵御风险能力弱；还有就是"家庭周期"的影响——王绍光的两个儿子恰好分别考上大学和职高，要集中进行投资，而回报却遥遥无期。这迫在眉睫的难题，通过政府和亲戚的救助得以缓解。

然而，制约王绍光乃至整个白邑乡脱贫的另一个关键因素，却是在2012年的第三次走访中才逐渐明晰的——白邑乡是昆明市重要的水源保护区，种养、林果业和乡村旅游均受限，且逐年严厉，而政府生态补偿政策却进展缓慢。第三次走访与上次时隔8年，不可谓不长，王绍光一家的改变不能说没有，但离预期差距很大。

因此，当我今年春节第四次走进漆树塘村，听说王绍光盖起了新房，心里的震动可想而知。其实，变化的不只是王家投资6万元的平顶新房和液晶电视机、电冰箱，更有夫妻俩从容、自如的精神状态。就在这四年间，政府加大生态补偿政策的落实力度，燃料费、大中学生的学杂费补助以及低保、医保政策的到位，王家的两个儿子都已自食其力，还反哺家庭，当年咬紧牙关的教育投资产生了效益。

13年，4次走访，对王绍光贫困生活的报道也逐渐"精准"，剖析"这个1"的生活史，不难发现，许多领域不能用一串串数字描述和衡量，因为脱贫不仅仅是一个物质财富积累达到一定标准的过程，还包括现代人格的重塑和伦理、亲情的维护。因此，在积极搜集、共享、处理、运用好有关贫困的各类数据同时，还要俯下身子，走进那一个个具体而实在的"1"，扶贫如此，报道亦如此。

想想"我是谁"明白"为了谁"

在日常的新闻报道中，我们习惯于自己的职业身份——记者，但忘记或忽略了自己还有一个身份：党员。

"新春走基层"栏目的报道让我们走进边防哨卡、田间地头、车间厂房、边寨竹楼——欢乐着群众的欢乐，悲伤着群众的悲伤。在基层群众眼里，我们这些"上面"派来的记者，在这样一个特别的时刻在他们身边，在某种程度上就是代表着党的关注、关心和关怀。

4次走访王绍光一家，我逐渐意识到这不仅是4次新闻采访，也是一种持续不断的群众工作：嘘寒问暖的过程，既是为完成报道搜集材料，也通过交心、谈心，宣讲党和政府的扶贫政策，疏导王绍光一家人的焦虑情绪，激发他们自力更生，摆脱贫困。每次采访结束，也给予王绍光家力所能及的物质帮助，但并未请村组给他家特殊照顾，类似王绍光家情况的在漆树塘村不是个例。本报60多年的历史上，许多老前辈就是这样做的，为后来者树立了典范。

作为一名党报新闻工作者，我想，4次报道王绍光的生活变迁就是将人民群众面临的实际情况反映出来，同时也是将党的路线方针政策的落实情况向党报告，我们所做的不就是为了党和人民的事业蒸蒸日上，像王绍光一样的贫困户能过上有尊严的生活么？这正是总书记在党的新闻舆论工作座谈会上对我们提出的要求。

走访王绍光，我还将继续走下去……

三、工作通讯

1. 定义

工作通讯是一种反映和指导实际工作的通讯，也叫工作报道或是经验通讯。它是通过新闻事实的报道，反映当前工作中的问题和经验，提出有一定规律性的东西，或是针对现状，提出一定的预测，使人物进一步关注这项工作的进展。

2. 报道方式

工作通讯的内容涉及各行各业，其表现样式也多种多样，例如近年出现的采访札记、记者来信、访谈录及深度报道等。

2015年4月7日，《人民日报》上发表了一篇极其新鲜、独到的工作通讯，题目是《中国自拍杆的奇妙旅行》。

请看报道——

深圳宝安，西乡。

阳光灿烂的午后，海上吹来的风给这里带来些许新鲜的气息。在一座9层高的白色楼房里，冷气吹得很足，工人们双手不停地在不同配件盒上穿梭。钢管、芯片、塑料手柄……十多分钟后，它诞生了。

黑黑的外表，30厘米高，127克重——它叫小自，是一根自拍杆。

它的出生,是一段奇妙旅行的开始。在此后的日子里,它将和成千上万个小伙伴们一起,漂洋过海,直到地球对面的另一个国家巴西。这个新兴市场国家拥有2亿多人口和巨大的购买力,也成为"中国制造"的主要买家之一。

在那里,你能见到的每一根自拍杆,几乎都来自中国。

(一)

宝安在深圳西北,与香港隔海相望。一位巨人在多年前做出的决定,让这个曾经的小渔村迸发出了难以想象的活力。改革开放后,它成为深圳传统制造业的中心、著名的电子及通信制造业聚集地。

小自的主人是飞豚电子科技有限公司总经理包海刚。他本来专做手机膜、手机天线生意,2013年底,越来越多的买家找他询问有无自拍杆。感受到市场的需求,他租下了西乡镇这座9层楼中的1000平方米,专门生产自拍杆。

有了生产其他电子产品的基础,新开一个自拍杆厂也不难。再加上深圳的电子制造业产品链非常完备,想买什么配件都有专门的厂生产。包海刚说,产业链的细分极大地降低了开厂的成本。

像小自这样的一根自拍杆,批发价大约每根15元人民币。"自拍杆的技术并不复杂,中国产品基本上可以做到相同质量中成本最低。"包海刚说。

整个2014年,包海刚的生意都非常好。"最多时,一天的出货量就有三四万根。"其中70%去了巴西,其余的则销往欧洲和韩国。巴西市场的消费能力非常强,比如自拍杆,有的客户一订就是15万根。

(二)

小自旅行的第一段,是从深圳坐卡车到浙江义乌。

经沈海、龙河、大广等高速一路向北,跨越1200多公里,约15个小时后,它就来到了义乌。为这段旅程,它需要付车资0.1元。

"十多年前,中国的基础设施不如现在,我从义乌发一箱货到江苏,要20多块钱。"但这几年国家大力投资,基础设施飞速发展。基础设施强则物流强,物流强助推制造业强。包海刚对此体会颇深。

在义乌,小自暂时落脚在包海刚设在那里的仓库,等待着被装上新主人——在巴西做生意的浙江人章晓红的货柜。

按照章晓红的计划,这一程小自将乘船去巴西,这也是中巴之间商品运输最常用的方式。"以一个68立方米的加高货柜为例,它大约能装20吨左右的货物,海运的费用一般为1500～2500美元,根据季节不同有所调整;但如果选择空运,每公斤的运费大约就得7.5美元。"

当然,空运与海运相比,优势也是明显的,从中国到巴西的海运大概28～34天,但空运一般在3～7天。销售旺季时,章晓红就会选择空运,"卖得最好时,一根自拍杆卖到90雷亚尔(当时约合250元人民币),一天最多能卖2万根,那时从国内来多少货就能卖多少。"

距离上船还有时间,小自可以好好睡一觉。报关公司开始介入,处理各种报关流程。如今在义乌,报关公司已经做得相当专业,"快的话几个小时就好。"

当小自醒来时,一切手续已经办妥,它被运至宁波,装上一艘红色大船。这条船选的航线每周一班,从韩国釜山出发,经上海、宁波、蛇口、香港、新加坡后,开往巴西里约热内卢。小自下船后,它还要继续往前开,直到位于巴西巴拉那瓜港口的终点,然后再原路返回。

货代公司的小洪说,现在中巴之间的海运共有 5 条航线,跟她 2006 年刚来巴西时相比,航线多了,跑的船也多了,"以前只有八九家船务公司,现在有 20 多家。"仅以她所在的诚达运通公司为例,2006 年前后每年运送货柜 3000 多个,现在每年约 8000 个,"中巴之间的经贸往来的确是越来越密切了"。

(三)

里约热内卢位于巴西东南部,是一座非常美丽的城市,相当长的时间里曾是巴西的首都。里约港已经 105 岁了,业务量依然十分繁忙。无数的钢材、纸张、小麦、食糖、车辆,还有像小自这样的电子产品,都从这里进出。

从船上移步海关码头,小自需要耐心等待海关为其办理出关手续。在巴西,两周出关属于正常速度。在等待的过程中,小自有些担忧,听说巴西可能要出台政策,在巴销售的自拍杆需要获得一种认证。

"巴西的政策法规很复杂,经常变化,并且有些政策变动后即日生效,这给从事贸易的华商增加了风险。"小洪举例,"有时货物已经从中国发过来在海上飘着了,巴西突然出台政策说这种货物需要进口许可证,而这个证明必须在中国出境前办理,再退回去办肯定不可能,只能来巴西交罚款。"

好在两周后,顺利清关,小自终于有了巴西的正式身份。也是从这时开始,它得试着习惯这个拉美第一大国特有的"巴西速度"和"巴西成本":

比如说,在中国,4 个人 4 小时可以装好一个货柜,在巴西,20 个工人 3 小时才能把它卸出来;在中国,从深圳到义乌每立方米货物的运输费用约为每公里 0.08 元,而在巴西,从里约热内卢到圣保罗的这段路途,算上运费和安保费,折合下来,每公里比国内贵 0.5 元。

从里约热内卢出发,5 个小时后,小自来到了有着 1000 多万人口的南美第一大城市圣保罗,它也是巴西的经济中心。

章晓红的店面在圣保罗中心的 25 街附近。25 街是个统称,由几条交错的道路组成,马路两边的门店大多属于华人,商店里卖的也是清一色的"中国制造"。25 街之于圣保罗,就像义乌之于中国。这里是许多圣保罗主妇最青睐的采购地,也是巴西其他城市批发商最常来的进货地。

章晓红的店面不大,60 平方米瘦瘦长长的店里摆满了自拍杆、耳机等电子产品。左侧的墙面上,自拍杆们肩并肩排列着,等待客人的挑选。"现在市场上货源多了,价格也不像去年那么高了。"像小自这样的自拍杆如今在巴西可以卖到 25 雷亚尔(约合人民币 50 元)一根。

在这里,小自遇到了它的巴西主人菲利克斯。

"这个带蓝牙吗?"

"有什么颜色?"

"这两种各多少钱?"

一番询问后,菲利克斯下单了。"我挺喜欢中国产品的,价格便宜,款式也新潮,也很好用。"菲利克斯说,巴西人喜欢赶时髦,但很多人的收入又不够高,中国产品物美价廉,对他们来说是个不错的选择。除了自用,他还在巴西许多地方开了小店,主营"中国制造",收入不错。

更重要的是"质量好多了"。菲利克斯是章晓红的老主顾,这些年买了很多"中国制造""以前买的东西经常因为质量问题回来换,现在就少多了。"

(四)

对于菲利克斯的感受,同在圣保罗经商的浙江人安娜感触更深。她在圣保罗做了十多年文具生意,客户遍及巴西各地。

"以前因为生意好做,大家都不重视质量,一批货来了坏品率能到30%,经销商天天来找我退货,我一看到他们就想'又赔钱了'。这几年因为竞争激烈了,大家开始重视质量,现在坏品率大概在5%。"

在安娜的店里,和小自一样来自中国的自拍杆被放在最明显的位置,"这是时货(时髦货),卖得最好。"她说如今在巴西市场,中国产自拍杆"不说占据市场份额百分百,也至少有99%"。原因正是菲利克斯所说的,"中国制造"便宜又好用。

"总有人说我们'中国制造'无法占据高端市场,但是其实制造业的发展是跟着市场需求走的。"安娜说,以巴西为例,消费人群的绝大部分是中低层消费者,物美价廉的中国产品非常受欢迎。"不管何时,中低层消费者是永远存在的,所以这个市场我们不能丢。不过,有实力的消费者在增加,他们对品质的要求高,这个市场'中国制造'也不应忽略。"

在遥远的中国,包海刚也意识到了这一点并行动起来。在他的公司里,有七八名研发人员负责各种产品的设计和创新,就是为了在国际市场同类产品竞争中脱颖而出。以自拍杆为例,他们在将蓝牙技术引入自拍杆后,还努力缩短自拍杆手柄的长度。

现实也要求他们必须提高"中国制造"的含金量。"工人工资平均每年上涨12%,要想跑赢劳动力成本上升,也得靠创新。"包海刚举例,一开始他只卖自拍杆,后来加入自拍器组成套装来卖,一个小点子,销量增长50%,收益增长40%。他期待着今后在中国"模仿抄袭的成本越来越高",这样大家"创新的愿望就会越强,受益也会越大"。

而在巴西,章晓红也注册了自己的品牌,并准备和包海刚合作生产他自己的产品。"做自己的牌子后,会对质量要求更高。"当然,付出也会更多。"要在国外培养一个新品牌不容易,至少三五年时间吧。如果只想轻松赚钱,纯做进出口外贸就行了,可是从长远看,要想把自己的生意做大,把中国的品牌做得让巴西人叫得出名字,而不是只说'中国制造',你就得不断提升啊。"

还是说回小自吧。从中国到巴西,它的这段漫长的旅行结束了,但它的人生才刚刚开始。未来的日子里,有着中国血统的小自,会跟随菲利克斯去很多美丽的地方。每当有难忘的时刻,人们就会请它帮忙,留下美好回忆。

听说,在它的老家深圳,包海刚和他的研究人员又将目光投向了可穿戴设备。不久的将来,也许小自会在巴西见到更多它的老乡,或者是一块手表,或者是一个臂环,谁知道呢?

这篇有关中国自拍杆的工作通讯,写得有生有色,思路与众不同!记者用拟人手法,讲述了诞生于中国商人包海刚位于中国深圳宝安西乡工厂里的自拍杆"小自",是如何在浙江义乌装箱上船,又如何漂洋过海到巴西里约热内卢后再至圣保罗,直至最后被普通巴西消费者买到手的。

记者身在巴西圣保罗,通过面对面的采访以及电话或邮件方式,采访到深圳、义乌、里约热内卢等地"小自"生产销售环节上的每一位关键人物——制造者、运输者、经销商、消费者,通过他们的讲述,呈现了"小自"从中国到巴西"旅行"的全景。报道中有精彩的故事,也有清晰的数据。

记者侯露露这样谈自己的采写体会——

开始采写后,遇到两个难题,一是找到"小自";二是怎样从谈"小自"而涉及整个制造业。

合适的采访对象是关键。如果正向操作,需要首先在中国国内找一家自拍杆生产企业,还得保证该企业面向巴西出口,出口到巴西后还能追踪到买家。我尝试着在深圳和江苏找各种关系打听,但都没有结果。于是反向操作。先找到巴西自拍杆卖家,然后再倒推回去找生产厂家。这其中也遇到过回推到一半线索断掉重来的情况。在几乎山穷水尽时,意外在一次其他采访中找到"小自",终于顺利地把从中国到巴西的整条线连了起来。

文章到底怎么写?是白描一副路线图,还是尽可能地给读者展现制造业的全景画?采访越多越发现,在中国发达的制造业背后,是先进的基础设施、齐全的上下游产业链、成熟的报关流程、不断提高的产品质量、私营企业主知识产权意识和主动创新意识的增强,而绝不是只靠低廉的劳动力成本。①

《人民日报》王新萍是这样点评同行的这篇报道的:

"小自"的旅行让我们看的不仅仅是故事。这篇文章之所以吸引人,除了生动活泼的文笔,其根本原因在于它的思想性:"小自"所代表的"中国制造"对国际市场"气候变化"的感觉十分灵敏,这种对世界潮流的"紧跟"乃至引领,正体现出"中国制造"的创新力与竞争力。中国经济转型升级,服务业的比重开始上升,但制造业仍将是中国发展的主要动力之一。

如果从选题角度讲,就是要有足够的时间来磨一个稿子,这一类的选题一旦确定,不大会有人和你抢,而且时效性也不强,可以放长线钓大鱼。

丁刚老师总结这篇报道的成功经验时,给出了"足够的时间"和"不断的打磨"这两个因素。确定选题后,搭建文章骨架,像做数学题一样,寻找每一个关键步骤和所需的细节,用流畅生动的文笔将之丰富为骨架上的血肉,使之具有生命。这是一个复杂的工程,需要记者的耐力与韧性。②

3. 工作通讯的写作要求

①重视新闻性,以工作中的具有新闻价值的事情为由头,选材新颖独特。

②抓典型,包括抓典型的人和故事。以典型事例说明工作的成绩、经验或是体现工作的指导性。这里的典型事例应是第一手的材料,鲜活的材料,不是老掉牙的事实。

③有全局观。把握大局,掌握了解面上的东西,把具体经验放在大背景下,抓在全局观下此工作的指导意义。

2014 年 6 月 17 日,《人民日报》发表了一则别致的新闻,说的是中央关于差旅费新规定下的陕西省政府办公厅的一位处长报销的故事,题目是《郭处长报销记》。请看报道——

手上拿着统一定制的出差审批单和往返火车票、3 天的住宿费等出差票据,一大早,陕西省政府办公厅的郭处长就来到财务处,准备报销上个月到榆林市出差所产生的 1320 元差旅费。出差审批单虽然不大,内容却不少,出差时间、事由、地点及路线等,一项都不能落。在出差前就必须填好这些条目,经过领导审批同意后才能出差。没有出差审批单,财务就不会受理这单报销。

---

① 王新萍.点评侯露露《精心打磨每一个精彩的中国故事——〈中国自拍杆的奇妙旅行〉采作体会》.人民日报社业务研讨.

② 王新萍.点评侯露露《精心打磨每一个精彩的中国故事——〈中国自拍杆的奇妙旅行〉采作体会》.人民日报社业务研讨.

只凭领导签字，报不了了

揣着一张内容齐全的出差审批单，并不意味着发票报销就拿到了通行证。财务处工作人员小孙接过材料，浏览一遍，说："郭处长，我们已经收到您的报销材料，稍后就会回复您结果。"

郭处长回到自己的办公室，拿起桌角的报销审批表（样表）再次端详起来：1日内往返的出差，须经处室负责人审批；2日（含2日）以上往返的出差，须经厅级领导审批。"现在2日以上往返的出差一般就要报秘书长审批了，如今能电话、传真沟通的都尽量不出差，大大减少了不必要的差旅浪费。"

这些改变，源于陕西省财政厅出台的、5月1日起实施的《省级机关差旅费管理办法》，办法对所涉单位范围、所涉费用概念及相应职级标准、报销所需条件等作出细致规定。按照小孙的话说，拿来就能用，可执行性非常强，基本所有疑问都能在里面找到答案。

"原来对出差时长、地点、费用等控制不严，只是处室领导签字的差旅费报销方式会存在浪费的隐患。"郭处长说，"如今，对事前未经批准出差以及超范围、超标准开支的费用，都不给报销。"

"放到以前，如果有领导签字还不给报销，同事会觉得是我们在'刁难'，领导也可能会认为是'没给面子'。"谈起差旅费报销的改变，小孙也有同感，"新办法一施行，我们这方面压力基本就没有了。"

超出限额部分，个人承担

收到郭处长拿来的各种单据后，财务处的工作人员开始审核讨论这些报销单据。翻着这一沓单据，对于其中有些难确定的内容，小孙还咨询了省财政厅。

工作间隙，有其他处室的人来咨询报销的事情："如果我一个人去地市调研，是否可以自己开私家车，随后报销燃油费用？"小孙摆摆手说，根据新办法，由于自驾既不符合经济便捷原则，也不安全，所以这样的方式是不可取的。出差人员在不影响公务、确保安全的前提下，应当选乘经济便捷的交通工具。

郭处长的报销单据里，有两张餐费发票比报销规定额度分别多了70元和100元。财务处的李科长对单据又进行了复核，说："差旅发票超标、不合规的部分，都严格让个人自己支付。同时，对不合规行为的处罚也更严厉、更具体。制度严管的目的，是让大家正确看待公款消费，厉行节约、反对浪费。"

审核完毕后，财务处给郭处长去了电话，郭处长再次来到了财务处。小孙将超出额度的两张餐费发票单独拿了出来，告诉郭处长"多余部分需要由自己承担"。

"通过实际的报销流程，才知道这次办法规定得如此细致。各级别工作人员可能的开支方式都有了相应的标准与报销方式。"郭处长说，"这次新办法对违规行为都制定了相应的处罚措施，而这些在原来的规定中很多都过于笼统。"

拿着审核通过的凭据，郭处长来到负责出纳的工作人员小关那里，没过多久就完成了报销。"大家对新规定还在适应中，今后出差一定要提前细致了解，还要严格遵守，管好自己的手和脚。"郭处长说。

从严从紧从细　过半省区市公布差旅费管理新规

从中央到地方，差旅费新规正发生着"连锁反应"——财政部印发的《中央和国家机关差旅费管理办法》今年1月1日实施以来，截至目前，过半省区市颁布了省级机关差旅费管理办法。

"地方版"和"中央版"规定紧密衔接,在某些方面,有的省区市规定得更加细致、更加严格。(本报记者　方敏　人民网记者　支拴奇)

采写这篇故事的记者方敏,在日后的采访心得中这样说,"故事类稿件的写作有时与宏观政策解读还有点小矛盾。全是故事吧,多是微观视角,缺少宏观介绍,采访对象特别是地方政府会觉得'不给力'。多用数字反映宏观成果吧,文章又不免枯燥。如何将故事与政策融为一体,让宏观的内容也变得可爱起来?在《郭处长报销记》一文中,就在故事的发展进程中,介绍了差旅费报销新规的特点等政策内容。

"通过这样处理,让故事进展和政策解读融在一起,情节的过渡、切换相对自然,避免故事和政策解读"两张皮"的尴尬。"[1]

很明显,方敏记者讲的这个差旅费报销的故事独出心裁,反响也不错。正如记者所说,如果写成宏观政策的解读式报道,读者不爱看,读起来枯燥,也抓不住政策的重点。记者跟踪采访一位处长报销的过程,用故事串起相关的政策,可读性强,形式新奇,可见记者用心良苦。这种报道方法值得初学者借鉴。

四、概 貌 通 讯

1.定义

概貌通讯也叫风貌通讯、旅游通讯等,指的是一个地区、一条战线、一个行业等的面貌变化,有时也称记者见闻。

2.写作特点和要求

①着眼点在变化上。

概貌通讯的主要职能是反映新成就、新面貌和新变化,记者看到的、写出的,读者看到的、留下印象的,都应是一个字:变。在写作时,要灵活,从不同方面、不同角度来客观表现事实,让事实说明其变。

②抓精彩的场面。

概貌通讯不能写成流水账,面面俱到,记者见闻要抓最能反映概貌的现场、典型,以小见大。

新华社记者杨明1999年7月13日从华盛顿发回通讯,题目是《爱国烈焰——世界杯女足赛决赛追记》。记者在这篇通讯中,将笔触多次聚焦在这届大赛上最激动人心、最富戏剧性的高潮时刻,把决赛中的那几个难以忘怀的场面真实再现。稿件发表之后,引起了较强烈的社会反响,《新华每日电讯》《体育快报》《人民日报(网络版)》《今晚报》《大众日报》《福建日报》等均全文采用。

文章的第一段是以罚点球前那一刻的场景作为开头的:

高红在门前轻盈地跳动,猎手般敏捷。美国队的查斯顿亲吻了一下足球,退后。全场寂静得令人窒息。9万多观众和电视前的数亿球迷,都屏息注视着那决定生死的一瞬,那决定着辉煌或失落的一瞬。

---

[1]　方敏.拜托给讲个故事.人民日报社业务研讨,2015.

　　文章在美国守门员违规后的那一刹那，也抓住了赛场上中国女足姑娘的不同表现，来反映她们比赛失败后复杂的情绪和心理。

　　泪水与汗水交织在一起，32岁的刘爱玲哭得肩头颤抖，这是她一生中最后一次参加世界杯了，她本可以用金杯盛满美酒，给她新婚的郎君敬上一樽；一失足成千古恨的刘英掩面不敢看人，她的心都碎了，"罪人啊，罪人！我愿意砍断双脚来换取再一次的射门机会。"温利蓉失神地向记者看台上张望，那里有她的男朋友、中央人民广播电台的记者梁悦。他们曾计划在成功后举行婚礼，全国人民都会感谢她在大赛中成功冻结哈曼的出色表现。高红走到队友身边，该怎样评价自己，她不知道，她曾庆幸自己没有被美国人撞伤，但即使施展出杂技般的身手，皮球依然绕她而去。她和刘英紧紧拥抱，泪花飞溅。她们是在互相安慰吗？纵便是千言万语，万语千言，又怎一个"失"字了得！

　　新华社记者杨明在报道"女足世界杯"期间，中国女足的表现曾令他几度垂泪。这不是一场普通的女足比赛，在"世界杯"前夕，以美国为首的北约轰炸了我驻南联盟大使馆，国人对这次赛场上的中美球队决战，投去了大量关注的目光。比赛虽然以中方失利告终，但那悲壮的场面留在了许多观众的心里。时任美国总统克林顿观看决赛后说，那场比赛产生了两个冠军。美国教练也承认，中国队是不是冠军的冠军。

　　面对这样一场比赛，再现当时的场景对每一个不能亲临现场的读者来说，都是十分必要的。

　　以上这两段文字，记者通过大量的场景描写，从高红在门前"轻盈地跳动，猎手般敏捷"，到刘爱玲"哭得肩头颤抖"，高红和刘英"紧紧拥抱"哭得"泪花飞溅"，不仅记录了那场令人难忘的比赛经过，同时也给人以深刻的心理冲击。阅读之后，在读者心里也产生了一种悲壮的审美感受。

　　③借景抒情，有主观感受。

　　概貌通讯是从记者的行迹出走，写记者所看到的事物的变化情况，是记者身在其中的一种文体。在概貌通讯中记者如同旅游者，所见所闻所感均在其中。要注意触景生情、因事抒情景与事的描述和抒情有机地结合起来。这种通讯常用第一人称来写作。

　　《北京青年报》曾发表过记者蔡方华的一篇关于"千禧见闻"的通讯，题目是《伦敦：我被香槟浇了头》，其中有这样一段文字：

　　午夜过后，伦敦市中心满地都是酒瓶，在回家的人流经过的地方，不时能听见酒瓶碎裂的声音。沿路经常看见警察搀扶着醉汉，有的人喝得大醉，干脆就躺在大街上人事不省。在白金汉宫附近停着一辆救护车，车下面躺着好几个醉酒的人，他们的身上都盖着一块雨布，当时正在下着不大不小的雨。看来，伦敦警方对待本地酒鬼是很有经验的，连雨布都给准备好了。也难怪这些人敢于喝得烂醉，因为警察和医护人员对他们都很好。在地铁中心线的绿色公园站，有个小伙子吐得一塌糊涂，躺在站台上酣睡，而一个工作人员一边呼叫着救护车，一边寸步不离地看护着他。

　　新千年抵达伦敦之后不久，老天爷开始凑热闹，下起了雨。大部分人都没有带雨具，但是他们对天气好像无所谓，聊天的接着聊天，唱歌的还在唱歌，接吻的人也是原地不动。喝过酒的姑娘把脸蛋伸给迎面走过来的陌生男人，让他们亲吻，大笑着，并且尖声高喊"新年快乐"。

　　我走到朱比利公园时，里面正在演唱的是一个舞曲组合，声浪汹涌，节奏强烈。表演台设在一块草地上,尽管组织者事先在草地上铺了很厚的塑料布,但是一天下来,地上仍然满是泥泞。

我很惊奇地看到,不但冒雨听音乐的人非常之多,而且很多人都在泥泞中跳舞,就像在迪厅中一样惬意,丝毫也不在意他们的鞋和裤子上满是泥水。舞到尽兴时,他们随脚踢起酒瓶,泥水溅了我一身。

那天晚上,为了回到住处,我和大批伦敦市民在街上步行了三个多小时。

我的新世纪是从跋涉中开始的,但我并不感到孤独。

新千年来临的前夜,记者正好在泰晤士河畔,目睹了那里热闹异常的场面。置身于午夜之后的伦敦市中心,记者被那里的狂欢气氛所感染,于是带着兴奋之情,用激动的笔触记录了那令人难忘的场景。这里,记者通过对现场的亲历和观察,把伦敦市民狂欢的情景一一收录笔下,从"满地都是酒瓶""酒瓶碎裂的声音""喝得大醉",到人们在雨中的表现:"接吻的人也是原地不动""声浪汹涌,节奏强烈""很多人都在泥泞中跳舞",等等。读到这里,自己仿佛也置身于狂欢的现场,和伦敦市民一起喝酒、淋雨、跳舞,感受那种令人难忘的气氛。记者在描述之后自然也自己的抒情议论,那些喝多酒的人及其待遇令他难忘,"看来,伦敦警方对待本地酒鬼是很有经验的,连雨布都给准备好了。也难怪这些人敢于喝得烂醉,因为警察和医护人员对他们都很好。"设想,如果省去了这些鲜活的现场描写,自然而然的抒情议论,新闻作品也就无从表现新闻本身了。

④有一定的知识和情趣。

当地的风土人情和大好河山,以及里面的故事、知识、情趣是非常引人注目的,通常也是读者的兴趣点。

2015年7月23日,《人民日报》发表了记者田弘关于日本福岛核事故现场的通讯,题目是《灾后重建 迷途漫漫——访日本福岛核辐射区饭馆村》,这篇通讯在文中就适当介绍了饭馆村的风土人情和有关故事。

总之,写好新闻通讯,贵在讲好新闻事件或是新闻人物上的故事,提倡记者创新思路与文风,在可读上下工夫。

多年来,人民日报社一直在提倡记者用讲故事的方法采写新闻通讯,并在版面做出创新,推出"1+1式报道",即头版寸土寸金发消息,后面的版面同时发通讯。

"前1"消息,大多数在千字以内,要见故事,吸引读者寻找后面通讯的内容。"前1"的故事可谓为"后1"新闻报道的摇旗呐喊。"后1"通讯详细刊发新闻的其他内容,也以讲故事为主。"后1"可谓是"前1"故事的精彩连播,前后不同的故事让新闻立体客观形象生动。

讲故事的方法,不妨参考一下《人民日报》海南分社陈伟光社长说过的这样一段话:

"新闻再新,也是已经发生的事。因此说,新闻本质上就是故事。把故事讲好,是记者的基本功。记者写稿时,不妨假设一下:不是在写,而是在讲,要讲得明白生动有意思。写完审读时,再假设一下,不是在读,而是在听,要听得明白,有趣味。但凡一篇文字,不能拿来朗诵,或者读起来疙瘩,听起来云山雾罩,大概算不得好文字。"

第二节　新闻特写

一、含义

在西方新闻写作理论中,消息之外的所有报道都被称做"特写"或"专稿"。

美国新闻学教授阿伦森的《新闻采访与写作》认为:"特写通常指报纸上篇幅较长的某类稿件。这类稿件没有正规的新闻导语,写的是有关某人、某机构的一桩新闻事件或某一政治事件或社会事件。"

朱瑞安·哈瑞斯在《全能记者必备—新闻采访、写作、编辑的基本原则》中认为:"特写,这是指趣味性的新闻性报道—那些不适合政治、外交等重大新闻的严格标准的报道。但是如果事件足够精彩,而且记者有足够的技巧,那么重大新闻也可以写成特写。"

美国新闻学者丹尼尔·威廉森的《特写写作技巧》一书明确指出:"除新闻报道之外的任何报道都是特写。"

从上述有关论述可以看出,西方新闻写作中的特写内涵没有明确严格的界定,是一个非常宽泛的文体概念。

在我国,新闻特写与电视媒体的发展联系密切。新闻特写是将影视和文学手法引入新闻写作领域的产物。它借鉴电影电视"镜头"表现手法,文字来呈现出来,是一种有现场感、生动活泼的新闻文体。一般说来,新闻特写常指截取新闻事实的某个横断面而言,把发生在这一横断面上即此时、此地、此情、此景、此人的某个片段用形象的文字表达出来。

"特写的'特',主要表现在对事实的局部如实地加以'放大',它截取新闻事实的横断面,即抓住富有典型意义的某个时间和空间,通过一个片断、一个场景、一个镜头,对事件或人物、景物作出形象化的报道。"①

二、文体特点

新闻特写的报道点是新闻事件或人物的某个局部,甚至是某一个情节或细节,对选取的部位着力去写,而对其他的方面则一笔带过或根本不予考虑。因此,其突出特征是"叙事如画",要像新闻摄影或电视摄像一样,捕捉典型画面或是镜头,定格在此瞬间,用文字生动形象地再现此瞬间,使读者如临其境。

新闻特写对素材选取和文字要求很高。其特点一般有以下几点:

1.聚焦性

抓最典型、最具表现力的新闻事实,通过这一聚集点来反映新闻的整体,不在事物的全貌上下工夫,只体现新闻中最具有个性特点的部分。

2009年3月7日,新华记者朱峰、张米扬二位记者把目光聚集在参加两会中的河北代表团的一位分组讨论召集人——河北省人大常委会副主任、省工商联主席黄荣身上。

---

① 张默.新闻采访与写作[M].武汉:武汉大学出版社,2000:561.

因为他在参加分组审议政府工作报告时，突然打断了代表的发言，说了一句话，"你先停一下"。

全场代表愣了。

只见黄荣将会议室的一名服务员招到身边，"同志，你能不能把屋里的灯关一下？"他指了指屋顶上的灯。

原来，这时会议室内已经是光线充足，非常亮堂，但屋顶上的两盏大灯和十多盏小灯却还在亮着。服务员将所有的灯都关掉后，审议又重新开始。黄荣说，中央一直提倡厉行节约，我们开会更要实践节能理念。

二位记者意识到这是个绝佳的报道选题，马上采写出了《"同志，请关灯"——两会吹来节约风》的特写。

2. 描绘性

对最可表现人物或事件的焦点，如实地加以再现，主要用描绘的方法，反映现场和人物特点，读来如入其境，如见其人，如闻其声。抓这一点，不是无限地放大，重在一个"点"的再现上，以详尽、生动的细节，实事求是地反映事实。

如上面提到的新华社记者所写的《"同志，请关灯"——两会吹来节约风》中，记者特写中还有一个特别镜头的再现：

6日晚，全国人大代表、河北省春风实业集团董事长曹宝华在吃饭时要了一碗水饺，在还剩下一个水饺没吃时，他起身打算去盛一碗汤，站在旁边的女服务员正要将碗收走，曹宝华急忙赶回来制止了她，"小姑娘，碗里还有一个饺子呢。等我把它吃完你再收拾，可不能浪费啊！"

在这里，记者定格在河北省春风实业集团董事长曹宝华吃水饺起身想盛汤的一刹那，旁边的服务员以为他吃完，要将碗中水饺倒掉，曹宝华急忙赶回来制止。这一连串的动作加上他对服务员说的话，"小姑娘，碗里还有一个饺子呢。等我把它吃完你再收拾，可不能浪费啊！"真实自然。

3. 感染性

无论写人写事，特写有感情色彩，往往以细节体现出来，具有一定的感染性。

三、写作要求

作为一种既可以寓事、理、情、景于一体，又能够以短小精悍、新短快活而见长的新闻体裁，新闻特写在增强报纸可读性方面，发挥着越来越重要的作用。如何根据读者需求的不断变化，使新闻特写在新媒体时代发挥出更大的作用？

人民海军报的彭化义曾撰文说，"准确把握其'新'字的属性和本质，努力在'闻'字上挖潜力，不断在'特'字上下工夫，刻苦在'写'字上做文章，是新闻记者和广大业余新闻报道员应努力的方向和目标。"[①]

本书同意此观点。

在此基础上，特定的写作要求有以下两个方面：

---

① 彭化义. 新闻特定要"写"出什么[J]. 青年记者, 2006(12).

1.再现场景

记者在采写特写时,要注意将在现场观察到的情景通过选择最恰当的一个事实或细节表现出来,用文学表现手法再场现场,尤其是瞬间印象,必须在真实的前提下进行,绘声绘色,声情并茂。

《四川日报》曾在20世纪90年代刊登了一篇特写《生命,不仅仅是奇迹》,它的报道角度之新、对现场现场手法之异均超出了人们一般之想当然。几十年过去了,至今读起仍是爱不释手。本书有幸存过这篇稿件,但遗憾的是漏掉了记者的名字。上网查却查不到相关信息。实在抱歉,请记者原谅。

请看这篇佳作。

生命,不仅仅是奇迹

已经是八日,只差一指之遥就可以触摸到自己的节日。不幸的是他乘坐的卡车翻了,苏龙生这位黄羊关乡小学教师被死神扼住了咽喉。

告急电话接通平武县委,分管文教的副书记杨培德和另一位副县长立即驱车赶来,将伤员送往县医院抢救。

诊断书:肝破裂,腹腔出血1500**毫升,生命垂危!**

晚上八点,县城笼罩在细雨如织的夜色里。血在何处?卫生局和医院领导急得出门到处找人。杨副书记急中生智,拿起电话接通了广播站。很快,广播员急切的声音飘入冰凉的夜雨中,人们冒雨汇聚而来。

工人徐连模一个劲地请求医护人员"多抽点",仿佛他献出的只是460毫升空气,乡党委书记敬光文也捋起了袖子……

生命仅仅是奇迹吗?不,它首先是爱,因为爱是生命之源。九日清晨,伤员血压恢复正常,病情也趋于平稳,杨培德拖着疲乏的身子回家,心里轻松了一些,他想起了明天是教师节。

这篇特写全文不过300余字,却在如此短小的篇幅内,蕴含了丰富的内容,通篇均是现场精彩回放!镜头一个接一个,再现了领导与社会大众急救受伤教师的过程。

记者起笔不俗,老道地运用跳笔,段裂行文等手法抓故事,抓细节,抓直接引语,全篇无一字费言,言简意赅,笔触自然,真正体现了新闻语言的简约美,也体现出记者独特的报道角度,用心良苦。

2.题材突出,以小见大

新闻特写主要在于题材内容的集中、突出。抓住一点,以小见大。"万绿丛一点红",新闻特写即是那点"红"。记者可以采用白描等手法表现出这点"红"来,达到引人注目、印象深刻的目的。

请学习一篇载于1980年7月4日《湖北日报》上的特写,题目是《会计伢嫌我油壶小》。

王二婆讲　吴学标记

6月开了门,乡里喜盈门,我们超卖了菜籽油,平均每人还分了9斤2两油。分油那天,我兴冲冲提着油壶赶去,只听会计伢蔡后健在那里左右开弓,嫌李二婶壶小了,怪张大妈不抱个大坛子来,还说我的油壶是拿来"做得玩"的。

我心想,你这伢是"洋人的房子——不是门",就说:"你这伢,我去年拿这个壶来,是哪个笑话我'心比壶大'的?"

会计伢忙陪着笑说:"二婆,您老人家把老眼镜戴上看看!去年吃的是'大锅饭',收的那点油还不够'锅'吃。今年'分灶吃饭',干活劲大了,收的油多了,壶就'变'小了呗!"我这才想起:是嘿,今年分组作业,联产计酬的办法就是好,以后再不吃'大锅饭'的苦头了。(王二婆是云梦县义堂公社建三合作队社员——编者注)

这是一篇难能可贵的好新闻特写!

好在它的题材集中,好在它的报道角度新颖、独特,好在它真的是在用事实说话,真的是用以小见大手法来写特写。

记者不用第三人称来正面报道农村土地改革联产计酬的好处,或是吃大锅饭的坏处,而是采用口述实录的方法,把笔交给了王二婆,一个湖北云梦县义堂公社建三合作队社员,把事实定格在这位老婆婆拿油壶去分油的现场,讲述自己拿的油壶太小盛不了超产分到的菜籽油的故事。其实这个口语化的特写的背面自然反映出现在的生产方式有了天翻地覆地变化,农民生活也有了喜乐改变,给人留下难忘的印象。

要记住,这可是1980年的稿件啊!三十多年前记者的思维如此活跃,手法创新灵活自然,实在钦佩不已!

第三节 人物专访

新闻人物专访,一般说来指的是记者事先带着一个比较明确的、专门的目的到现场去,对有关人员进行专门采访后写出的稿件,它以记者现场对访问人的谈话、对现场的观察(如人物表情、服饰和外围环境等)及相关的背景材料组成。篇幅较长,信息量大。

一、人物专访的特点

人物专访主要突出在两个字上,一个是"专"字,即记者采访的这位新闻人物是专业人士,是有关采访话题的专家、权威,确保新闻内容上的独家;另一个字即是"访"字,即记者对此新闻人物的访问到位,访谈成功。

写新闻专访不必面面俱到,也不必集中在一点。与特写不同的是,新闻专访可以深入下去,纵横交错,自如表达。

专访一般都少不了现场、人物、记者三方面的情况。

二、分类

人物专访一般分为两大类,即一问一答式和混合式。

三、一问一答式专访

1. 一问一答式专访的概念

一问一答式专访简称问答式专访,也叫对话式专访。

一问一答式专访很少有或者是没有现场的描写,只是记者与访问人的一问一答。这样写法的前提有两个,一是记者提问精彩,二是对方答得精彩,以内容取胜,是记者尊重采访事实的体现,给人可信感。但如果记者的提问设计不好,则易流于平淡,枯燥或是如果专访的对象回答得不精彩,则内容一般也不行。两者要合二为一最妙。

在 1948 年 12 月 1 日出版的上海《电影杂志》上,有一篇周璇接受媒体记者采访的专访,记者问得直接,问得要害,问得地道,周璇答得聪明,答得智慧,答得机灵和幽默,可读点处俯首皆是,而且双方机锋闪烁,堪称叫好出彩的一篇人物专访。

特将这篇人物专访辑录于下。

记者:能不能告诉我们关于你的身世、籍贯及通讯处?

周璇:早年失怙,萱堂健在。原籍广东,年近三旬。现在上海

记者:你的歌喉是天生或是苦练而成的? 怎样保护? 以你的意见,"金嗓子"还能保持多久?

周璇:既非天生,也非苦练,我也不懂怎么去保护。"金嗓子"愧不敢当;反正能唱一天就多唱一天。

记者:你和白杨是学生们最喜欢的女演员,大家羡慕你,你高兴吗?

周璇:当然高兴。大家羡慕我,我羡慕他们,他们是一群时代骄子。啊,学生生活! 我是一个失学的人。

记者:人家称你为"金嗓子",当你唱歌的时候,你认为你有什么特殊的地方,请你坦白说,是否名符其实?

周璇:只有惭愧! 唱时没有什么特殊的地方,不过在我未唱之前,总是先体会一下歌词的意义。"名符其实",是你们的夸张。

记者:你的人生观如何?

周璇:做人不是一件容易的事,所以要好好做人,像一个人。

记者:如果有人在报纸上说你不喜欢的事,你生气吗?

周璇:假使有像你所说的事,我绝不生气。心地坦白,何畏人言,对吗?

记者:你从影以来,喜欢和哪一个男明星合作?

周璇:演员以服从为天职,怎容私见呢?

记者:你的影坛生活有没有受到意外刺激? 能不能告诉我们一些?

周璇:背一句古语作为答复吧? "不如意事常八九,可与人言无二三"。

记者:你献身影界已经很久了,曾感到一个电影演员对国家和民族的责任是什么吗?

周璇:请多多指示! 我在这里,向你立正敬礼。

记者:请问你为何要和严华离婚?

周璇:请你愿谅,免谈往事,好吗?

记者:那么谈现在的事,严华又结婚了,你有何感想?

周璇:世界上或者又多了一个美满家庭吧。

记者:大部分影星对婚姻都不太慎重,其用心是否籍以扬名?

周璇:仁者见仁,智者见智,似是而非。

记者:你还没有拍电影之前的思想是怎么样的? 拍了之后呢?

周璇:未上影坛之前,我尚在童年,根本谈不上有什么思想;献身银幕后,越演越越害怕,因为凡事不进则退。

记者：你平时喜欢和什么人接近；你讨厌哪些人？

周璇：人人为我，我为人人，说不上喜欢和讨厌。

记者：你是怎么学唱歌的？

周璇："曲不离口"而已。

记者：你相信命运吗？

周璇：可信而可不信，不可全信，不可不信。

记者：做一个明星在艺术上的成就，是否受年龄的限制？

周璇：不一定这么说，我认为对事对人认真的人，是无可限制的。

记者：做一个优秀而前进的演员，应具备有甚么基本条件？

周璇：认真，万事认真！尊意如何？

记者：你对于好莱坞出品的影片有一种怎样的概念？

周璇：并非"月亮也是美国的好"，好莱坞的出品好在片片认真，这是我的浅见。

2. 写作要求

①一般情况下，采用一问一答式、对话式这样的写法，记者常会配以采访札记、人物简介或是大事记等，补充自己在采访该新闻人物时的一些个人感观和现场场景及人物的背景资料，等等。

例如 2011 年 4 月 25 日《新京报》上发表的记者李超采访的人物专访《美国孔子学院院长：主要免费教汉语而非孔孟思想》，在开始一问一答之前，就有这样的段落如下：

对话人物

金克华 56 岁，美国肯尼索州立大学孔子学院美方院长，美籍华人。在 2010 年 12 月召开的第五届孔子学院大会上，金克华被评为全球孔子学院先进个人。

对话动机

国家汉办近日发布消息称，4 月启动孔子学院中方院长推荐选拔工作，拟公开选拔 199 人，近期分派到全球各国设立的孔子学院，担任中方院长一职。

孔子学院（Confucius Institute），是中国国家对外汉语教学领导小组办公室（简称国家汉办）在世界各地设立的推广汉语、传播中国文化与国学的教育和文化交流机构。

孔子学院最重要的一项工作就是给世界各地的汉语学习者提供规范、权威的现代汉语教材；提供最正规、最主要的汉语教学渠道。

目前全球已建立 322 所孔子学院和 369 个孔子课堂，分布在近百个国家和地区。孔子学院日常工作是如何运行的？办学模式是怎样的？如何传播中国的文化？记者就此采访了美国肯尼索州立大学孔子学院美方院长金克华。

可以看出，这几段文字是记者对新闻人物金克华和对其专访内容孔子书院的背景介绍，同时，交代了此次专访的意图。略为遗憾的是，新闻要素交代的不甚完全，这次专访的时间地点和访问形式没有交代清楚。

②一般情况下，写一问一答式人物专访要在开头交代新闻由头、相关的背景及基本新闻要素。然后再开始展示记者问人物答的内容。这一点相当重要！

例如下面这篇发表在 2004 年 9 月《凤凰周刊》上人物专访的前两段。记者欧阳斌，题目是《"恐怖分子向我们冲过来了"——专访凤凰卫视驻俄罗斯首席记者卢宇光》。

9月3日,凤凰卫视驻俄罗斯首席记者卢宇光在俄罗斯北奥塞梯报道别斯兰人质被劫事件时,突然遇到劫匪冲出军警包围,向卢宇光所在人群疯狂扫射。卢宇光一边逃跑,一边坚持用手机进行现场报道,留下经典的战地报道声音——"恐怖分子向我们冲过来了!"

当本刊在第一日联系卢宇光时,他仍在劫持人质的现场进行报道,并抽时间接受了本刊电话采访。

写作问答式人物专访不难,要求也如上所说并不多。但是,很多记者在写作时常常忽略掉了最基本的要素交代,造成读者的阅读盲点。

下面,请看2014年2月19日的一篇人物专访《白岩松二十年成长记录:做新闻进入质时代》。

记者、主持人、制片人、新闻评论员——在1993年到2013年中国电视急剧变化的20年,白岩松作为中国电视新闻变革的亲历者,始终和这个时代紧密地联系在一起。他所经历的故事、他所关注的新闻和人,也成了见证中国新闻行业变迁,乃至中国社会变迁的一把钥匙。

虽然已有《痛并快乐着》《幸福了吗?》等著作在前,但从央视二十年从业经历切入、讲述白岩松个人成长的著作目前还没有,近日由上海交通大学推出的《一个人与这个时代:白岩松二十年央视成长记录》首开先例,成为第一部带有白岩松自传色彩的著作。该书由中国传媒大学老师邹煜历经一年准备,五个月深入采访,印刻了白岩松的二十年央视成长记录,同时该书将中国二十年的社会时代史、中国电视新闻发展史、白岩松的个人成长史"三史合一",首次作为"被记录者"的白岩松,也在书中再一次彰显了新闻人与知识分子的良知。

被记录,"假装在看一个人,其实看的是背后变迁"

记者:这一次为什么愿意做个"被记录者"?

白岩松:一直有点忐忑不安,因为不知道是不是岁数的增长,还是时代的变迁,我觉得当我一个人待着的时候,我感觉和大家在一起,但是跟大家在一起时我感觉是一个人,这种感受非常强烈。这不是我出的书,这是华东师范大学、中国传媒大学,王群教授、吴玉教授打造华语主持人丛书的开篇作,为什么开篇作是我,与大家的各种联想、位置,都没有关系,可能因为我姓白,所以让我当小白鼠,做第一本是最艰难的,大家都不愿意做,里面涉及很多非常复杂的事情,谁让我姓白了,被迫当了一把小白鼠,何况都是我们的老师,也没法不答应。

记者:从1993年到2013年,这20年,您经历了怎样的变化?

白岩松:这本书不是传记,就是一个备忘,甚至与个人都没有关系。如果要说这20年,变化太大了,《东方时空》开播的时候我只是一个小伙子,那个时候中央电视台受到了极大的关注,赞扬,《东方时空》开播拉开了整个中国新闻巨大的变革,时代快速前行,当初的创业者现在人到中年甚至人过中年了,过去脑袋显得很大,现在肚子显得很大,新闻也越来越不是一流人才向往的地方,大家现在更愿意去中石油、中石化、中国移动。

我觉得这本书是在假装看一个人,其实是背后看变迁,看的不仅是新闻理念,还有知识分子的看法,有没有价值一说,当人们准备忘记的时候翻翻它,被忘了的事实是无可更改的,所以我觉得一切正常。

立足新闻,"人只能顺势而为"

记者:您刚才说现在新闻行业的发展,包括一流的人才愿意去中石油、中石化,您这个书的文案里面提到您是喜欢不断开拓的人,在严峻的媒体形势下,您怎样保持自己一个人逆流而上的状态?这几年央视不断受到质疑,您个人怎么样保持比较好的状态?不断开拓僵局?

白岩松：我不认为你给下的定义"逆流而上"是事实，纵观几千年的历史，人只能顺势而为，但这不是顺坡下驴。哪个时代都有挑战的，我们现在觉得新闻不好做，那天我还跟同事说，不要悲观，现在新闻所能做的选题的宽度要远超过 90 年代，即便是我们在怀念那个时候，有《东方时空》改革，那是资讯严重匮乏的时候，现在资讯过剩了。

我觉得量时代过去了，要做质时代。开疆拓土不是天天做新的，那是熊瞎子掰苞米。岁月累积了很多名声，各种各样的东西，你开始成为既得利益者，我能从 20 多岁走到今天，就是我那个时代既得利益者具有开疆拓土的理想主义色彩，我是被他们扶持着一路走过来，我与其对他们说感谢，不如以加倍的方式面对今天的年轻人，这点我认为非常重要，我希望今天的既得利益者回忆自己年轻的时候，理想旗帜飘扬的时候，为今天的年轻人多做一些事。

记者：您之前提过在这个时代记者的尊严改变，最近发生了关于记者的很多问题，您是怎么看的？

白岩松：我不这么看，类似于记者被利益所捆绑的事情，过去有，现在有，将来还会有，东北有一句话叫"听到害虫叫不种地了吗"？尊严感看用什么衡量，用工资衡量的话，全世界大部分的国家新闻从业者的收入水准都排中下，没有排靠上的。新闻人的收入不光是由工资决定的，是三份工资，第一是人民币、美元，或者是欧元，养家糊口，物质基础不牢地动山摇，谁也不要饿着谈理想，太不靠谱了。第二份是情感工资，有一帮志同道合的朋友一起做这个事情，前赴后继的。第三种是工资，是一种信仰，相信新闻会让这个世界变得更好一点，而且不会让人生枯燥。

记者：新闻人领三份工资，您哪份工资领得最多？

白岩松：短跑的时候，可能靠的是物质工资，因为得养家糊口，人要解决现实问题，中长跑的时候要靠情感工资，跟谁在一起跑是一种动力，能够真正长跑的时候，一定是靠精神工资，否则怎么支撑下去。而我，就是要做一个长跑的人。

新旧业态，"纸媒应该穿透事实，提供更多的不一样"

记者：您在书中谈到一些关于新节目的想法，做人物节目要做深度的，人性化的，有一些实际的操作吗？

白岩松：在紧锣密鼓的筹划中，但是不会立即展现在大家的面前，我有一个想法，现在我们很多的人物访谈节目把人按在那就聊，在象牙塔里头，这个人是什么生活状态，和这个时代是什么关系，我要做的话，对一个人的采访，先以纪录片的方式拍一个月再说，再坐下来访谈。不一定将来是直接以立即在哪播的栏目形态体现出来，我认为应该是多媒体的载体。

记者：谈新媒体，纸媒的压力是非常大的，很好的报纸可能都关了，具体的措施，不少报纸在招网络的人，国际传统纸媒在往互联网转型，融合。

白岩松：我认为向互联网转型这句话是挺可疑的，首先纸媒要做好纸媒核心的东西，新京报的压力是不是要比有的纸媒小一点呢？我毕竟是了解很多生存状况的，我认为新京报相对来说，因为还有一些投入，包括人员在做相对有质感的报道，这是我们的核心价值观，我做过三年半的报纸，报纸是什么，只是一个资讯。今年我去德国的时候，有一个最大的传媒老总，就在讲每天早上依然看报纸，我问看报纸的原因是什么，尤其是互联网的时代，他说不是看资讯，而是经过了一夜新闻的发酵，看到我们这里有哪种不一样。报纸报道的新闻，作为资讯本身肯定经过了一夜的互联网，电视广播的报道，人们早已经知道这个事情的本身了，第二天早上翻开报纸的欲望是什么，是了解这些事实的本身吗？是你穿透了事实提供了更多的不一样。

（稿件来源《大河报》）

这篇问答式人物专访内容精彩，但是要命地是没有交代清楚此次专访的时间、地点、采访方式等基本要素，不能不引起重视啊！

③如果前面没有交代清晰新闻背景、人物介绍和采访的基本要素，则可以采取事后弥补的方式，在问答内容之后，配上记者的采访札记来补充问答内容的不足。在札记里还可以有记者的主观感受、抒情、评论等。

2004年9月17日，《北京青年报》A27版发表人物专访，引题是：凤凰目击"俄人质劫持事件"记者做客红人上网；主题是《卢宇光：人性是媒体的精髓》。

这篇专访从头到尾均是问答，没有相关的人物介绍、采访由头和基本要素。但是，在篇专访的最下方，配了一篇记者的采访札记，题目是《捍卫记者的尊严》。

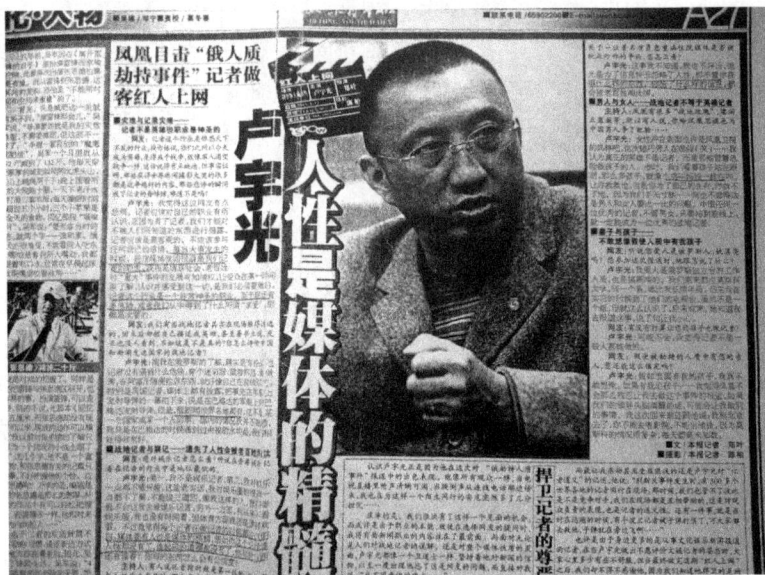

新闻版面截图1

我们来看一下这篇采访札记——

认识卢宇光正是因为他在这次对"俄劫持人质事件"报道中的出色表现。就像所有观众一样，当电视直播里枪声清晰可闻、当跌倒声从连线电话那边传来，我也在为这样一个陌生同行的安危突然多了几分担忧……

庆幸的是，我们很快有了这样一个见面的机会。而或许是出于职业的本能，致使在选择网友的提问时，我将有关新闻职业的内容放在了最前面。而面对无论是人们对战地记者的误解，还是对整个媒体性质的歪曲，卢宇光都像一个卫道士一样，坚持着他对新闻的信仰，以至一度出现他忘记了这是网友的问题，而直接对我说："我不同意你的观点……"

而最让我感动甚至受益匪浅的还是卢宇光对"记者道义"的记述，他说："别斯兰事件发生时，有300多个世界各地的记者同行在现场。那时候，我们也管不了彼此是不是竞争对手，我们在现场都是互相帮助的，这是对观众负责的表现，也是记者的道义性。还有一件事，就是当时在逃跑的时候，有个波兰记者被子弹打伤了，可大家都去救他，子弹就在旁边飞啊……"

也许是由于身边更多的是从事文化娱乐新闻报道的记者，在当卢宇光做出不愿评价文娱记者的姿态时,大家心里多少有些不舒服,但当最终做完这期"红人上网"之后,我们却不得不感谢他,因为我们知道他捍卫的是所有记者的尊严!(本报记者 郑叶)

这篇札记补充了很多问答式专访中没有的内容,比如记者采访卢宇光的缘由,卢宇光作客红人上网时的现场神情和卢宇光对记者道义的诠释。也有记者的主观感受,抒情议论。但是,还是有一个硬伤——没有弥补问答式专访缺失的新闻要素,即记者在什么时间和地方专访卢宇光的?一笔可以交代清楚,差此一笔,读者会有疑惑。

④并不排斥少量的现场描述。一般来说,问答式专访中很少出现大段的现场描述的文字。但是并不是说绝对不能在问答式专访中写出现场感。

记者常常抓到特别重要的或有趣的现场,在问答文字之中极简单地冒出几字或是一句来,常用括号表示,在括号里简单描述人物的某个动作或表情,或是现场的某个刹那,等等。

《帝国的回忆——〈纽约时报〉晚清观察记》一书中,有一篇1896年李鸿章接受美国记者专访录。特录如下,以供参考——

当地时间1896年8月28日,大清帝国直隶总督北洋大臣李鸿章乘"圣-路易斯"号邮轮抵达纽约,开始对美国进行访问。李鸿章在美国受到了总统克利夫兰的接见,并和美国一些要员及群众见面,受到了"史无前例的礼遇"(《纽约时报》语)。

1896年9月2日上午9时许,李鸿章在纽约华尔道朝夫饭店接受了记者的采访。以下是1896年9月3日《纽约时报》对这次采访情况的综合报道,略有删节。

美国记者:尊敬的阁下,您已经谈了我们很多事情,您能否告诉我们,什么是您认为我们做得不好的事情呢?

李鸿章:我不想批评美国,我对美国政府给予我的接待毫无怨言,这些都是我所期望的。只是一件事让我吃惊或失望,那就是你们国家有形形色色的政党存在,而我只对其中一部分有所了解。其他政党会不会使国家出现混乱呢?你们的报纸能不能靠国家利益将各个政党联合起来呢?

美国记者:那么阁下,您在这个国家的所见所闻中什么使您最感兴趣呢?

李鸿章:我对我在美国见到的一切都很喜欢,所有事情都让我高兴。最使我感到惊讶的是20层或更高的一些摩天大楼,我在清国和欧洲从没见过这种高楼,这些楼看起来建得很牢固,能抗任何狂风吧?但清国不能建这么高的楼房,因为台风会很快把它吹倒,而且高层建筑若没有你们这样好的电梯设备也很不方便。

美国记者:阁下,您赞成吴国的普通老百姓都接受教育吗?

李鸿章:我们的习惯是送所有男童上学。(翻译插话:"在清国,男孩,才是真正的孩子。")我们有很好的学校,但只有付得起学费的富家子弟才能入学,穷人家的孩子没有机会上学。但是,我们现在还没有你们这么多的学校和学堂,我们计划将来在国内建立更多的学校。

美国记者:阁下,您造成妇女接受教育吗?

李鸿章:(停顿一会儿)在我们清国,女孩在家中请女教师提供教育,所有有经济能力的家庭都会雇请女家庭教师。我们现在还没有供女子就读的公立学校,也没有更高一级的教育机构。这是由于我们的风俗习惯与你们不同,也许我们应该学习你们的教育制度,并将最适合我们国情的那种引入国内,这确是我们需要的。

美国记者:美国资本在清国投资有什么出路吗?

李鸿章:只有将货币、劳动力和土地都有机的结合起来,才会产生财富。清国政府非常高兴的欢迎任何资本到我国投资。我的好朋友格兰特将军曾对我说,你们必须要求欧美资本进入清国已建立现代化的工业企业,帮助清国人民开发利用本国丰富的自然资源。但这些企业的管理权应掌握在清国政府手中。我们欢迎你们来华投资,资金和技工由你们提供。但是,对于铁路、电讯等事物,要由我们自己控制。我们必须保护国家主权,不允许任何人危及我们的神圣权利。我将牢记格兰特将军的遗训,所有资本,无论是美国的,还是欧洲的,都可以自由来华投资。

美国记者:阁下,您赞成将美国的或欧洲的报纸介绍到贵国吗?

李鸿章:清国办有报纸,但遗憾的是请过的编辑们不愿意将真相告诉读者,他们不想像你们的报纸讲真话,只讲真话。清国的编辑们在讲真话的时候十分吝啬,他们只讲部分的真实,而且他们的报纸也没有你们的报纸这么大的发行量。由于不能诚实地说明真相,我们的报纸就失去了新闻本身的高贵价值,也就未能成为广泛传播文明的方式了。

这是典型的问答式人物专访,一问一答,十分精彩。

让我们来关注一下文中两处加了括号的地方,第一处是"(翻译插话:'在清国,男孩,才是真正的孩子。')"这是在李鸿章回答美国记者"我们的习惯是送所有男童上学"时,翻译插进的一句话,是个简化的现场再现。

第二处是美国记者问,"阁下,您造成妇女接受教育吗?"李鸿章"(停顿一会儿)"才进行答复。这停顿一会儿,也是再现现场。李鸿章的神情动作,表示有所思考。

四、综合式人物专访

1.综合式人物专访的概念

在综合式人物专访写作中,既有记者与访问人之间的精彩对话,又有适量的现场描述和记者的主观感受。或者可以说,综合式专访就是把问答式专访和札记揉合在一起,形成了一个整体,既有一问一答,也有记者的现场观察与描述,还有记者的主观印象以及被访者的背景材料。

综合式人物专访写作在新闻实践中运用颇多,它可以形象生动地反映访问内容及被访问者的性格特点。

1919年2月4日,《纽约世界报》刊登了记者罗伯特·迈阿诺的一篇专访《访列宁》。这篇人物专访形式较为特别,即通篇以第一人称我(即记者)的口吻叙述,中间带有精彩的对话,和一定的现场描述,读下来,亲切自然。

请看全文——

我刚从莫斯科回国。一个多星期以前,我在莫斯科同列宁进行了一次长谈,其内容主要是西方盟国同布尔什维克政府的关系问题。据我所知,这是列宁在俄国掌权以来首次接受记者的采访。

列宁总是从世界革命的角度来谈问题。这就好比一个人一旦骑上脱缰烈马,就会产生这样的信念,即他必须保持一种不屈不挠的态度,否则就会从马上摔下去。

然而,我也注意到,尽管他用毫不妥协的言词滔滔不绝地谈问题,但是,在我把话题引到这次采访的正题即布尔什维克同协约国的关系,以及双方有没有可能达成谅解时,他的表情变得缓和多了,表现出感兴趣的样子。

我敢肯定,列宁期望实现和平。正因为如此,我才决定去采访他。事实上,在莫斯科,人人都知道，列宁同意接受实现和平的先决条件，即苏维埃政府同意偿还旧政府欠下的战争借款，而在革命刚取得胜利时，这些借款被一笔勾销。

应当说，让布尔什维克的首领们对俄国的各种无政府主义势力予以宽容，那是颇不容易的。这些势力尽管正在迅速衰败，但是，它们在当前仍比那些试图统治俄国的人强大。我是这样提出问题的：俄国各政治派别都已接到邀请，派人去太子岛同协约国的代表会谈对于拒绝还是接受这个邀请，列宁是否给予肯定答复。我对他说，我即将离开俄国，我希望带走准信儿。这时，列宁同他的助手、煽动家鲍里斯·里恩斯坦交换了一下眼色，然后，他慢悠悠地说：

"俄国政府倾向于同意赔偿债款，如果这意味着反对它的战争可以停止的话。"

我把这句话记录下来，并大声念给他听。他说："正是这样。"稍停片刻，他说："我们要和平，并已多次建议实现和平。但是"——列宁的表情十分严峻——"我们也作好了打下去的准备，并且有必胜的信念。自从拿下喀山和萨马拉以来，我们的军队接二连三打胜仗。最近几天，又是捷报频传。"

很明显，列宁想就这个问题继续发挥下去。这时，他提出了这次采访的第二个问题。

"那么国联又会怎样呢？"我问他道，"最近，布尔什维克的领袖参加了政府，这难道不影响国联对苏维埃政权的看法吗？"

没等我说完，列宁就把话茬儿接上了。他的语调通常是很温和，这时严厉起来了。他说："他们不是国联，而是妄图扼杀其他国家的帝国主义联盟。"他又用刻薄的语调补充说："威尔逊总统真是聪明过人呀！"

我还有许多重要问题要向列宁请教，然而，他却接二连三地向我提出问题了。

……

我以列宁说，我即将去德国。对此列宁很感兴趣。他说：

"现在正是德国搞第二次革命的时候，到那里后，如果有机会，请代我向李卜克内西博士、罗萨·卢森堡和克拉拉·蔡特金问候。"

列宁对当前谁控制德国不感兴趣，然而，他说他期望布尔什维克主义在德国获胜。记得列宁对我说过，在德皇威廉二世在位时，他搞了一种机械装置，能帮助他把宣传品偷运进德国，以瓦解德国军队。现在德国革命成功了，然而，对于苏俄，德国并不热情。我问列宁：

"最近德国革命政府拒绝接受你们送去的一列车面包，对此，你有何高见？"

列宁以轻蔑的语调说："斯凯伊德曼只不过是德国皇室的走狗。我们这个世界能指望他干什么好事呢？只要有可能，他就要扼杀德国革命，就像他过去千方百计阻止这场革命爆发一样。但是，他不过是德国革命中的一个匆匆过客而已。德国革命必将水到渠成，瓜熟蒂落。"

列宁说："资本主义统治者不懂得的是他们无法应付战后成堆的经济问题。如果解决不了这些问题，革命就非爆发不可。资本主义制度已经破产了。马克思主义是当今世界的唯一出路。资本主义强国对弱小国家的剥削再也不能继续下去了。代替这种剥削关系的，必将是无剥削的产品交换。"

列宁边同我交谈，边把他坐的椅子向我这边挪动，以致后来我们俩的双膝都快靠在一起了。他的手指，就在我鼻子下面挥动。他的品格，深深地感染了我，这种品格像是某种有形的东西，充满整个房间。

踮着脚尖走路的速记员和列宁周围的警卫人员看来同列宁完全平等。然而，他们看他时，目光中充满了敬畏，像看沙皇那样。这一点，也给我留下了深刻的印象。

2.综合式人物专访的写作要求

①要写清楚对此新闻人物进行专访的新闻由头和此次专访的基本要素。

②要写出此次专访中重要的提问和回答。

③要有一定的现场描述。

④应交代必要的背景材料。

⑤可以进行相关的外围采访。

⑥记者可以夹叙夹议,写得有声有色。

2005 年 4 月 13 日,《北京青年报》刊载了中央电视台《东方时空》栏目记者对西藏第十一世班禅额尔德尼·确吉杰布坐床十周年的人物专访。题目是《十一世班禅:我有重大历史使命》。

新闻版面截图 2

全文如下:

十一世班禅:我有重大历史使命

作为藏传佛教宗教领袖,班禅在信教群众的心目中是崇高至上的精神象征。十年前,年仅 5 岁的第十一世班禅额尔德尼·确吉杰布坐床继位,如今十年的时间过去了,第十一世班禅学习成长的情况怎么样? 前不久,第十一世班禅额尔德尼·确吉杰布在他的住所接受了《东方时空》记者的专访。(此段交代了新闻由头与新闻要素)

在娘胎里就受到佛经的影响

清晨 6 点半,第十一世班禅就已经起床整理完毕,他首先向摆放在寝宫内的释迦牟尼佛像三叩头,然后开始晨起诵经一个小时。这是这位 15 岁的班禅大师坐床十年来每天都要坚持的功课。(此处是现场描述和背景介绍)

记者:您对于佛教的最早的记忆是从什么时候开始的?

班禅:我在娘胎里边就受到(念佛经)的影响。后来我也听到他们念莲花生大师颂,还有西藏一些高僧翻译的佛经我都听到他们念。还有西藏的一些高僧的著作,例如宗喀巴大师,这些我也听到了、记住了。(一问一答在对话)

16 年前的 1989 年 1 月 28 日,第十世班禅大师在西藏圆寂。活佛转世是藏传佛教特有的传承方式。在党中央国务院的亲切关怀下,寻找十世班禅转世灵童的工作立即严格按照宗教仪轨和程序展开。经过长达 6 年的艰辛细致的寻访,最后确定了 28 名候选灵童。接着,又经过多次反复比较,逐一过滤筛选,最终遴选出 3 灵童作为候选人。而俗名坚赞诺布的第十一世班禅就名列其中。(此段交代背景)

第十一世班禅的母亲桑吉卓玛:他生下五个月以后,在他的舌头上发现了一个藏文字母"啊"字。(外围采访十一世班禅的母亲)

第十一世班禅的父亲索郎扎巴:他五六岁的时候和一般的孩子说话玩耍都不一样,比方说从两三岁开始他就很明确地一心一意玩和宗教有关的东西。(外围采访十一世班禅的父亲)

记者:当时寻灵童的队伍到你们家来的时候,您有印象吗?

班禅:我记得,比如扎什伦布寺阿钦(高僧)边巴来到我家。这个我大体上记得。

记者:那金瓶掣签的现场还有印象吗?

班禅:记得。

记者:他们告诉您说您是转世灵童,并且已经最后通过金瓶掣签,说您是班禅大师的转世,当时您是什么样的想法?

班禅:我就感觉到很重大的历史使命落在我的肩上,没有别的想法。

真正懂得佛教不在你是不是活佛

1995 年 12 月 8 日,位于西藏日喀则市的扎什伦布寺法号齐鸣,经中央政府批准认定,第十一世班禅在这里正式坐床继位,并开始了修行生活。(交代背景)

上午 8 点半到 9 点半,是第十一世班禅念经学经的时间。这是班禅一天中最主要的内容。在藏传佛教格鲁派寺院中,修习内容是先显宗后密宗。显宗沿袭《因明》《般若》《中观》《俱舍》和戒律,课程以"五部大论"经书为主。"五部大论"学习下来至少需要 22 年的时间。

令经师欣慰的是,第十一世班禅天资聪慧,加之勤奋用功,他往往用半年时间,就学完其他僧人要用一年时间学习的内容。

上午 10 点到 11 点,是班禅练习辩经的时间。

记者:今天上午的时候我看了你们一个辩经的过程,我看您一会儿在挠头想问题,一会儿在笑,这是一个很有趣的过程吗?

班禅:这个辩经是很有意义的,哲学是深奥的。经师讲解了以后,自己不仅要记住,还要领会,通过辩经讲出自己的观点,互相交流,越辩经懂得越多,领会得越深,越来越有味道,好处很大。

十年中,先后有四位经师为第十一世班禅传授佛学知识,波米活佛是他的剃度受戒恩师,还有精通显、密两宗的噶钦次仁经师和江洋嘉措经师。(交代背景)

记者:应该说您在藏传佛教中的地位要比他们高,但是平时看到他们的时候,会不会觉得他们像您的长辈一样,有种依赖他们的感觉?

班禅:是的。活佛只是一种名号,但是真正懂得佛教不在于你是不是活佛。他们教给我知识,这个恩情是很大的,所以我对他们必须很敬重。没有经师的教诲,我完不成历史使命。

记者:您说的是一种责任,但是,汉传的佛教也说,做一个佛教徒要不断地去看自己的内心,您是觉得您的内心需要您的经师,还是您的责任需要您的经师?

班禅:在我看来,我的使命和思想都是分不开的。

记者:您的老师中,现在波米活佛和噶钦次仁两位都已经圆寂了,会不会让您觉得伤心?

班禅:他们圆寂了,我当然很难过。经师是持金刚,永不消失,和我们普通人不一样。因此对经师所讲的各种教义、哲学等自己反复地回忆,真正把它弄懂。永远不忘经师们的教诲,不辜负经师的期望,按经师指的路走下去,伤心和痛苦就慢慢就会消失,这样学习的劲头也就更大了。

为众生的苦难祈祷

在潜心学习佛学知识的同时,作为藏传佛教界的宗教领袖,第十一世班禅也会经常主持并组织一些重大的佛事活动。9岁的班禅就已经能够熟练使用各种法器,背诵16万字的经文。现在更已经能够熟练掌握大部分宗教佛事活动的仪轨。(进行人物介绍,也是背景交代)

记者:您是1999年在西藏举行了首次公开的一个法会,听说那一次前来求您摸顶赐福的人,一共有一万多人,排了两公里长,当时您看到这么多的民众在期待您的祝福,有什么样的感觉?

班禅:信教群众为了信仰来要求灌顶,而我是为了满足他们这种需求,灌顶授法,祈祷,没有疾病,没有灾难,为他们祈祷。

记者:其实人类还会面对很多灾难,比如说非典、再比如说去年的印度洋海啸,当您知道这种灾难发生的时候,您会做什么?

班禅:我平常就为众生的苦难祈祷,我遇到这种情况还是祈祷,同时也捐款。

记者:在西藏您除了举行公开的法会之外,您有没有去过一些普通藏族人的家里?

班禅:去过。对于群众,我也跟他们讲,要多祈祷,多干好事,听共产党的话,自己来给自己创造幸福的生活。

父亲当然是父亲而不是信徒

我们采访拍摄第十一世班禅的当天,正好赶上他的父母来看望他。

记者:在您的眼中,他是您的父亲还是您的信徒?

班禅:那当然是我的父亲。如果忘了父母的恩,就不符合人性了。

班禅还有一个哥哥。

第十一世班禅的父亲索郎扎巴说:他们兄弟俩感情特别好,大儿子在学习中间有什么困难,有些什么问题从不跟我们说,而是跟活佛说。

下午3点半是第十一世班禅上其他课程的时间。这天下午他上了一节英语课和一节汉语课。各九十分钟。现在他的英语和汉语已经分别达到初中二年级和初中三年级的水平。他的英语老师和汉语老师都盛赞他的聪明和刻苦。

第十一世班禅的书房里既有散发古老气息的佛学经典和文化书籍以及大量的介绍科学技术知识的著作,也有现代化的电脑。(现场描述)

课余时间,班禅喜爱用电脑完成汉语老师布置的作业,他调出了今年2月3日在人民大会堂拜见胡锦涛主席后写的一篇文章,题目是《永志不忘的拜见》。

记者:胡主席的扎西德勒说得标不标准?

班禅:他在西藏工作过,扎西德勒说的音很准确。

要完成我的历史使命

记者:您还去了很多地方,是吗?都去过哪儿?

班禅:去过浙江、上海、海南、广东、山西、陕西、青海、甘肃。

记者:我听说您对所有的科技方面的事都比较感兴趣,还对"神舟"五号有兴趣,是这样的吗?

班禅:这是我们国家感到自豪的最新成就,我当然高兴了。

晚上7点是班禅收看《新闻联播》的固定时间。

班禅:这是我了解国际国内情况的主要途径,除这之外,还有历史电视剧。这些我都在看。

记者：最近几天您最感兴趣的新闻是什么？

班禅：最近并没有很大的特殊的新闻，美国国务卿访问中国，主席和总理接见了她。

记者：外交形势您也很关注？

班禅：YES。

记者：最近看过哪部电视剧？

班禅：《少年康熙》。

记者：您觉得自己跟康熙皇帝小时候有什么不一样的地方，有什么相像的地方吗？

班禅：有很多方面的不同。从时代来说我现在生活在新的时代，是人民民主的新中国，新时代，而康熙是生活在一个封建时代。从身分和地位上来讲，康熙是个皇帝，而我是个僧人活佛。我主要通过念经祈祷，祈求众生幸福平等。

晚上7点半之后，是自习时间。除了复习和预习功课，班禅还会安排练习一个小时左右的藏文书法，练习书法是班禅最大的兴趣爱好，他现在可以书写藏文、汉文及梵文。

记者：我们今天记录了您一整天的学习状况，我们觉得您好忙啊。每天学习安排都是一样的吗？没有休息时间吗？

班禅：有休息时间，星期天的晚上休息得早一点。

记者：那您觉得您现在是一个孩子还是个大人？

班禅：我现在既不是很小的小孩，也不是成年人，而是一个青年。

记者：您是第十一世班禅，您觉得您现在作为一个班禅大师，跟第十世班禅、第九世班禅和以前所有的班禅会有什么不一样？

班禅：区别没多大，最根本的一点是我要继承历世班禅爱国爱教的光荣传统。最大的不同是时代变了。我要做有利于国家和人民的事。要为祖国统一、民族的团结、人民的幸福积极努力地服务。为藏传佛教在同社会主义社会相适应的道路上健康发展而努力，我一定要完成这个使命。

这篇综合式专访非常典型，完全符合综合式专访的写作要求，即交代了这次专访的新闻由头和新闻要素，保存了大量的现场问答，有现场描述，有背景介绍，也有记者一定的主观感受，比如，"我们觉得您好忙啊"等等，混合在一起，记者按十一世班禅的一天来安排，结构清晰，读者一目了然。

思考题

1. 什么是新闻通讯？新闻通讯一般有哪几类？
2. 新闻人物通讯写作时应注意哪些问题？
3. 新闻工作通讯的写作要求有哪些？
4. 新闻事件通讯的主要特点是什么？
5. 概貌通讯写作时，应注意哪些问题？
6. 请你谈谈对新闻特写的理解。
7. 在人物问答式专访在写作中应注意什么问题？
8. 试着找一篇综合式人物专访，谈谈它的写作特点。

第九章

新闻调查、采访札记和会议新闻

第一节　新闻调查

调查性新闻,现在大多数被称为新闻调查或记者调查。

大约在 1996 年年初,中央电视台《新闻调查》栏目开始组建;开播伊始,这个时间选在晚间九点时段的大型调查性新闻节目,就深深抓住了观众的眼球。

《新闻调查》播出的第一期节目名字叫《宏志班》,它采用双机拍摄、记者现场采访、现场评述等方式,对新闻事进行多角度的呈现和分析,并将存在的问题,通过记者的调查层层推进,让观众眼前一亮。这样"解渴"的节目实在难得,它呈现出的独特的形貌让观众感觉到了调查性新闻报道的魅力。2000 年,《新闻调查》提出了"探寻事实真相"的操作理念,亮出调查性新闻采访的要诀。

与此同时,不仅仅是电视上频繁出现的各种栏目的调查性新闻获得了观众的青睐,纸质媒介上的大型调查类新闻报道也是声势夺人,如《南方周末》,几乎每期都有一篇调查性新闻占据了人们的视野,它推出重大社会新闻报道,并大胆地对全国各地的冤案疑案进行调查,获得广泛的赞誉和国内外同行的敬意。

一、什么是新闻调查?

对于新闻调查,仁者见仁,智者见智。

日本新闻学会编著的《新闻学评论》里指出,这种调查性新闻是"报纸再生的希望之星"①。日本新闻学者认为新闻调查"不是依赖当局发表的材料写报道,而是记者亲自进行调查,逼近真相;不像独家新闻那样只依靠到手的单个秘密材料,而是通过彻底的调查采访,提示事件的整体情况。"②

美国学者则认为,它是"一种更为详尽、更带有分析性、更要花费时间的报道,因而它有别

---

① 新闻学评论[J].日本新闻学会,1990(39):269.
② 川鸟保良,等.大众传播视点[M].东京:地人书馆,1990:88.

于大多数日常性报道①。"美国新闻界认为,新闻调查就是记者独立调查、揭露一种被某些人或组织故意掩盖的、损害公众利益的事实的过程。

这里有三个关键要素,一是要记者独立调查,而不是法院检察院的调查;二是必须是故意掩盖的;三是损害公众利益。这个定义一下子就凸显了新闻的核心价值观——重要性。因为损害公众利益的事情肯定是大事情,更何况还是故意隐瞒。

我国研究新闻采访与写作的学者专家,也提出了自己的看法。

中国人民大学新闻传播学院刘明华教授认为,新闻调查是一种费时、费力、篇幅长、分量重的巨型报道,同时也是风险性很大的报道。具有"自主性""新闻性"和"科学性"的特点,由新闻界自主选择揭露目标,自主进行调查活动,记者的主体意识有充分的体现。②

综上所述,本书认为,新闻调查就是揭露一种被某些个人或组织掩盖的事或人的内幕的报道,带有风险性,同时受众期待的新闻性也很大,记者采访的难度也较大。

换句话说,新闻调查就是以记者调查为主要方式,揭示不为人知的新闻事实。其采写的关键就是,"探寻事实真相"③,这句话应是每一位采写调查性新闻记者的座右铭。

二、为什么新闻调查受欢迎?

哪里有需求,哪里就有生产。为什么受众爱看调查性新闻的报道?一句话,受众有阅读此类新闻的欲望和需求。任何一个有生命力的人,都是有好奇心和求知欲的。新闻调查满足了人们对这类新闻的浓厚的欲知心理和破解愿望。

一般来说,新闻调查常常是人们想了解的,但未曾浮出水面的热点新闻、难点问题、焦点现象。这些情况的存在对未知的受众来说,有极大的诱惑力,大家对这一新闻存在着一定的空白,越是空白的越有获取填补它的欲望,受众便越发想知道这些新闻背后的真相,想了解那些隐藏在冰山之下的真实情况,或者是这些问题究竟是如何产生的,想弄明白为什么在事实层层剥笋之后,有时面对的情况仍是不能合理合法地解决,等等。

另外,还有一个重要的原因或是前提不能不提,那就是我国的新闻报道环境。相对过去来说,现在的"环境"越来越透明,公民的"知情权"越来越受到国家、政府、媒介的重视,曾经的壁垒或束缚,也越来越薄弱甚至已荡然无存。受众获知新闻的渠道,在信息爆炸的网络时代也比过去开放,这也使传统大众媒介放开脚步,展开各自的竞争。在当今比拼独家新闻的优越条件越来越窄小的情况下,开展调查性新闻报道成为媒介的重头戏。

信息爆炸时代下的受众,自然也津津乐"读"于这些调查性新闻报道。它们成为人们的谈资和话题,也成为受众参政议政的一种手段,表达意见的窗口。

三、探寻新闻事实真相是关键

应该说,所谓新闻调查的事实真相,"就是正在或一直被遮蔽的事实;有的真相被权力遮

①　[美]布赖恩·布鲁克斯,等.新闻写作教程[M].北京:新华出版社,1986:384.

②　刘明华.西方新闻采访与写作[M].北京:中国人民大学出版社,1993:102.

③　中央电视台一套《新闻调查》栏目口号.

蔽,有的被利益遮蔽,有的被道德观念和偏见遮蔽,有的被我们狭窄的生活圈子和集体无意识遮蔽。如果仔细分析,这些真相呈现两种状态:一种是属于通常所说的内幕和黑幕,那就是被权力和利益遮蔽的真相;另一种是复杂事物的混沌状态,那是被道德观念和认识水平所遮蔽的真相。"①

对第一种真相的调查,是对已经存在的事实的一种反证,也就是说对假相的一种揭露,像在央视一套《新闻调查》节目上播出的《透视运城渗灌工程》《海灯神话》《温岭黑帮真相》《药品回扣内幕》《南丹矿难内幕》等节目;而对第二种真相的调查,就是对已经存在事实的一种澄清,也就是反映事物存在的复杂状态,比如《新闻调查》做过的《眼球丢失的背后》《一村二主》《死亡可以请求吗》《婚礼后的诉讼》等节目。

另外,也存在着第三种情况,有时候,事实的真相是多重含义的存在,无正确错误可划分,甚至无法解释清楚,这样的情况也是调查性新闻采访中不可忽视的真实状态。

2014年12月21日,"医生手术室自拍"的新闻在网络上曝光,网上所传照片拍摄于2014年8月15日,拍摄地点为西安凤城医院老手术室,拍摄目的是因手术室即将搬迁,启用新手术室,相关医务人员完成手术后,为留念拍摄照片。

事后,西安卫生局作出以下处理决定:对西安凤城医院手术室自拍事件在全市卫生系统予以通报批评。给予西安凤城医院扣4分的行政处罚。而西安凤城医院对相关责任人进行行政处罚。其中,常务院长闫某记过处分、留职察看一年,扣发三个月职务工资;免去分管副院长陈某的行政职务,扣发三个月职务工资;免去麻醉科主任张某、护士长田某行政职务,给予记大过处分,扣发三个月奖金;所有参拍人员写出深刻检查,给予记过处分,扣发三个月奖金。

一时间,医生是否可以自拍、卫生部门的处罚是否过重等问题,成为社会大众争论的焦点。

在事情仍是一团迷雾时,《人民日报》陕西分社记者仔细分析其他媒体的报道,发现他们忽略或是没有采访到关键人物——病人白文海。与之相似的是,一些媒体因为较难找到照片上的医生而放弃采访。记者还仔细分析了《人民日报》、网易、凤凰三个客户端网友对该新闻的评论,在众多评论中搜集归纳出网友普遍关心的几个主要问题,如卫生局和医院是否处罚过重等。

2014年12月23日一大早,记者带着问题先后对医院院长、涉事医生、卫生局、病人白文海以及首先曝光此事的陕西广播电视台负责人、记者等相关对象进行了有针对性的采访。24日,记者的稿件《"手术室自拍"引发风波后——来自病人、医生的声音》刊登出来,从政府部门到涉事医院,以及医生、病人都对稿件很赞赏,不是因为替他们说话,而是说了客观公正的话。

特将这篇报道摘录如下,以供大家学习参考,请看报道——

"手术室自拍"引发风波后——来自病人医生的声音

本报记者 王乐文 方敏

郑晓菊医生这几天有些疲惫。"我一年要做大概一二百例大手术。有时候一天就好几例。"她是陕西省西安市凤城医院手足显微外科主任,因为两天前媒体曝出的"医生手术台前自拍"一事而心力交瘁。

病人:我知道医生手术后拍照

7月24日下午,家住铜川市耀州区小丘镇凉泉村的白文海跌伤了腿。因为伤情严重,有

① 央视国际《新闻调查》网上简介,2003 - 07 - 04.

的医院推托,有的说要截肢。无奈之下,家属晚上把白文海送到凤城医院。

郑晓菊与另外几个医生立刻进行了手术。手术从晚上11点一直持续到早上7点。

12月23日下午,记者电话采访了白文海。他如今已经恢复,回忆当时情景,他告诉记者:"我在手术台上,还是躺着的。医生则是站着工作,很辛苦。"

8月15日,白文海又进行了第二次手术。从早上10点一直到下午5点,手术很成功。自拍也就发生在这个时候。

"我们成功避免了病人截肢,手术后的外形也处理得很漂亮。所有医生都很高兴,就像赢得了一场艰苦的战斗一样。"主刀的郑晓菊松下一口气,脱下口罩,准备离开手术室歇一歇。此时她已经连续工作了7个多小时。

不仅手术成功,这个手术室明天也要搬迁,要不拍张照留念一下?有同事提议。

"我在这手术室一站就站了9年,哪能没感情?"郑晓菊和医生们拍了几张留念照。

"医生们拍照我知道,也同意了。"白文海对网络不太懂,只是很疑惑:"医生辛苦那么久保住了我的腿,想不通为啥大家要批评他们。"

媒体未经核实即报道,引发舆论风波

8月16日,有医生在微信圈里写了"值得永远记忆的一场手术"的文章以资纪念。而就是因为文章所配的照片,引发了这场舆论风波。

12月20日上午,一位参与拍照的医护人员的同学将此照片下载后上传到微博,并配上了评论:"作为一名医护人员我想说难怪医患关系这么紧张,手术同时你们在做什么?"

12月20日晚6点20分,陕西广播电视台"都市快报"栏目官方微博根据该网友爆料,配上图片,发表了针对此事的"一说为快"的微博。9点49分,"都市快报"栏目又用2分钟的时间在电视上对此事进行了报道。从2分钟的新闻视频中可以看到,该栏目并没有对涉事医院和医生进行采访核实。对此,记者联系到陕西广播电视台都市青春频道总监筹军,他回应称,他们的报道有自己的审核机制,如今网络上对此事的很多评论都不太理智,对报道一事不愿意再做回应。

到了21日,微博转发加上电视媒体的报道,该事件迅速成为各大新闻网站的头条。有媒体客户端单条评论量达到100万以上。

面对舆论压力,医院选择从重处罚

12月21日,西安市卫生局注意到此事后,立即展开了排查。22点,西安市卫生局对外发布"关于'医生手术台自拍'调查情况的通报"。"我们进行了多次会商,从快且审慎地进行了处理。"西安市卫生局组织处处长孟祥东说,根据《中华人民共和国执业医师法》《医疗机构管理条例》等相关法律法规,西安市卫生局决定对西安凤城医院手术室自拍事件在西安市卫生系统予以通报批评,同时给予西安凤城医院扣4分的行政处罚。

"医护人员在手术室摘掉口罩确实不妥。"凤城医院副院长李建荣说,"不过这一行为也被媒体和网友放大了。媒体的报道和热议,给予了医院很大的压力。为了尽快消除负面影响,也从进一步严格要求医生的角度出发,我们在处理时选择了从重处罚。"根据医院决定,除了所有涉事医生接受相应处罚外,一位分管副院长也被免职。

采访中,一位医生向记者表达了疑惑:"医患关系,除了医生要遵规守则外,媒体应该担当什么角色呢?前年,医院为一位整个肩胛带离断的留守儿童进行了手术,经查在儿童身上成功进行此类手术的,在国内尚属首次。我们希望有媒体报道此事,找了10多家媒体,却没人过

来。到底媒体喜欢什么样的新闻呢？应该如何报道新闻呢？"

23日，凤城医院依然忙碌，郑晓菊忙着为下一场手术做准备。

这篇新闻调查的特点就是<u>立体客观</u>，呈现出事实的方方面面，真相自然就在其中。

事后，记者分享了采访心得，值得我们反思——

我们辗转采访到了病人白文海，这一独家新闻立刻获得广泛传播，在扭转舆论上起到积极作用。对卫生局和医院是否处罚过重等网友广泛关注的问题，我们在报道中进行释疑，也取得较好效果。此事告诫我们：采访不全面，极容易一叶障目、不见森林，导致片面和偏激；采访全面，或许不一定出彩，但一定不会出错。

几张照片，为何引发一场舆论浪潮？这其中的原因也是我们关注的"第二落点"。大多数媒体均把目光投向涉事医生，前往医院一遍遍采访医生，也让医生崩溃不已。我们则跳出事件的这一局部，努力了解此事演变至此的来龙去脉，最后指出"做新闻报道，媒体应该心存善意"。①

三、新闻调查的采写技巧

新闻调查的采访写作有没有一些技巧可言？应该说，这类新闻的采写技巧是建立在记者丰富的新闻实践基础上的经验之谈，有一定的可借鉴之处。

1. 必须有质疑事实的精神

像央视《新闻调查》栏目的记者一样，记者搞调查性新闻采写，必须要有怀疑一切的介入态度和打破砂锅问到底的工作作风。

一般说来，新闻调查常常是一种以展示记者调查行为为主的新闻报道，它和以事件为主的新闻报道有所不同，重在调查的过程以及调查的结果。而在对这一新闻调查的起始、中间，记者本人的表现就变得尤为重要，对记者的要求首当其冲的就是，记者本身对这一新闻的质疑精神。换句话说，记者的质疑精神，就是严格的明确的调查意识和问题意识。

对于进行新闻调查采写的记者来说，从掌握这一采访的线索开始，就应对自己说，我不相信任何人说的，任何材料上写的，以及目前的结论是什么，我要做的唯一一件事就是"怀疑一切"，要用自己的眼睛来观察来取证，来进行缜密的调查，让事实说话，让受众从我的采访调查的过程中看到事实的真相。

因此，这样的采写才有可能还事实一个本来的面目。

记者质疑这一新闻调查中的所有人物和事件，先认为它们有可能都有问题，都不能偏信。这并不是从主观出发，而是为了更好地开展客观调查。用《新闻调查》节目记者的话来说，"质疑是我们的生存方式②。"

为什么？

因为记者这一职业的身份特征，记者是代替不能出面的广大的受众来调查了解事情真相的，任何一方的成见和结论，都不能左右记者拨开云雾，探究事实的眼睛。这样一来，记者开始

---

① 方敏. "第二落点"如何出彩——"西安医生手术室自拍"采写有感. 人民日报社业务研讨, 2014.
② 央视国际《新闻调查》网上简介, 2003-07-04.

用质疑的态度来看待被调查的事件或人物,运用多方面的消息源来一一查证,记者调查的过程在受众看来,就更为真实可信,报道的权威性更大,可信度更强。

2.作到报道平衡

①什么叫报道平衡? 梅尔文·门彻的《新闻报道与写作》里是这样定义的:尽可能给每一方,尤其是受到指证的一方说话的机会。①

说白了就是记者面前,只有被调查者这一相同的身份,没有尊卑贵贱之别。在采访中,记者要让事件中的冲突双方和不同的利益集团都有同等的发言机会。

作为调查性新闻事件或人物采写中的记者,应该不偏不向,上下左右高低之说都归于两个字:平等。就是平等地对待每一个被调查的对象,争取在采访时间和最后文字的形成,或图像的制作上公平对待,要一碗水端平,既要让甲方说话,也要让乙方发言。同时,也有丙丁或者更多意见的输出。这要求记者在采访中,注意收集全面的信息,不疏忽事件中的任何一方面的人物,不挂漏任何一条不同的意见或看法,采访的人物方方面面争取都采访到。

当然,也并不是摊子铺得越大越好,而是在采写中照顾到方方面面的线索,让被调查事件或人物所涉及的各方都有发言权,而且是平等的发言。

林白曾经在北京电台的"人生热线"做主持人。有一天做节目讨论胡万林,结果胡万林本人恰好也在北京,也在热线里打进电话,发表了自己的看法。有位老听众马上打来热线电话指责主持人说,"他是个骗子,你怎么可以让他宣扬他的观点?"林白说得好,"如果我们今天不给一个骗子说话的机会,将来如果有一天我们受到冤屈,也许就无法为自己申辩。②"

②给新闻调查事件或人物方方面面说话的权利,这就是报道平衡的一个表现。

原中央电视台《新闻调查》节目记者柴静这样认为,"平衡不是天平的正中央,因为黑和白不是等同的重量,它们当中有各种灰色地带。而一个记者最大的失衡危险可能来自于他的感情。③"

③记者在进行新闻调查采写时,切忌感情用事,无论被调查的新闻是褒还是贬,记者不能先用自身的情感来判断事实的真假,或定下进行调查的调子。

要记住,记者自己的价值判断和情感取向只是自己的,当记者成为记者时,自己的感情和价值判断应迅速地退化,由职业的角度出发,一是一,二是二,即使调查的的过程或结果正好与自己的感情取向相反,也要严格遵守客观报道的原则,不作媒体审判,记者审判。

3.严格遵守用事实说话原则

在进行新闻调查采写时,记者调查的行动,读者是看得见摸得着的,因此,要特别注意交代调查的时间、地点、被访对象,包括他(她)的年龄、身份、与调查事件或人物之间的关系、他们的态度等,也就是一定要有明确权威、立体全面的消息源。

新闻界有一句话,是这样说的,即便你听到对方非常肯定地说"我爱妈妈",也不能完全相信他,记者要亲自采访到对方爱妈妈的事实。用事实说话是每个记者每次采写的原则,尤其在调查性新闻的采写中,记者更应该严格按照这个原则采访。

---

①　梅尔文·门彻.新闻报道与写作[M].北京:新华出版社,1995:46.
②　柴静.调查性报道中的平衡技巧[Z/OL].央视国际,2005－04－25.
③　柴静.调查性报道中的平衡技巧[Z/OL].央视国际,2005－04－25.

记者的采写必须是实打实的，所涉及的人物，均是有头有脚有名有姓的真实的人，让读者看完报道后不产生模糊感，不产生不信任感。读者看到的是记者如何通过各种各样的手段，进入事实本身，一步步地，有名有姓有根据地，在获取事实真相。这只是用事实说话的一个方面，另外一个方面是，记者在整个采写的过程中，自己的态度是中立的，"记者的舌头是缩在后面的"①，就是不发表自己的个人意见，不表达自己的爱憎情感，不自己妄加议论并作出结论，也不进行价值观的判断，等等。

这样以来，记者尽可能地作到了客观公正地报道事或人，客观公正地调查事或人，受众自然能从其中得到自己的答案。

正如日本学者武市英雄所说，新闻调查"不靠虚张声势吓人，它的威力始终建立在扎扎实实、深入细致地调查研究上②。"

细致入微、扎实准确的调查采写就是用事实说话。当然，用事实说话并不排斥记者采用悬念的手法来进行写作。

在写作中，记者可以根据调查的线索和进展情况，设计事件中的悬念，展开希区克克式的悬念调查，每一次调查行为都是通过悬念的提出、悬念的求证、悬念的解决来完成的。悬念的开始是调查的开始，悬念的结束也是调查的结束。有时，记者采访的结束并不是悬念的结束，反而更加增添了受众对此事件或人物的关注，期待着记者更深入的采访，这也是记者后续报道的好悬念。

4.牢记一个词：核实

美国新闻学鼻祖普利策讲过这样一段话："如果你去纽约向我手下的任何一个人，索取我给他们下达的批示和写给他们的信件，你会发现我对他们首要的、最紧迫的、最经常的要求是准确、准确、再准确③。"

他还讲过这样一句话："一个新闻工作者可能犯下的最大的罪行是不准确④。"

准确首先是准确地报道事实，对新闻事实负责，一就是一，二就是二，黑白不能颠倒，不可按照记者的主观想象和一己之见妄下结论。在调查性新闻的采访过程中，更要严格准确地报道事实，在采访过程中，记者要不断地核实，核实，再核实，才能确保自己采访的准确无误，确保事情的客观公正。

具体到每一个写作上，记者要作的便是对每一个人所说的话，所作的事，每一个数字，每一个情节等进行核实，光听对方说不够，必须找到能支撑它是真实情况的其他方面的例证。在采访过程中，尽可能地采用立体三角采访法，即对事情的正方、反方、中间方都进行详细的采访。对事件性新闻的报道而言，采写时间不怕长，不怕细，最怕不真不实，没有证据。在这样的采写中，记者就是收集材料的调查员和核查员，要作笔记，作录音，作详细的有第三方在场的证明，努力还事实一个可靠的真实。

有时候，进行调查性新闻采访时，常常会遇到的一个难题是，对方拒绝接受记者的采访。这时候，记者也有方法，要把对方拒绝的态度和方法及过程，真实呈现出来，这种呈现本身就是

---

① 杜荣进.中外新闻采写借鉴集成[M].杭州:浙江教育出版社,1990:82.
② 武市英雄.日美新闻史话[M].冈山:福武书店,1984:187.
③ 杜荣进.中外新闻采写借鉴集成[M].杭州:浙江教育出版社,1990:12.
④ 杜荣进.中外新闻采写借鉴集成[M].杭州:浙江教育出版社,1990:12.

一个很好的采访,也让这些拒绝采访的人的观点自然流露。

这时,记者的采写能力,就体现在把这样的一种拒绝真实地再现出来,同时,再通过各种努力,找到突破口。

2004年1月,中央电视台《新闻调查》栏目,播出了反映农民工讨薪问题的节目《张润栓的年关》。主要情况是一笔200万的款项8年不还,涉及原公司、改制后的公司、交通局和法院。

记者一家家问下来,反复核实,筛选出最关键的一个问题,就是本案法院早做出了判决,但一直没有强制执行。记者马上进行了采访,在法院找到了法官,法官说必须经过新闻中心的同意。等记者在新闻中心的门口等候到新闻中心的主任时,对方告诉记者法官出差了,婉转地回绝了记者的采访。

"可是他一个小时前还在,我们见了面。"

"执行就是这样。说走就要走。"

"张的案子8年都没执行,这个这么急吗?"

对方掉头就走。

记者紧追不放,镜头一直跟着新闻中心的主任,问道:"那么你们能不能安排其他负责人接受采访?"

他用手挡镜头。

"你们这是干什么?"

"我们是有诚意的,我们希望听到法院的声音。"

记者跟在他身后。

他头也不回,穿过一家干洗店,消失了。

记者继续对法院院长电话采访,"我们希望能够采访相关的人。"

院长听到这儿,挂断电话。

于是记者继续寻找知情的人。就在记者离开法院去机场的路上,有一位法院的工作人员愿意出来接受访问。对方以真实身份出镜,证明他曾亲眼见到有关领导的批示,要求将已强制执行的款项返还交通局。

这样的采写是立体的,是一道道核实下来的自然而真实的情况再现。记者在调查性新闻采访中会遇到很多类似的情景,切忌打退堂鼓,碰到拦路虎就停滞不前,要学会把这一过程再现出来,这也是一种核实报道的手法,是一种事实的婉转表达。

从上述这个案件的采写中,我们既看到了记者的质疑精神,也看到了报道平衡,看到记者在采访过程中,作到了客观公正,不轻易随意下结论,而是用事实说话,结论由读者自己得出,让读者看到记者一步一步地进行每个线索的核实,每个细节的核实。这期节目的采访无疑是成功的。

其实,任何一次采访都是灵活机动的,记者不能墨守成规。但没有规矩也不成方圆。前车之鉴,后车之师。他人的采写经历以及在众多采访实践中摸索出来的一定经验,是每一位后来者的宝贵财富。

本书认为,追根溯源,调查类新闻的采写之道,完全可以归纳为:质疑+平衡+事实说话+核实。

2012年,《人民日报》安徽分社记者钱伟,获得了一条关于安徽阜南县渔民期盼上岸的线索。记者和过去做的任何一篇调查性新闻采访一样,到现场去!

记者来到阜南县王家坝时正是晚上,沿着坑坑洼洼的淮河岸,摸到了渔民郭素珍、刘强付等几户渔民的家。虽然一些跑船的渔民收入不错,但大部分渔民境况与郭素珍一家相似。渔民们大多文化水平不高,都同样表达了一个朴素的愿望,想上岸,有个住的地方就行。

记者开始进行多方调查,先采访了王家坝镇党委书记了解全镇渔民情况,像郭素珍这样的渔民全镇有 300 多人,已经进行了渔民登记入户,但乡镇一级政府对要求宅基地、土地、廉租房问题完全无能为力。记者马上求证阜南县宣传部,发现县宣传部给出的答案与在镇党委了解的一样。

到底谁能给出渔民上岸安家的答案?

记者一级级往上调查采访到安徽省农委,找到省农委渔业局局长,得知渔民上岸安居工程的具体政策正在规划当中,出台时间不会太久。

2013 年 1 月 27 日,《人民日报》头版刊发消息《300 多漂泊渔民盼上岸》,同日第九版"新农村"整版刊发报道《300 多漂泊渔民何时能上岸?》并配评论。

特将记者的调查新闻摘录如下,供大家学习参考。

请看报道——

没地、没房、没保障,安徽阜阳市阜南县王家坝镇 300 多漂泊渔民盼上岸
有关部门表示,渔民上岸安居工程具体政策正规划中

本报合肥 1 月 26 日电(记者钱伟)淮河水上生活着一群渔民:破旧的电视机,一天十来斤鱼,孩子身上绑着的泡沫葫芦和绳索……这些构成了他们生活的全部。相比岸上农户"种粮有补贴、卖粮有保护价、有社会保障和养老保险",内河边渔民生活艰难。

1 月 22 日上午,记者来到安徽阜阳市阜南县王家坝镇的一个渡口,老渔民郭素珍引记者走上船,破旧的木板房里,除了一张床、几把凳子、一台老式电视机,几乎再没有别的家具。64 岁的郭素珍说,自己从记事开始就一直生活在船上,"现在最想的就是能到岸上安家,做梦都想。"

随着每日打鱼数量的减少,郭素珍一家十几天都吃不上一顿肉,更让一家人着急的是孩子的教育问题,因为户口没落上,6 岁的孩子至今一天学也没上。

"岸上没有房子,没有地,想去也没法生活。"

王家坝镇党委书记乔印生坦言,过去对于渔民关注得相对较少。初步统计,镇里这个群体目前大概有 300 多人,已有 217 人以非农业集体户的形式登记入户,统一登记在王家坝渔业队。"渔民登记入户之后,就开始要求宅基地、土地、廉租房,这些问题乡镇一级完全无能为力。"乔印生告诉记者,"渔民不符合廉租房条件,而现有土地也已经分田到户,按规定不能变化,也调整不出土地再供给渔民。"

对此,安徽省农委渔业局局长刘国友表示,目前渔民上岸安居工程的具体政策正在规划当中,出台时间不会太久。"安徽省铜陵市、芜湖市已经早走一步,由地方政府专门规划用地建设住房,渔民以优惠价格购买,政府还会给予补贴。"(2013 年 01 月 27 日第 1 版)

(相关报道见第九版)

没地、没房、没保障,安徽阜阳市阜南县王家坝镇 300 多漂泊渔民何时能上岸?

(2013 年 01 月 27 日《人民日报》第九版)

渔民刘强付一家子水上的"家"。本报记者 钱 伟摄

怕孩子掉到河里,钱红饶 4 岁的女儿只能绑在门上。本报记者 钱 伟摄

孤独:王家坝沿淮一带渔民少有人了解
船上几乎没有外人来,与岸上住户也从没有说过话

1 月 22 日上午,记者沿合淮阜高速再转颠簸破烂的公路,经过 4 个多小时的车程,终于来到了位于安徽阜阳市阜南县的王家坝镇。

提到王家坝,很多人并不陌生,为了淮河行洪,蒙洼地区许多人放弃了家园,王家坝精神至今仍感动着无数人。

然而,说到王家坝沿淮一带的渔民,却很少有人知道。

记者来到镇上的供电所,从负责人到办事的群众,没有人听说过这里有渔民,甚至许多群

钱红饶打鱼归来,收获少得可怜。本报记者 钱 伟摄

众还反问,"这河边上哪会有渔民生活呢?"

随后,记者又沿着淮河岸问了多户人家,同样没人知道这里有渔民活动。最后,经过一番摸索,记者终于发现了一个渡口,只见渡口边稀稀落落停着三四条船。

"老乡,这船是渔船吗?"记者问渡口边的一位老大爷。

"不知道啊,就经常看他们停在那里,也不知道是干啥的。"老大爷回答。

记者慢慢走近船只,船上很快传来阵阵狗叫声,一位老妇人走到船头。

"大娘,您这是渔船吗?"

"是啊,你是干啥的?"

"我是记者,想上船跟您聊聊天。"

老人没有再多问,就划着小船来到岸边,把记者接上了船。老人叫郭素珍,她说儿女出去打鱼,自己整天待在船上,就盼着能有个说话的人。听到有人来,根本没多想。

记者发现,这是两艘普通的水泥船,四周停着6条小船,小船上放着粘网等打鱼工具。

郭素珍引记者走进房间,破旧的木板房里,除了一张床、几把凳子、一台老式电视机,几乎再没有别的家具。而另一条船的厨房里,则只有一个灶台,小凳子上放着老人吃剩的咸菜。

"除了小儿子和儿媳妇,船上几乎没有外人来,岸上的住户也从来没有说过话。"郭素珍告诉记者,她的生活就在这两条船上,偶尔到镇上买点吃的,再也没有别的社交活动。

"到镇上或者县里部门办过啥事吗?见过镇上和县里的领导吗?"

"没有。没有去过,他们也没有来过。"

艰辛:渔民生活怎一个苦字了得

孩子6岁了,还没上过一天学。想吃肉,十几天吃不上一顿

记者拉把凳子坐下,老人的孙子立即扑到老人怀里,咿咿呀呀说些什么。

"小孙子多大了?"

"6岁了。"老人看到了记者惊讶的神情,解释道,"这孩子6岁了,还说不清楚话,主要就是没人教,见的人也少,到现在还没上过一天学。"

"为啥没上学?"

"孩子的户口没落上,岸上的学校不接收。"老人无奈地摇摇头,一脸怜惜地看着孙子。

记者看到,孩子的身上背着一个个圆形泡沫穿起的网兜,老人说,"船上的孩子太容易掉到河里,这叫'泡沫葫芦',像救生衣一样,能保命,小孙子已经掉了两回了,差点就没命。"

老人的孙女还在床上睡觉,腰上一根红色的带子直接绑在门框上。"这些年船上的人家都重视了,有人照看小孩,过去淹死的不在少数。"老人说着,倒杯水放在记者面前的凳子上,"咱吃的都是这浑浊的淮河水,用明矾放过,水就清一些,将就着喝。"

"您在船上待了多少年啦?"

"一辈子了,我今年64岁,从记事起就在船上生活。岸上没有房子,没有地,想去也没法生活呀!"老人摇摇头,指着隔壁船说,"俺老伴身体不好,每天都要吃药,没钱治。"

"打鱼能赚钱吗?"

"我年轻那时候一天能打到上百斤鱼,要是现在还有那么多,就能赚钱了。现在每天只能打到10斤鱼,只够糊口,根本落不上余钱。"郭素珍正说着,听到外面有小船靠上的声音。

"儿子和媳妇打鱼回来了,估计又没啥收获。"记者走出门外,老人的儿子钱红饶和媳妇袁艳伟正在收拾渔具。

"这两年淮河没涨水,很难打到鱼了,吃饭都快成问题了。"钱红饶说。

"孩子想吃肉,十几天也吃不上一顿,每天能吃上豆腐白菜就可以了。"袁艳伟接话。

"咱家算不错了,还娶了个岸上的媳妇儿。好多船上的孩子都娶不到媳妇儿,人家不愿意来,都要有房子才行。现在基本还是船上的女娃嫁船上的男孩儿。"郭素珍说。

正说着话,老人的孙子在妈妈袁艳伟的身前跪下,喊了一句:"皇上万岁!"

"电视又看多了吧!"袁艳伟轻轻打了下儿子,"现在孩子所有的娱乐就是电视,6岁了上不了学,全家人都着急,搁岸上都该上小学了。"

"孩子叫啥名字啊?"

"钱途。"袁艳伟说着,眼神却黯淡下来。或许她在想,孩子一直上不了学,一家人盼望的"前途"又在哪里呢?

期盼:上岸给块地能盖房子就行
县领导说,"你们是渔民,家就在船上,咋要上岸住呢"

对于郭素珍一样的渔民来说,最大的愿望是什么?

"儿子从小就问我,为啥咱不能到岸上生活?我不知道该怎么回答他。现在最想的就是能到岸上安家,做梦都想。"郭素珍站在船上,眼神痴痴地朝岸上看去。

根据郭素珍的指引,记者又走了几里路,在靠近赵郢的地方,见到了更多的船。

船上的一位老大爷听说是记者来了,连忙摆上跳板,引记者上船。"就想着能通过啥渠道反映反映咱渔民的愿望,就盼到你们记者来了。"老大爷叫刘强付,家里几辈子都是渔民。

"来到阜南县淮河边已有50多年了,后来兄弟子女嫁娶都在这边,就再也没有去过别的地方。"刘强付一边拨弄着火盆给记者已经浸湿的脚取暖,一边指着旁边的重孙说,"我家已经四代住在船上,已经不能再挤了,就瞅着能上岸去。"

刘强付是这河边不少渔民的"主心骨"，他已经多次到县里反映情况，希望政府能解决当地渔民上岸居住的问题。

"县里有领导告诉我说，你们是渔民，家就在船上，咋要上岸住呢？我不知道该回答什么。"老人似乎着急了，眼圈红了起来。

刘强付告诉记者，王家坝附近的渔民好多都已经在船上待了几十年，过去能打到鱼，还能采采砂，大家也不稀罕上岸。可现在鱼少了，砂子也不让采了，生活的问题就大了。

"我们家十几口人，要吃饭，还要修船、买油，靠打鱼根本解决不了问题。"刘强付说，"现在渔业部门每年会给几千元的柴油补贴，但在巨大的生活开支面前，根本不管事。"

记者了解到，生活在空隙地带的渔民很难享受到国家的低保、养老等优惠政策，用刘强付的话说，根本没人管，这也导致了大多渔民存在超生的情况，不少人家都有 4 个以上的孩子，不仅孩子落不了户口、上不了学，家里也越来越贫困。

"我们也没有特别高的要求，就想在岸上有块地，能种种田，盖间房子就行。"渔民说，虽然已经反映了多次，但一直都没有得到满意答复。

瓶颈：土地已分田到户，难调整出地给渔民
镇党委书记表示，对于渔民宅基地、廉租房等要求，乡镇一级完全无能为力
渔民上岸，难在哪里？

阜南县王家坝镇党委书记乔印生坦言，淮河上的渔民到处跑，所以过去对于这个群体关注得相对较少。

"初步统计，这个群体目前大概有 300 多人，他们中好多并不是当地人。"乔印生说，"上级部门接到渔民反映的情况之后，阜南县已经安排由县政法委、农委等部门协调解决渔民户口等问题。"

乔印生介绍，目前 300 多渔民已经有 217 人以非农业集体户的形式登记入户，统一登记在王家坝渔业队。而另外一些人由于不符合计划生育政策等原因，目前还在调查核实当中。

"渔民登记入户之后，就开始要求宅基地、土地、廉租房，这些问题乡镇一级完全无能为力。"乔印生告诉记者，"渔民不符合廉租房条件，而现有土地也已经分田到户，按规定不能变化，也调整不出土地再供给渔民。"

随后，记者联系了阜南县宣传部，给出的答案基本与王家坝镇一致。

那么，渔民上岸真就这么难吗？

记者从安徽省农委了解到，目前安徽省有两万多渔民，主要分布在沿江、沿淮一带。而在 2012 年 8 月，安徽省无为县农委等单位就组织对本地区困难渔民进行了调查摸底，最终核实 500 户困难渔民作为廉租房申请对象。

临别阜南时，记者拨通了安徽省农委渔业局局长刘国友的电话，他告诉记者一个好消息，目前，农业部、住建部等 5 部委已经集中对渔民上岸、转产转业等问题进行过调研，目前渔民上岸安居工程的具体政策正在规划当中，出台时间不会太久。

"目前，安徽省铜陵市、芜湖市已经早走一步，由地方政府专门规划用地建立住房，渔民以优惠价格购买，政府还会给予补贴。"刘国友说。

不久之后，钱途和他的亲人们或许可以实现这个盼了好多年的愿望，有个岸上的家，有个温暖的校园。然而，地方政府在面对此类关乎民生的难题时，除了等待政策，是否还能多些作为？

这组报道刊发当天,时任安徽省委书记张宝顺和时任省长李斌就作出了批示,要求相关部门重视报道反映的情况,进行调查摸底,省长还就如何解决问题直接在报纸上批示了步骤和措施。在随后的时间里,由安徽省政府主要领导牵头,召开了多次调度会,省主要领导多次到一线调研,集中研究解决以船为家渔民上岸居住问题。《关于抓紧开展"连家船"渔民情况摸底调查的通知》《关于解决捕捞渔民生产生活困难的意见》等系列文件陆续出台,一揽子解决渔民户籍、子女上学、医保、低保、养老、生活困难救助等实际问题,形成了"1+6"政策体系。

2014 年 12 月,时隔近两年,记者再次来到王家坝。循着旧路,找到两年前的那个渡口。两年的时间,渔民的生活在发生什么样的变化? 这次新闻报道是追踪调查。

记者再次来到安徽省阜南县王家坝,再次见到渔民郭素珍家、再次见到袁艳伟母子和其他渔民时,发现他们上岸安居,生活大为改观。到底有多少像王家坝镇渔民这样上岸安居?

记者这次扩大采访调查的范围,到沿淮、沿江、巢湖等内河渔区逐一了解,从安徽省农委到滁州市委书记、阜阳市委书记、芜湖市委书记再到安徽省委书记,把各级政府对渔民上岸安居情况弄得一清两楚。经过多方了解,记者得知在 2014 年的岁末,安徽省共有 2.2 万户以船为家渔民得以全部上岸安居。

2014 年 12 月 24 日在《人民日报》头版头条,记者的稿件《上得岸,住得好,能致富,过开心 安徽:渔民上岸日子美》见报,相关报道《安徽:漂泊渔民 上岸梦圆》仍然在第九版"新农村"刊登。

特录于下,供大家学习参考,请看报道——

上得岸,住得好,能致富,过开心　安徽:渔民上岸日子美

近日,记者再次来到安徽省阜南县王家坝,去了沿淮、沿江、巢湖等内河渔区,看到了一番令人欣喜的景象。

王家坝郭素珍家,除了马上有岸上的房子,能喝上自来水,还加入了新农合,申请了低保。可是就在一年多以前,渔民郭素珍一家还上不了岸、喝不上干净水、孩子上不了学。本报 2013 年 1 月 27 日刊登了《300 多漂泊渔民何时能上岸?》,渔民们的处境牵动了安徽省委、省政府领导的心。

一年多来,安徽省多措并举解决这些渔民的生产生活困难。安徽省委书记张宝顺、省长王学军多次到一线调研,制定规划、措施,明确要求各地将解决渔民困难作为党政"一把手工程"。滁州市对全市 4239 户渔民进行了分类安置;芜湖市无城镇 10 月交付了城南新城惠民园安置小区,333 户渔民的安置房都已装修,渔民可拎包入住;合肥市包河区烟墩街道为辖区所有困难渔民推荐工作。近两年来省财政补助 2 亿多元,各地配套经费,层层推进渔民上岸安居工程,并一揽子解决渔民的户籍、子女上学、医保等实际问题。

2014 年底,和郭素珍一起圆梦的,还有生活在长江、淮河及其流域内大型湖泊的 2.2 万户安徽渔民。这些渔民大多无房无田无养殖水面,一家几代人挤在船上,条件异常艰苦。

"渔民上岸安居,绝不是简单'离开住家船,岸上给个房'。还要留得住、过得好,真正过上甜甜美美的日子。"张宝顺曾一再感慨地说,"在保障基本生活的同时,政府应开展职业技能培训,帮助渔民就业,协调创业贷款,建设农业合作社,真正让渔民上得岸,住得好,能致富,过开心。"(本报记者 刘杰 钱伟)《人民日报》(2014 年 12 月 24 日 01 版)

安徽:漂泊渔民　上岸梦圆

12 月 8 日,再见到袁艳伟,和一年多前见到的那个人简直判若两人。如今她站在阜南县

王家坝镇保庄圩北侧的这块空地上,看到政府为渔民规划建设的安置房已经破土动工,那满脸的笑藏也藏不住。

2013年初春,记者来到她家时,她正因建不了房、上不了岸而发愁。儿子上不了学,女儿被绑在船屋门框上,两口子打不到鱼、挖不成沙,起了"钱途"名字的儿子却怎么也看不到什么"前途"。

这一切都在一年中得到了解决。

在这个岁末和袁艳伟一样圆了上岸梦的,还有安徽全省2.2万户、7万多名以船为家的渔民。

今年初,安徽省启动了渔民上岸安居工程,要让长江、淮河及其流域内渔民过上新生活。按照计划,年底前全省渔民上岸工程将基本完成。

"让以船为家渔民上岸安居,是综合解决渔民各项生产生活问题的有效途径。各级党委、政府要把这项工作作为'一把手'工程,带着感情,带着责任,真正深入渔民群体,问需问计。坚持因地制宜、尊重渔民意愿、方便生产生活,把好事办好,把实事做实。"安徽省委书记张宝顺的话掷地有声。

居者有其屋　渔民俱欢颜

沿202省道出阜南县城往王家坝镇,一年多前记者来采访时的土路,已变成宽阔的柏油路,一切都是新的,犹如王家坝渔民现在的心情。

听说既可以盖房住镇上,也可以进城住小区,一辈子以船为生的郭素珍几乎不敢相信这是真的。她经常在外做生意的儿子钱红亮、钱红兵选择到县城住廉租房,每月100元租金,今年年底就可以搬进去,满五年就可以低价买下。郭素珍左右考虑,还是舍不得待了一辈子的淮河岸,决定和小儿子钱红饶住到王家坝保庄圩新建的安置房里。

"新房70多个平方,有两个房间,政府补贴了4万多元,自己再交一两万就够了。"袁艳伟告诉记者,婆婆带孩子住一间,他们夫妻俩住另一间。

岸上无房、上不了岸,这是大多数渔民面临的最大问题。夏天酷热难耐,冬天四面透风,用电上岸求人。即将告别过去船上人家的苦,如今袁艳伟的眼神里,都是发自心底的感恩。

居者有屋,渔民欢颜。安徽把实施渔民上岸安居作为解决实际困难的首要任务,多渠道想办法,让每一户渔民都有地可落、有房可住。截至目前,全省渔民上岸安居工程已全部开工建设,半数以上渔民搬进新居。

"建新房首先要解决钱的问题,安徽坚持资金筹措方式多元化,将2.2万户渔民全部纳入国家规划,中央财政安排4亿多元,省财政补助2亿多元,辅以市县配套、银行信贷和社会捐助,加上渔民自筹,共同用于渔民上岸工程建设。"安徽省财政厅厅长罗建国介绍,目前省财政已下达了省级补助资金23161万元。

今年9月,一辈子在芜湖市鸠江区裕溪口江面上打鱼的张文生、钟翠华夫妇拿到了99平方米新房的钥匙。夫妻俩原先住的船上交政府拆解,获得10万元赔偿,而购房价格每平方米才1000元。

安徽省农委主任张华健介绍,针对一些渔民家庭贫困、拿不出钱的问题,各地也坚持特事特办,安置方式多样,不搞一刀切,对愿意进城的渔民,同步纳入各地保障性安居工程建设计划,单列指标,足额保障;新建安居住房的,采取小规模集中安置与分散安置相结合的办法,宜聚则聚、宜散则散。

"滁州市全椒县针对部分渔民拿不起安置房差价款的问题,让渔民先行入住,政府先行为渔户办理共有房屋产权证,不设时间限制,无需支付利息,待交齐房屋差价后,就更换为渔民个人房产证。"滁州市委书记李明说。

就业帮一把　致富多渠道

"我上岸了就想做点小生意,尤其是要让钱途他们从此告别渔民生活。"钱红饶现在已经很少打鱼,有时间就在附近打打零工。

问起想做啥生意,钱红饶一下脸红了,连连说没有想好。袁艳伟在一旁轻声告诉记者,他这些年摆弄发动机啥的攒了些经验,就想先开个农机维修店,不过就是缺钱。

"针对那些有技术想创业的渔民,县里镇上都会帮助协调低息贷款,开店的事情不用犯愁。如果不想打鱼了,镇上也可以推荐到县里的工业园区工作。"王家坝镇镇长余海阔的话,让忧心忡忡的钱红饶眼神明亮起来。

对于安徽2.2万户上了岸的渔民来说,老人或许可以养老安居,不少年轻人却面临着转岗、转业问题。由于长期生产、生活在船上,缺少资金、缺乏经验、文化水平低等问题依然困扰着他们。

对此,阜南县农委主任丁超告诉记者,为了服务有转岗、转业意向的渔民,阜南县将会开展新型职业农民和对口专业技术免费培训,推动渔民就业。

上岸是基础,富民是核心,如果上岸后从有业渔民变成无业居民,最终还可能会出现重新"脱鞋下水"的情况。安徽坚持把推动渔民就业、提高渔民收入作为重要目标,通过渔业内部挖潜和拓展外部增收空间,多渠道促进渔民增收。

在巢湖边的合肥市滨湖新区烟墩街道,今年52岁的杨兵打了30多年鱼,考虑到老人熟悉湿地环境,上岸后街道把他推荐到湿地养护公司工作,如今管理着40多名养护工人,当上了"领导"。

"安徽把上岸未就业渔民纳入就业帮扶范围,积极落实各项就业扶持政策,组织渔民参加就业技能培训,按规定给予培训补贴,帮助他们摆脱传统的渔业劳作方式。在有条件的地方,把渔民上岸、建设渔民新村与发展乡村旅游业、水产品加工养殖等结合起来,积极创造适合的就业岗位、创业机会。对继续从事捕捞生产的渔民,引导组建专业合作社抱团取暖。"张华健介绍。

池州市委书记陈强坦言,一刀切解决不了渔民就业。所以除了开展技术培训、介绍园区就业、发展公益岗位,池州探索出了一条"合作社"加"大市场"的新路子。

在池州,一辈子在升金湖打鱼的陈德建已经从一个普通的渔民变成了渔业大市场的股东。政府帮忙解决用地之后,渔民们集资建起了大市场,盖上了渔民新村,一下都成了股东,将市场摊位出租,也能赚钱。

"我们原来就在升金湖打鱼,现在大家伙把湖面承包下来,组成了养殖合作社。32户渔民,分成3个经营小组,湖面分段管理。"陈德建告诉记者,经营小组每年统一投放鱼苗、管理、捕捞,再拿到市场上统一销售,到了年终分红,人均能赚2万元。

保障全到位　上岸无牵挂

一年多前记者来到王家坝时,钱途因为没户口上不了学。要是上不了学,哪会有什么前途?

"因为流动性强、违反生育政策等种种原因,咱船上的孩子大多没有户口。现在政府体谅渔民,都给咱在镇上办了户口了,钱途明年就读一年级啦。"袁艳伟说,"等拿到房子,户口就正式落上去"。

虽然到任时间不长,但余海阔已经跑了淮河岸边众多渔船。正因为亲身感受到渔民的需要,他亲自为119户渔民中无户籍的办妥了户口。

"过去在船上,生活就靠捕鱼和燃油补贴。现在镇上给咱办了医保,还在帮忙申请低保,就算没有鱼打,咱也不愁生计了。"郭素珍说了许多声谢谢。

"生活保障是服务渔民的'最后一公里',阜阳将其纳入第二批教育实践活动立行立改的问题清单,真正把好事办实、实事办好。"阜阳市委书记于勇说。

2013年以来,安徽连续出台《关于解决捕捞渔民生产生活困难的意见》等近10个文件,除了上岸居住,还要求一揽子解决以船为家渔民户籍、子女上学、医保低保、养老、生活困难救助等实际问题,确保工作规范化、制度化、长效化。

"安徽坚持兜底线、保基本、促公平、可持续的原则,从渔民实际出发,结合正在实施的33项民生工程,系统解决渔民基础教育、公共卫生、社会保障均等化等现实问题,确保渔民上得了岸、生活得好。"张华健说。

安徽芜湖将渔民家庭纳入城市低收入家庭专项救助范围,实行应保尽保,最大可能解决他们的生活困难。全市4052名渔民中,2384人参加养老保险,1458人参加职工基本医疗,2033人参加新农合,905人享受政府提供的低保。同时,将上岸安居的渔民就近纳入相关乡镇(街道)、村(社区)管理,确保不留空白点,使渔民享受市民同等待遇。

记者发现,渔民群体过去相对闭塞,大多在小圈子交往,甚至婚姻也大多在渔民内部,上岸后如何融入新生活,是一个新的问题。享受同等市民待遇,推动身份认同,也是让他们找到归属感的重要一步。

"芜湖市要求社区干部多走访,多接触,多关心,多组织文化娱乐活动,帮助渔民群体融入新生活。"芜湖市委书记高登榜说。

"小区有健身器材,还建了社区卫生所,生活方便多了。"钟翠华笑着说。(本报记者 刘 杰 钱 伟)《人民日报》(2014年12月24日09版)

四、新闻调查写作的注意事项

新闻调查是建立在扎实、牢固、真实、全面的采访上的,记者可以选用任何他觉得可以把调查此新闻事件的过程和所见、所闻表现出来的方式来写作,没有一定的写作模式。

一般情况下,新闻调查写作应注意有以下六点:

①叙事清楚,把事件来龙去脉写明白。

②抓取新闻事件中的中心人物,讲故事。

③抓现场,有一定的现场描述,报道写得有现场感。

④有直接引语或间接引语的运用。

⑤交代一定的背景材料。

⑥创新表达方式。

第二节 采访札记

一、定 义

采访札记是记者进行新闻事件或新闻人物报道后，言犹未尽的一种补充报道方法，也可说是记者采写任务的副产品。

采访札记既可与新闻事件或是新闻人物专访配合发表，也可单独发表。

札，原指我国古代写字用的小而薄的木片，札记原是指人们读书时信手摘记的要点与心得体会。采访札记就是一记者采写的心得体会和某些要点的融合。也可称为采访笔记、采访日记、采访手记、采访杂感、采访随感、采访见闻，等等。采访札记既可反映问题，也可呈现一种思考，既可补充相关报道事实，又可介绍风土人情、知识情趣，既可客观表达新闻事件原貌，又可加上记者本人的抒情议论，形式灵活，因人而异。

二、采访札记的写作要求

一般说来，记者的采访札记的写作要求有以下七点：

①记者采写过程有感而发而记，有一定的主观色彩。

②篇幅有长有短，形式多种多样，没有固定限制。

③常抓取新闻采访过程中记者最留下深刻印象的人或事件。

④有一定的现场感。

⑤有故事、细节和精彩的原话。

⑥交代一定的背景材料。

⑦常以第一人称"我"的口吻出现。

不同的记者采访同一个新闻，所写札记各有不同，采访札记好看就在此处。

2006年10月天津电视台都市频道热点新闻《都市报道60分》记者在完成纪念长征70周年的报道后，三路记者各自写了一篇采访札记，发表在总标题《循着长征的足迹——〈都市报道60分〉记者纪念长征70周年采访札记》之下。

请看报道——

循着长征的足迹
——《都市报道60分》记者纪念长征70周年采访札记

1936年10月，中国工农红军在陕西省吴起镇实现了主力红军的会师，谱写了中国革命史的一大壮举。70年后，天津电视台都市频道的新闻人，在金秋十月循着先辈们的足迹，去探访那段峥嵘岁月的征途故事。三路记者分别赶赴红军长征出发地江西省于都县，遵义会议的会址贵州省遵义市和长征最终胜利会师的地点陕西省吴起镇。在走访长征亲历者，采录长征故事的过程中，发生了许多台前幕后的故事。

差点露宿机场

江西省于都县，是中央红军长征的出发地，按照计划，我和张玉斌将在那里展开工作，由于于都没有机场和火车站，他们只能在距离于都二百多公里以外的井冈山机场落地，在出发前虽然和江西方面进行了联系，但因为时间紧急，还没有得到回音我们就火速登机了，手机关闭，音信全无。经过近 3 个小时的飞行，抵达井冈山机场已经是晚间 8 点半了。出了机场才发现，由于井冈山机场每天仅有一架航班落地，所以并不像天津机场这样有出租车或大巴通往临近的县城。机场之外，一片旷野，看着其他的乘客或被旅行社的大巴接走，或踏上亲友、单位的轿车款款而去，我俩相对苦笑，已经做好了露宿机场的充分准备，恰逢当地正下中雨，气候潮湿、厅内闷热，两人初尝艰辛。没想到过了半个多小时，机场大厅仅剩两人，却见一辆黑色轿车疾驶而至，车上下来一人，看到我们的摄像机就急急走来，用浓重的方言问到，"您二位是天津电视台的记者么？我们领导让我来接你们。"当时的感觉真是令人动容，大有遇到同志、胜利会师之感。

握手寒暄之后，方知道江西方面先联系赣州市再联系机场附近最近的县政府去接待我们，但当地的司机记错了时间，这样一来就差点误了事，以至于险些让我们露宿机场。

三请老红军

在参加长征的 8.6 万多名红军将士中，有 1.6 万人来自于都，而今天，这 1.6 万人中，仅有两位依然健在，安居在家乡于都。其中一位 98 岁的老红军已经基本不能言语了，另一位钟明老人相对"年轻"，也已 92 岁高龄。因为于都作为长征出发地的地位特殊，成为全国媒体争相报道的热点，参加过长征的老红军钟明老人作为长征的亲历者则成为各媒体希望报道的重要采访对象，老人刚开始的时候还很积极地接受采访，只是在后期，家人担心老人回忆往事过度伤心、影响健康，就婉拒了不少媒体的采访要求。我们也遭遇了闭门羹。但千里迢迢来到江西，能够采访历史事件的亲历者的确是最迫切的愿望，记者再次登门，老人的家属表示理解，还拿出一些历史资料送给记者，但二次拒绝了记者的请求。

无奈之下，记者乘车准备离开老人定居的乡镇，没想到和司机的攀谈之间，竟然使事情出现转机。

为我们开车的司机老谢，他的伯父也是一名于都籍的老红军，当年和钟明老人一起出生入死，他本人也和钟老情同父子，看到我们的记者如此为难，热心的老谢极为爽快，当即调转车头，决定帮助我们去完成这次采访。

有了至交引荐，事情果然顺利，在确定老人的健康状况、限定了采访时间之后，我们顺利地展开采访，这才有了后来的新闻消息中，老人对红军出发时的深情回忆。（《都市报道 60 分》记者马超）

充满转折的遵义

这次《纪念长征 70 周年》大型采访报道活动，我和牛海疆被分到了贵州，进行遵义会议的采访报道。临行前，无论是领导还是我个人，都觉得和其他两路——长征起点江西于都和胜利会师地陕西吴起镇——相比是最轻松的一路。因为遵义已经是一个发展比较成熟的旅游城市，交通便利，而且还有建设完善的遵义会议纪念馆，所以我从心理上对困难的准备几乎等于零，甚至心里还窃喜，顺利的话可以利用这次机会在贵州玩玩——黄果树大瀑布、苗寨……然而，事实上，这次贵州之旅充满了意想不到的艰难曲折，对我的身心和意志品质形成前所未有的挑战。

就像长征一样，从出发我们就不顺。首都机场硕大的电子显示屏上"航班延误"的字眼格外显眼，我和牛海疆仔细确认了十几遍，终于不得不承认是我们的航班出了问题——本来应该中午12点出发的飞机延迟到了晚上10点,这无疑给从天津风尘仆仆赶来北京的我们当头一棒。机场里面除了餐厅啥都没有,我们这么多行李也不可能到外面游玩一番,唯一的选择就是"坐"等。这一坐就是10个小时啊——我开始了自大学毕业以来连续最长时间的一次看书,从白天盼到了黑天再到深夜,到起身登机的时候,我几乎都站不起来了。

飞机到达贵阳机场的时候,已经是凌晨1点多钟了,等我们到市区找到住的地方安顿下来已经是凌晨3点。本来我已经困得眼睛都睁不开了,却被褥子里面的蟑螂吓得满处乱跳,我恨他把我们拉到这么个鬼地方!!

那个晚上可想而知是怎么过来的,早晨9点多我们黑着眼圈拖着疲惫的身子离开,没吃早饭就去找长途车。本来贵阳到遵义3个小时,居然碰上修路断交!车子只能走极为崎岖的山路,因为没吃饭,一路上颠得我们都快吐酸水了,还堵车,直到下午2点我们才眼冒金星的看到遵义城。拍摄时间只剩下当天下午和转天上午了,可我们连拍摄地都还没到,天啊!也不知道哪里来的一股劲儿,我们下了长途车没有安顿没有吃饭就直奔遵义会馆。

如果说,达到遵义会馆后,我们这次"长征"采访的身体考验算是告一段落,那么更大的崩溃型的心理考验才刚刚开始。来到办公室,工作人员介绍我们联系的冯主任就跟我们是"透明"的一样在那自顾自的煲"电话粥",老半天才瞟了一眼我们,我给她看了一下工作证,恭恭敬敬的说明采访意图,没想到他把工作证一扔,毫不客气的说:"长征70周年全国的媒体都来了,我们招待得过来么!你们又没公函,又没采访证,要想拍你就给市委宣传部打电话,他们同意才行!"根本就没有任何回旋余地,我的心凉了,这么老远来,一个会馆的关得过不了,市委那里就更没希望了,关键是除了一副真诚的表情外,我没有任何东西能够证明我确实是来报道的。我一边给台里打求救电话,一边做好了最坏的打算——只在门口外出个镜,然后打道回府,可我又是那么的不甘心!十几分钟后,领导给了我多方打听得来的贵州省电视台新闻部副主任的电话,并指引我先去遵义市电视台寻求帮助。直到下午5点,遵义会馆终于答应可以拍摄,采访也可以安排,这个时候我才长长的舒了一口气,才感到胃已经抗议很久了。

本来我以为从昨天晚上我们就转运了,哪知道是假象!清早,我和摄像精神抖擞的去了会馆,没想到昨天说的好好的办公室主任连面都没露,幸亏我有他的电话,他竟然告诉我他出差去了,拍摄还有采访的事情还得我们自己搞定!我们只剩下一个上午的时间了,在遵义我是两眼一抹黑,我自己往哪里去找党史专家和老红军啊!想起来临行前自己美好的想法,领导的重托,这一路的艰辛,我的心都碎了。

拼了!没到最后上车我决不放弃!虽然我并不知道不放弃又能怎样,但当时我心里真就是这样给自己鼓劲儿的!也许正是这种力量让真正的曙光重现!拍摄的时候,我对身边的一个旅游团有种特殊的感觉,我觉得他们气质不凡,不像普通百姓,趁着拍工作照的机会我让其中一个人给我们照,顺便攀谈了一下。原来他们是黑龙江省委代表团,当我说拍摄遵义会议时,他们用手一指,说:"那就找他啊!他是遵义市党史研究室主任!这儿他最有权威了!"啊!踏破铁鞋无觅处啊!没想到会有这种偶遇!我真像看到亲人一样握住张黔生主任的手,有位同志开玩笑的说:"别激动,1分钟500块!"张主任笑着说:"相识就是一种缘分嘛!你们来也是宣传我们遵义的,我们还要谢谢你们呢。"

这是采访的真正转折点。胜利让我更有信心搞定老红军的采访。没有联系方式,我就查114。查号台的工作人员真没让我失望,给了我老红军王道金的电话,真没想到114还有个人的电话。电话那头老而温厚的声音让我感动不已,这个时候我想起了赵建瓴副总监给我发来的短信:办法总比困难多! 靠天靠地不如靠自己!

星期六,我们安心得踏上了返津的旅途。对于我来说,也许这次采访之旅比真正的长征要轻松的多,但却让我切身的感受到了很多长征路上所必需的品质:坚定信心,排除万难,吃苦耐劳,永不放弃! 想起没去成黄果树大瀑布,我会心一笑,以后还有机会吧,这次已经让我收获了很多很多。(《都市报道60分》记者谌永坤)

与老红军回忆长征

由于事先安排比较紧,到达吴起之前,我对要去采访什么、要去采访谁一无所知,下午4点多,长途汽车终于到达了陕西省吴起县。为了争取拍摄资源,经过走访了解当地情况,我迅速确定了几个重点拍摄地点和拍摄人物。住在吴起县刘河湾的张增福老人当年曾见过红军抵达吴起时的情景,现在老人退休在家,为了不打扰老人的生活,我特意赶在早上赶到了张增福的家,今年83岁的张增福老人一提起当年红军抵达时的场面,激动得热泪盈眶,盘起双腿就和我聊了起来:红军娃娃穿的什么衣服、带着什么东西、一路走来时的艰苦场面,虽然70年过去了,但老人说起长征胜利会师还历历在目。受长征胜利的鼓舞,张增福老人于1937年毅然加入了抗日的队伍,成为了一名八路军,并多次立下战功。在采访过程中,老人还向记者展示了老人一生中最为珍贵的一枚勋章:这枚勋章正是纪念长征胜利60周年时,陕西省延安市政府颁发给老人的。老人对我说,当年自己还是个12岁的小娃娃,但红军战士当年也是差不多大的娃娃,正是他们身上不畏艰险、勇往直前的精神在他心底烙下了不灭的印记,并指引了他一生的革命和工作。

与张增福老人道别后,我感到深深的怅然,这种感觉一部分来自对老人的不舍,一部分来自自己还不能真切感受到红军长征的艰辛与胜利会师后的喜悦。于是,我又向当地人打听到了一位居住在吴起县白石村的马有印老人,当年他不仅帮红军送过信,还见到了毛泽东同志! 马有印老人今年87岁,当年是个热心革命的少年,红军抵达吴起时,他自愿当起了联络员。一天,马有印正在山上巡逻,一个个子高高大大的红军向他询问当地的地形和联络员情况,这个大个子一直笑眯眯地,不急不噪,马有印眨眨眼睛,向这名和蔼可亲的大个子红军汇报了情况。事后,马有印才知道,原来这名大个子就是毛主席! 见到了毛主席! 马有印难以抑制内心的喜悦和激动! 兴奋得几天没睡着觉,一直回味着和毛主席见面时的点点滴滴。马有印还对我说,过后,毛主席又曾经三次找到过他,询问吴起当地和红军驻扎的情况。至今让马有印难以忘怀的是:毛主席穿着非常简朴,所携带的用具也异常简单,可是他为人特别亲和、善良,对他这样的小不点也非常有耐心,不过从毛主席的言谈举止中,马有印还是能体会到他作为一代伟人的风范与气度!

"三军过后尽开颜",经过两年多的艰苦跋涉,红军以非常的毅力、决心与勇气完成了人类历史上从来没有过的长征! 吴起,是长征的落脚点也是新起点! 吴起革命纪念馆是重要的革命传统教育基地,为了能到那里采访拍摄,我也是三进县政府协调协商,因为要开具介绍信,可负责的相关领导又不在,所以在吴起革命纪念馆的拍摄从19号上午9点一直搁置到中午1点。时间一分一秒的过去,在与纪念馆工作人员的沟通中,他们终于被我们的诚意所打动,同意配合我们的拍摄。在吴起革命纪念观我们进行了长达4个多小时的拍摄,带回了珍贵的影像资料!

为了深入了解吴起,了解长征精神在吴起的传承,我还采访了革命传统教育小学:吴起县金佛坪中心小学,走访了吴起的工厂、商铺、企事业单位,吴起县的公园、广场也留下了我们的拍摄足迹。

　　长征精神薪火相传,这次在吴起的采访虽然时间不长,但是却让我深切感受了长征的伟大精神,也感受到了长征精神在新世纪的传承与发扬!(《都市报道60分》记者王怡)

　　这三路采访长征胜利七十周年的札记,主题都是长征。所写的故事不同,人物不同,采访经历不同,记者的主观感受、情绪也不同。

　　这正是采访札记的可读性所在,灵活性所在。

　　只要记者所写的事件是真实的,新闻人物及新闻故事是真实的,记者所见所闻所感是真实的,札记长短没有定式,手法没有定式,言语风格没有定式。

　　这三篇札记均以"我"的口吻讲述采访经历,有的情绪饱满,有的相对客观冷静,有的直抒胸臆,有的点到为止。其可读性都比较强。

第三节　会议新闻

　　记者经常开会,业内有个名词叫泡会。

　　记者们都说会议新闻好写,会议新闻却又难写。好写的意思是只是报会,很容易出稿,难写的意思是要跳出会议抓新意,独到的报会角度和巧妙的报道手法很难写。

一、泡会

　　参加会议时,记者的眼光不单单只是盯住会场里面,锁定在固定的会场上,还要灵活机动,学会时时看看会场外面的世界,新闻敏感的各种器官要时时处于开放与接受的状态。

　　1990年,湖南永州日报社记者蒋剑翔参加了一个乡镇党委书记会,会议中餐安排在一个农村小学的教室里。当时正是中央三令五申禁止大吃大喝的时候,会议的组织者特意把"餐厅"转到校园。记者看到老师采购、校长下厨,教室周围围着一大群看热闹的孩子们,吃得如"芒刺在背,心里很不是滋味"[1]。他决定抓住这种感觉,从吃喝上入手,当晚就写出了一篇题为《并不安然的吃喝》的新闻评论稿,被《湖南日报》迅速采用,并在当地引起了较大的反响。

　　也是这位记者2001年11月参加报道湖南省党代会,获悉了永州市40多名党代表将第一次包机参加省党代会,写出了《一趟飞机换来永州新形象》的独家新闻报道,得到了省委领导同志的肯定。

　　1992年,参加两会的中新社记者王晓晖中午发完稿子没事,在全国人大常委会议厅独坐,看到了四百张红椅子静静地陪伴左右。她抓住了它们。一篇《中国最高权力机关的红椅子》的报道,从委员长席、委员席、列席的红椅子这个线索,牵出了中国最高权力机关对政府工作监督工作的正常化问题,牵出了旁听制度的健全问题和人员变迁人事更替的问题,等等。

　　这样新颖的角度写会议自然会是好评如潮的。

　　2001年,因为连年干旱,水库蓄水不足,唐山市委市政府决定在部分沿海地区推广稻田改

---

[1]　蒋剑翔.拎出"新闻眼"[J].新闻战线,2003(5).

旱田技术。这年四月专门召开专题会议安排部署这个问题。唐山劳动日报社的记者参加了会议。结果记者发现会场外出现了一件新鲜事。许多没有被通知参加会议的人得知此会要开之后,为学会这种稻田改旱田技术,自己掏钱打的专门来到会场,要求参加会议,其中大多数是稻农。记者决定专门采访此事,没有就会议发一个会议稿,而是将会议的主要内容融入这篇题为《稻农"打的"学稻改》报道之中,虽然不是会议消息,却准确反映了会议精神,宣传效果很好。

这种以会议为依托抓取新闻的方法,也叫"以点触面"的报道方式,它把会场会议作为突破口,全方位多侧面地报道会议中提出的有关国计民生的问题。

新闻界常说的,除了会议新闻报道本身之外,学会跳出会议抓新闻,工夫在会外。

一般来说,记者要学会从报道会议,向报道会议有价值的内容转变。同时,也要学会从模式化的会议报道,向别致的会议报道转变。这样以来,枯燥的会议新闻也会有新鲜感了。20多年前,郭铃春采写的会议报道《金山同志追悼会在京举行》就是一个典型。

二、会议新闻的报道角度

一般来说,对于会议报道可以有以下七种报道角度:

1. 会议本身

除时间、地点、参加人员、会议主题之外,包括会议的可报道的重量级的领导,讲话主要内容,开幕、闭幕及之间的工作议程中涉及的具有新闻价值的东西。

2. 新闻人物

一般指的是参加会议的新闻人物、会上提出的新的新闻人物、和此次会议及内容有关的相关新闻人物,等等。抓住这三个方面的新闻人物作为新闻线索,可以报道出三个不同角度的新闻来,通常采用访谈、特写、通讯等报道体裁。

比如,2001 年 11 月初在卡塔尔召开会议,讲座中国进入 WTO 的问题。2001 年 11 月 12 日《北京青年报》在二版报道了大会的重要新闻人物:卡塔尔财政、经济贸易大臣卡迈勒,即会议主席。

请看报道——

为中国入世敲响木槌的卡塔尔财政、经济贸易大臣卡迈勒说,
对我而言——这个晚上很特殊

11 月 10 日当地时间 18 时 40 分,一记小小的木槌敲开了中国加入世界贸易组织的大门——15 年的谈判与等待之后,WTO 终于接纳中华人民共和国成为它的第 143 个成员。

敲槌的是会议主席,卡塔尔财政、经济和贸易大臣卡迈勒(KAMAL)。但是很多摄影记者是带着遗憾离开会场的——大会主席卡迈勒敲槌的运作堪称手疾眼快,不少记者都没有抢到镜头。卡迈勒主席会后接受本报记者采访时说:"我很高兴中国入世的通过程序发生在我的国家。我很高兴我能作为大会主席宣读中国入世的最后文件,并主持整个议程。所以我想说,中国作为世界的五分之一加入 WTO,未来许多贸易日程会包括中国在内,再次祝贺中国人民,这个晚上对我来说也很特殊。"

"中国加入世界贸易组织是 WTO 历史上的伟大飞跃。"世界贸易组织通知关于中国入世的决定仅一小时,欧盟贸易代表拉米在随后的发言中这样评价中国入世。

北京青年报记者抢到一个核心新闻人物即敲槌发布中国入世的会议主席,卡塔尔财政、经济和贸易大臣卡迈勒(KAMAL),也就抓到了一个好新闻,这是对新闻人物的一事一报,一人一访。这个新闻人物所说的直接引语真实权威。

同时,北京青年报的记者还抓到了这次会议上另外一个新闻人物,即我国驻卡塔尔女大使周秀华。

请看报道,题目是《一年见证两件大事　幸运的驻卡塔尔大使周秀华》。

本报记者甄橥、植万禄自多哈报道 卡塔尔这个海湾地区小国,今年先后两次见证了中国的两大喜事,一是中国足球队在世界杯预选赛亚洲区十强赛中客场战平卡塔尔,另一件事就是前天晚上在卡塔尔多哈举行的WTO第四届部长级会议正式审议通过中国加入WTO。中国的老百姓在这两件事中也认识了这样一位女性外交官,她就是中国驻卡塔尔大使周秀华。周秀华今年50多岁,是一个直率、干练的人,为人热情、真诚。周秀华学阿拉伯语出身,一直在外交部亚非司工作,曾经担任中国驻科威特使馆参赞。在科威特任职其间,她做了一件漂亮的事情,同使馆其他人员一道将被骗至科威特的51名中国劳工从当地雇主的手中解救出来。《北京青年报》曾在1999年1月20日专门就此事做出整版报道,在当地警察局包庇本国人的时候,周秀华亲自将几个人带到警察局要求查办凶手。她拿出外交证件义正词严地说:"我是代表中华人民共和国和你们交涉。"

由于她工作出色,2000年6月,周秀华被直接调任卡塔尔担任大使。作为阿拉伯世界里凤毛麟角的女性外交官,她一次次克服困难完成外交工作。9月份,中国足球队远赴多哈参加世界杯预选赛与卡塔尔交锋,为了给中国队员鼓劲,她张罗了500多人的啦啦队,还亲自在大使馆里包三鲜馅饺子给中国队员接风。中国足球队队员从这位女大使身上感受到了亲人般的温暖。

本届WTO部长级会议确定在多哈举行后,周秀华被任命为中国代表团副团长,办事认真的她就更忙了。她要领导使馆为中国代表团做好一切后勤工作,从接机、安排团员下榻酒店、计划日程、与当地机构协调,到代表团衣食住行等各个方面,她都要考虑周详,有一点疏漏都可能会影响到全局。但是,无论怎么忙,周大使脸上总是挂着掩饰不住的笑意。中国进球了,她高兴;中国入世了,她更高兴。

这是一篇会议新闻人物新闻,非动态消息,读者爱看有新闻价值的新闻人物。记者采写她的新闻由头是她是这次入世的副团长,曾见证两大喜事。这篇新闻人物报道既有背景介绍,又有包饺子为中国队员接风的细节。但也有不足之处。首先,导语太长了,应把有关大使的背景资料从导语中拉下来,另外,报道缺乏现在大使情况的具体介绍,缺乏现在的入世情况中她的声音即直接引语。

3. 热点话题

热点话题包括记者在会议中了解到的与会人员关注的热点话题、社会大众关注的与会有关的热点话题两个部分。这两部分都要抓住不放,必要时要作深度连续报道。

记者可采访专家,发表他们的意见和看法,也可采访社会人员收集他们对此话题的态度和建议,同时,可作出记者的独家视角的分析。

2001年11月12日,中国在卡塔尔会上正式被批准进入了WTO。《北京青年报》记者不仅报道了会议新闻,抓取了相关的新闻人物,还对有关的热点话题进行了追踪采访,如入世后我国人们比较关注的进口商品是否降价之事,题目是《财政官员说降低送关税的影响很难确定,但进口商品肯定降价》。请看报道——

本报记者甄蓁、植万禄自多哈报道　中国代表团成员、财政部税政司巡视员张宝竹昨天接受采访时说,逐步降低关税对财政税收和进口结构的影响目前很难确定。

所谓影响财政税收主要是指进口环节税费,而影响进口环节税费的因素很多,除关税税率外,还与人民币汇率、进口额、一般贸易项下进口数量、进口商品结构、国际市场大宗商品的价格波动等有关。而这些因素中除税率比较固定外,其他因素都具有一定的不确定性。因此,很难对逐步降低关税以后,特别是某一年对税收的影响作出准确的评价。

对进口结构的影响也很复杂,因为税率低的商品不等于进口就多,税率高的商品不等于进口就少,这与国内的需求弹性有关。在逐步降低关税的同时,由于国内生产发展、生活水平的提高,供应水平的变化,对不同商品的需求弹性也是动态变化的,因此也很难预测具体情况的。

至于大家普遍关心的关税降低给老百姓带来的好处,张宝竹认为,随着关税降低和市场开放,进口商品必然会增加,或者说谁具有价格优势,谁就会占更多的市场份额,其结果肯定会促进物价下降。对百姓而言,买的东西更好了,选择的余地更大了。

4. 记者采访札记或随笔

记者采访札记或随笔是一种比较灵活自由的报道体裁,一些无法在正规报道中反映的问题,记者的所感所想所看所闻都可以通过这种方式传播给受众,补充不足。

2001年11月26日,参加九运会的信报"九运专版"记者李昊,写出一篇采访札记,反映了自己在采访中受到的"刺激"——

回想这十几天在广州的采访经历,留在脑海中印象最深的不是场上的拥抱、不是黑哨、不是兴奋剂,而是某个周六,国家体育总局竞技司司长杨树安在一个新闻发布会上给记者"洗脑"。

杨树安在会上说,有的记者在跑项目时,还没弄懂这个项目的规则,就在那里跟专家一样说比赛有问题、裁判又向着哪一方了,无谓地制造一些假新闻来吸引读者。杨树安说完后,坐在下面的记者立刻大笑起来,也包括我。

过了一会,杨树安的脸变得严肃起来。他说,我讲这件事的目的是想告诉在座的记者们,一定要不断加强专业理论的学习,不要以为什么都懂了,学不学无所谓,其实那是在害自己,否则,将来怎么能成为一个名记者呢?

那几天正有某通讯社的一位记者接连知道两起假新闻;那几天我在写稿的时候,总觉得肚子里的墨水随着时间一天天的流逝而渐渐减少。说实话,做了两年多的体育记者,跑的项目说起来也不少,但真正跑精的也就是那么一两项,更多的是似是而非,一瓶子不满半瓶子晃荡。

想想明年的亚运会,2004年的奥运会,再不加强学习恐怕真要"洗洗睡了"。

5. 花絮新闻

花絮新闻,顾名思义,就是报道会议期间发生的有趣味的事情。一般抓取那些有人情味的、有故事性的、有趣味性的会场内外的细节,从小镜头中反映事实。读者爱看,报道很吸引人。

2006年11月初,中非论坛在北京召开。北京青年报记者马宁11月6日,在中非峰会特别报道中发了一则关于中非三外长举办记者新闻发布会的现场花絮,题目是《外长默契配合折服中外记者》。请看报道——

昨天发布会现场气氛非常轻松活跃,李外长的风趣幽默、三位外长之间的默契配合尤其令人印象深刻。

李肇星亲切地把两位外长称为"老朋友"。埃及外长盖特刚做完开场白,李肇星外长就接着说:"我和盖特外长有非常好的私人关系。"他还进一步用实例证明,"有一次,盖特外长在游泳池里接到我的电话,说明他游泳的时候还在为中非合作而工作啊!"

埃及外长为李肇星翻译

此后两人在台上的表现更证明了他们之间的默契程度。一位非洲记者就中东问题用阿语提问时,同声传译出现了一点小问题,李肇星没能及时听到翻译,此时盖特外长很快把记者的问题用简短的英语翻译给李肇星外长。李外长马上表示"感谢盖特外长为我翻译",然后还特别用阿语致谢。然后两人共同回答了这位记者的问题。

记者惊叹李肇星对非洲的熟悉

曾先后在非洲常驻近9年、共到过47个非洲国家中国外交部长李肇星昨天表现出的对非洲的了解和熟悉令中外记者惊叹。莫桑比克记者提问时,他提到该国是"腰果之国"。南非《独立报》的记者提问时,他又表示自己读过这份报纸——

对于非洲国家或城市的名称所代表的含义,李外交更是脱口而出:"亚的斯亚贝又的名字在当地语言里的意思是'鲜艳的花朵',而这座城市与它的名字正相吻合。科摩罗在当地语言中的意思是'月亮'。"他还饶有兴致地讲起了自己与科摩罗外长的一段趣事,"有一次科摩罗外长对我说,'中科合作是全方位的,除了你们中国的宇宙飞船没把我们科摩罗人带上太空。'我对他说,我们才羡慕你们呢,因为你们科摩罗人本来就生活在'月亮'上啊!"这个小故事令埋头记录的中外记者大笑起来。

风趣幽默解读中非关系

李外长解读中非关系深入浅出,风趣幽默。讲到中非交往时,他说中国的长颈鹿、斑马等动物都是从非洲引进的。提到中非的相互支持时,他又拿中国足球"调侃"起来,"非洲国家支持北京申奥和上海申博,我们也支持非洲国家主办世界杯足球赛,至于中国足球队能不能去就不知道了,但是非洲国家已经表示了欢迎。"场上笑声一片。

一个多小时在轻松的气氛中过得很快,最后李肇星外长用诗一般的语言做结:"非洲有一种花,叫'昨天、今天、明天',是共同的昨天、今天和明天把中非人民的心紧紧连接在一起,把我们为共同目标而进行的努力紧紧连接在一起。"

这是篇花絮新闻,记者写得很引人注目,写出软新闻,小故事,风趣幽默。

花絮新闻的写作要求一般有以下五个方面:

①可读性强,文字通俗生动,对其中的一些事件或名词一定要进行说明或转化。

②要有现场的描写,生动形象。

③不能缺乏背景材料。可以整段,也可以散点式介绍。

④有必要简单介绍总体的情况或是概括一下新闻要素。

⑤最好讲有趣的故事或描述一些难忘的细节。

6. 背景资料

这里的背景资料既包括新闻人物本身的,也包括会议有关程序的,还包括会议涉及事件的资料,既可补充到前面所说的各类报道中,也可单独为一项报道内容,专门介绍背景。

7. 综合消息

在一些重大会议的报道中,记者要采访的内容很多,要学会收集所有的报道,作出一次两次的综合报道,既有本媒体不同记者、不同时间,对会议不同内容的综合,也要有其他媒体对同一新闻的不同报道或评价的综合。

另外,记者也会收集到来自国外各方面的相关报道,汇合一起发综合消息。在这些报道中,报道的角度不外乎从国外政府方面、国外社会各界人士的反映、媒体评价等方面,围绕会议的性质、召开的意义、会议取得的成果等角度进行报道。

在2006年11月初北京举办的中非论坛的会议报道中,中国国际广播电台就从国外媒体评价的角度进行了一次相关报道。

请看以下内容:

中国国际广播电台综合报道 在中非合作论坛北京峰会召开期间,境外媒体近日纷纷以消息、评论和社论等形式发表文章,从各方面评价此次峰会。

埃及《金字塔报》、埃及中东通讯社等媒体称,此次峰会是中国建国以来与非洲国家之间规模最大、级别最高的一次会议。

津巴布韦媒体称赞这次峰会是"中非友谊的历史丰碑"。

加蓬官方报纸《团结报》说,北京峰会旨在加强南南合作和中非领导人之间的政治对话。中非合作论坛这一合作框架的创立证明了中国对非政策的活力。

科特迪瓦官方报纸《博爱晨报》援引科特迪瓦经济和社会理事会主席福洛戈的话说,这次会议对处于全球化浪潮中的非洲国家非常重要。在当今全球化的发展进程中,非洲国家处于不利地位,而中国仍能一如既往地在政治、经济和外交等方面支持非洲国家。

肯尼亚《民族报》说,40多名非洲国家元首或政府首脑积极出席此次峰会,有力地表明了与中国加强联系对非洲大陆的重要性。

南非《商报》认为,中非合作论坛已成为中非开展集体对话的重要平台和进行实务合作的有效机制。

美国《国际先驱论坛报》说,使中国经济蓬勃发展的发展模式,是吸引众多非洲国家领导人参加此次北京峰会的重要因素之一。这种中国模式也在很多方面对西方如何消除贫困的传统观念形成了挑战。

法国《欧洲时报》说,这是中国全方位和平外交成果的体现,也显示了中国新一代领导人提出的建立和谐世界的理念。

印度《印度教徒报》发表文章说,此次北京峰会无疑是一次进一步加强中非关系的行动。

美联社发表文章说:"这次史无前例的峰会,将扩大全世界最贫穷的大陆与全世界发展最快的经济体之间的关系。"

韩国《朝鲜日报》报道说,中国的"集中投资"和不干涉他国内政的方式被非洲国家所接受,在非洲大陆上的影响力正日益增强。

当然,以上给出的会议报道只是一个参考,每次会议报道的情况不同,不一定全部采纳以上的所有方式,而且以上的方式也并没有涵盖所有可能。

二、会议新闻的活泼表现

多年来"会议新闻的活泼表现"一直是新闻写作的难点之一,原因在于很多记者不善于运用形象思维,把原本活生生的现场画面忽略掉,代之以模式化的语言和三段论的格式,动辄是一长串的领导人的名单组合成官样文章,读来自然令人生厌。

相反,如果记者善于突破旧习,改变观念,创新报道手法,就会有别开生面的效果。

请看1989年全国两会期间的报道《执政务必从严——上海市长朱镕基自述》:

一年前,在人代会上喊出"重振上海雄风"的朱镕基,上任市长后尝尽酸甜苦辣。在七届全国人大二次会议小组会上,他说了自己的感受:执政务必从严!

记者记录了朱镕基的"自述"。

我当市长最大的体会就是:统一思想,从严执政。如果和和气气,吃吃喝喝,谁也不想得罪,那什么事也办不成。

拿上海整顿秩序混乱的出租汽车业来说,刚开始时,要吊销四个乱收费司机的执照,那就是难落实。这怎么行呢?我问三家主管部门负责人,卡在哪里?明天一定要吊销这四个人的执照,并要见报。谁想不通,到我这里讲道理。现在已吊销100多个执照,漫天要价的情况有所收敛。

去年夏天,上海电冰箱厂着火。我决定免除厂长职务。这一下不得了了,议论纷纷。有人说这样做"太过分"了。火灾暴露了工厂管理问题,几百万国家财产烧得精光。我不能让步。现在这个厂的职工很重视安全。要管好上海,不坚决是站不住的。

还有,最近报载,一公共汽车售票员殴打孕妇。我看了报纸,批了"害群之马,开除"但公交部门却打报告"解释",建议作"停发三月奖金"处理,还说"请朱市长决定"。现在很多事就这样,层层开脱,不肯得罪人。

现在我们常常抱怨"大气候"不好,其实,"大气候"是"小气候"造成的。如果大家都来从严治理"小气候""大气候"就能改变。当前治理整顿更需要我们从严执政,令出法随,不能讲一套,做又是另一套,必须扎扎实实抓。不然,有了好政策也没用。

这是新华社记者吴士深、李志勇采写的一篇会议新闻。它最大的特点就是通过转变角度,巧借朱镕基的"自述",叙写了几件实实在在的事情,避免了空泛的语言。文章形象生动,可读性强,是一篇难得的活泼的会议新闻。

2011年9月13日浙江在线《永康日报》上有则会议新闻,写得很独到,题目是《古樟下的三人会议》,记者童英晓用跳笔和段裂行文撷取前仓镇白岩村口的百年古樟树下镇纪委书记李法与村委主任章洪周、村委章义三人开会的组镜头,省略开会的过程,突出重点问题,现场感非常强。

请看报道——

本报讯　近日,前仓镇白岩村村口的百年古樟树下。

"来,我们开个简短会议,交流一下情况。"前仓镇纪委副书记李法拍拍裤管上的泥土,对身边的白岩村村委会主任章洪周和村委章义招说。

"塘沿那根管子到底是生活污水还是雨水管道?"

"你也该让我们喘口气吧。"章洪周笑着说。

"不行,现在各项工作都在紧锣密鼓进行中,如果污水处理设施没有建设好,就会拖整个工程的后腿。"李法口气里没有一丝商量余地。

白岩村今年着手进行村庄整治,10月将进行道路硬化,眼下正在改造污水处理设施。他们一行三人绕着房前屋后查漏补缺。

这时,李法忽然想起了什么,马上掏出手机:"塘沿转角处,有两根管子没有接到窨井里,明天马上处理好。还有裸露在外的管子一定要用最好的材料。"

放下手机，李法环顾一下四周，皱着眉头说："这口池塘该好好清理一下淤泥了，这里是整个村的"脸孔"，一定要认真规划一下。库水如何引进，塘四周的绿化等这些问题都有待我们逐一去落实。"

不知不觉，时针已指向 16 时 35 分，可他们的会议还在进行着……

这篇会议消息没有写成流水账，可读性强，现场感感，有细节，有引语，有介绍，唯一不足的是会议的举办时间，交代得过于模糊。"日前"一词，在多媒体融合发展的信息时代，应该成为记者字典里封存的"古董"了。

思考题

1. 什么是新闻调查？

2. 记者在进行新闻调查采写时，应注意哪些问题？

3. 试分析书中最后案例中的两篇调查新闻，谈谈你对新闻调查写作的理解和认识。

4. 你是如何理解记者的采访札记写作的。

5. 你认为会议新闻写作如何出新意？

主要参考书目

[1] 艾丰.新闻写作方法论[M].北京:人民日报出版社,2001.

[2] 王庆同.桥梁和手杖[M].银川:宁夏人民出版社,1996.

[3] 张默.新闻采访写作[M].武汉:武汉大学出版社,2000.

[4] 杜荣进.中外新闻采写借鉴集成[M].杭州:浙江教育出版社,1990.

[5] 程道才.专业新闻写作概论[M].北京:中国广播电视出版社,2002.

[6] [美]布赖恩·布鲁克斯,达于·莫昂,等.新闻写作教程[M].北京:新华出版社,1986.

[7] [日]武市英雄.日美新闻史话[M].冈山:福武书店,1984.

[8] 李东生.记录流逝的岁月[M].北京:中国广播电视出版社,1996.

[9] 杨澜.我问故我在[M].上海:学林出版社,1999.

[10] 杨澜.为何执着[M].北京:现代出版社,2001.

[11] 李希光,等.找故事的艺术[M].北京:清华大学出版社,2003.

[12] 方芳,乔申颖.名记者清华演讲录[M].北京:人民日报出版社,2003.

[13] 约翰·V·帕夫利克.新闻业与新媒介[M].北京:新华出版社,2005.

[14] 喻国明.传媒变革力——传媒转型的行动路线图[M].广州:南方日报出版社,2009.

[15] 周志春.冰点精粹[M].北京:中国青年出版社,2001.

[16] 邝云妙.高级新闻写作(上卷)[M].广州:广东高等教育出版社,1996.

[17] 高尔基.高尔基论新闻和科学[M].王庚虎,译.北京:新华出版社,1981.

[18] [美]杰克·海敦.怎样当好新闻记者[M].伍任,译.北京:新华出版社,1981.

[19] [法]贝尔纳·瓦耶纳.当代新闻学[M].丁雪英,连燕堂,译.北京:新华出版社,1986.

[20] 李希光.初级新闻采访写作[M].北京:清华大学出版社,2013.

[21] 郑曦原.帝国的回忆——《纽约时报》晚清观察记[M].北京:当代中国出版社,2011.

[22] 梅尔文·门彻.新闻报道与写作[M].北京:新华出版社,1995.

[23] 陆小华.整合传媒——传媒竞争趋势与对策[M].北京:中信出版社,2002.

[24] 许颖.新闻采访与写作[M].北京:中国传媒大学出版社,2011.

[25] 人民日报社2003年、2004年、2014年、2015年、2016年业务研讨及报纸相关报道.

[26] 《北京青年报》《中国青年报》《四川日报》《永康日报》《大河报》《解放军报》《北京晨报》《中国海洋报》《湖北日报》《中国日报》《南方都市报》《南华早报》《参考消息》《纽约时报》《纽约世界报》等报纸近十年来的相关报道.

[27] 新华社、中新社、美联社、法新社、路透社、合众社等通讯社近十年来新闻报道.

[28] 中央电视台、天津电视台都市频道热点新闻《都市报道60分》相关节目.

[29] 《中国记者》《新闻记者》《新闻知识》《青年记者》《新闻与写作》等新闻杂志2002年至2016年文章.